KB263343

돈의 인문학

현실기반 뼈 때리는 팩폭,

돈의 인문학

조던 김장섭 지음

트러스트북스

저자와의 인터뷰

Q 안녕하세요, 조던(저자 김장섭)님. 이번에 내신 책은 이전 책들과 제목의 결이 달리 느껴집니다. 그 이유가 무엇입니까?

A 저는 그동안 오로지 투자 하나만을 위한 책을 써왔습니다. 그 책들이 베스트셀러에 오르면서 독자들로부터 과분한 사랑을 받았습니다. 저의 시그니처라 할 수 있는 '-3% 법칙'은 시중에 어느 정도 알려져 있고, 많은 분들이 위험 신호로 인식하고 있는 것도 사실입니다.

이전 책들이 저의 투자 법칙(매뉴얼 & 세계 1등 투자)을 상세히 기록했다면, 이번 책은 그러한 지식 위에 좀더 높이 날고, 보다 단단해지기 위한 마인드 정립에 중점을 두었습니다. 구체적인 방법론들은 저의 이전 책들을 참고하시면 되리라 생각합니다.

Q 투자에 있어서 가장 중요한 점은 무엇이라 생각하십니까?

A 시스템입니다. 어떤 상황에서도 변치 않고, 어떤 악재에도 대처가 가능한 안정적인 시스템을 구축해야 합니다. 인생은 한 번뿐입니다. 그리고 투자는 위험합니다. 투자가 인생을 위태롭게 해서는 절대 안 됩니다. 투자는 반드시 우리 인생을 위한 도구여야 합니다. 우리 인생이 투자로 점철되어 오로지 투자 하나만이 인생의 목표가 되어서는 곤란합니다. 주객이 전도된 셈이지요.

투자는 스스로 눈덩이처럼 굴러가게 시스템을 만들어줘야 합니다. 그리고 우리는 우리의 인생을 즐기면 그만입니다. 이 책에서는 제가 그동안 주장해 왔던 방법들을 토대로 투자와 인생이 문제없이 굴러가도록 하는 핵심을 공개했습니다.

Q 부제가 흥미롭습니다. '현실기반 뼈 때리는 팩폭'의 의미는 무엇인가요?

A 말 그대로입니다. 지극히 현실적인 문제들을 다뤘습니다. 그리고 투자와 인생에 발전이 있으려면 내 자신을 먼저 정확히 인식해야 합니다. 제가 이 책에서 다룬 '팩폭'이 독자들의 마음을 불

편하게 할 수도 있습니다. 하지만 불편하지 않으면 변화도 없습니다. 외부로부터 강한 자극이 오고, 그 자극에 변화가 생겨야 새로운 인생의 1장이 시작됩니다. 독자들이 그 부분을 감안하고 독서를 한다면, 그리고 저의 말에 동의하고 행동으로 옮긴다면, 장담컨대 좋은 결과가 있을 것입니다. 좋은 결과가 나올 수밖에 없도록 시스템을 만들어 놨으니까요.

저의 시스템을 적용하기 전에는 '인생이 참 어렵다' 생각하실 수 있지만, 경험을 하고 나면 '돈 문제는 해결이 되겠구나' 하고 느끼실 겁니다.

돈 문제로 현실적인 어려움을 겪고 있거나, 미래가 불안하신 분들이 많이 읽으셨으면 합니다.

그리고 우리 인생에 돈이 정말 중요하지만, 그렇다 하여 돈이 인생의 전부는 아니라고 믿는 분들이 공감하시리라 생각합니다. 돈을 따라가는 인생이 아니라, 돈이 따라오는 인생이 멋진 인생이겠죠.

Q 이번 책에서도 그동안 저자님이 강조하고 주장해 오셨던 '세계 1등 투자법'과 '매뉴얼' 등이 여러 차례 등장합니다. 이전과 바뀐 부분이 있나요?

...

A 큰 틀은 바뀐 게 없습니다. 물론 시간이 지나면서 세부적인 전략들은 변화가 있었습니다. 기술적인 부분이라고 봐야겠죠. 멀리서 보면 비슷해 보이지만, 가까이에서 보면 다른 부분이 많습니다. 제가 시장을 직접 겪으면서 세부적인 사항들이 업그레이드 되어 왔습니다.

그리고 제가 이번 책에도 '세계 1등 투자법'과 '매뉴얼'을 재차 강조하는 이유는, 그때나 지금이나 저의 전략이 바뀌지 않았기 때문입니다. 그리고 매우 중요하기 때문입니다. 저는 이 방법보다 안전하면서도 큰 수익을 주는 방법을 알지 못합니다. 수십년간 쌓인 방대한 데이터를 분석하여 나온 결과물이기 때문에 세상이 바뀌지 않는 한 저의 전략도 바뀌지 않을 테죠. 제가 왜 똑같은 주장을 반복할 수밖에 없는지 이 책을 통해 느끼셨으면 합니다.

Q 과거 부동산 투자자에서 현재는 미국주식 투자자가 되셨습니다. 앞으로도 달러자산에 투자할 계획이십니까?

A 물론입니다. 단, 미국이 계속해서 패권을 유지하고 세계 1등 기업이 미국에 있는 한은요.

우리나라 사람들은 부동산, 그 중에서도 아파트 투자에 관심이 많습니다. 그러나 과거 데이터를 분석해 보면, 세계 1등 주식이 강남아파트의 상승률을 능가합니다. 여기에 환율 효과를 대입하고, 부동산의 세금까지 포함하면 달러 자산에 투자한 사람의 압도적인 승리였습니다.

더구나 앞으로 미중 무역전쟁이 심해질수록 원화의 가치는 더 떨어지고 달러의 가치는 더 오를 것입니다. 달러에 투자하는 것이 부자가 되는 지름길이죠.

달러가 비록 위기는 있었지만 그 지위는 꽤나 오랫동안 계속될 것입니다. 미국은 에너지, 창의력, 제도 등에서 압도적인 자본주의 끝판왕인 나라입니다. 재정적자를 통해 강력한 군사력을 유지하고 소비의 바탕이 됩니다. 앞으로도 미국 달러의 시대는 계속될 것입니다. 달러 자산에 투자하면, 반드시 부자가 됩니다. 이 사실을 무시하면 부자의 꿈은 이룰 수 없는 꿈으로만 남을 것입니다.

Q 이 책의 독자분들 중에는 적극적인 투자자도 있겠지만, 보수적으로 자산을 지키고자 하는 분들도 분명 존재할 것입니다. 그분들에게 조언을 주신다면요?

A 수비의 중요성을 강조하고 싶습니다. "공격은 티켓을 팔고, 수

비는 우승을 부른다"는 말이 있습니다. 장기 레이스를 펼쳐야 하는 프로리그의 특성상 강력한 투수진과 수비력을 갖춘 팀이 주로 우승을 한다는 얘기입니다.

투자도 다르지 않습니다. 대부분의 투자자들은 상방 이익의 극대화는 과대평가하고 하방 리스크의 헤지는 과소평가합니다. 이익에 격하게 흥분하는 우리나라의 투자자들은 TQQQ나 SOXL처럼 3배 레버리지 상품을 좋아합니다. 오를 때는 3배로 크게 오르지만 떨어질 때도 3배죠. 나스닥이 전고점을 돌파하며 사상 최고치를 이어 나가고 있는 와중에도 SOXL은 아직도 2021년 12월 사상 최고치를 돌파하지 못하고 있습니다. 100달러인 주식이 50% 떨어져 50달러가 되었는데 50%가 오르면 본전이 아니라 75달러에 머뭅니다. 모수가 작기 때문에 50%가 아닌 100%가 올라야 본전이죠. 심지어 레버리지는 한 번의 폭락 때 담보 부족으로 강제매매 당하면 되돌릴 수 없습니다.

나심 탈레브가 강조한 블랙스완의 칠면조가 되지 말아야 합니다. 1000일 동안 주인이 칠면조에게 매일 먹이를 준다고 해서 좋은 주인일까요. 오늘이 바로 추수감사절일 수도 있거든요. 레버리지 투자자라면 1000일 동안 얻은 수익을 공황을 만나 하루 아침에 물거품이 되는 것과 비슷한 이치입니다.

부자가 되는 방법은 수십 가지입니다. 그러나 부를 유지하는 방법은 단 한 가지 '안전'입니다. 매뉴얼은 최대한 안전을 추구하는 투자방법입니다. 매뉴얼을 따르면 하락장에서 기가 막히게 방어할 수 있습니다. 우리는 꾸준히 오르는 장에서 자산을 불리면 됩니다. 다만 예외적으로 2년에 한 번씩 오는 큰 폭락장에서 평소에 조금씩 잃던 돈을 한 번에 만회하는 것은 물론이고 주식 수를 늘릴 절호의 찬스를 얻을 수 있습니다.

부자가 되려면 자본운용을 하는 데 있어서 리스크를 최소한으로 줄이고 가능한 가장 높은 수익률로 가져가며 오랫동안 복리로 늘려야 합니다. 그러기 위해서 매뉴얼에 따라 리스크를 최대한 줄여야 합니다.

Q 듣기에 따라 오해의 소지가 있는 '노예'라는 단어를 사용하셨습니다. 우리 모두는 누군가의 노예일까요?

A 신분사회는 고대 노예제부터 현재 자본주의까지 남을 지배하는 것이 핵심입니다. 왜 남을 지배해야 할까요? 이유는 내 한 몸 편히 살고 싶기 때문입니다. 지배층은 소수였고 대부분은 누군가의 노예였습니다. 현대의 자본주의 사회도 크게 다르지 않습니다. 비록 농업 현대화로 줄어들기는 했지만 여전히 농부는 필요

…

합니다. 농부가 줄어든 대신 농업과 관련된 기계와 에너지와 관련된 일에 종사하는 사람은 늘었죠. 이들도 따지고 보면 노예입니다. 즉, 노예의 비율은 그다지 줄지 않았다는 겁니다.

대기업 CEO도 노예이기는 마찬가지입니다. 대기업 회장도 여러 자회사와 수많은 직원을 거느리고 있지만, 고객을 위해 일을 해야 하므로 노예라는 사실은 변함이 없습니다.

그렇다면 노예가 아닌 사람이 있기나 할까요? 주주는 전문경영인에게 회사의 경영을 맡기고 주가에 따라 그를 계속 기용할지 해고할지 여부를 판단합니다. 그러나 개미인 우리는 대주주가 아니기에 경영진을 쫓아낼 수 없죠. 따라서 떨어지는 주식은 팔아야 마땅합니다. 맹목적으로 들고 있다가는 소위 물리고 맙니다. 경영진을 갈아치울 수 없다면 주식을 팔아야 합니다. 그것이 주주가 가지는 진정한 주인의 도리입니다.

자본주의에서 주주를 제외한 모든 사람은 누군가의 노예입니다. 주식을 사고파는 판단은 주가로 하되 냉정하고 단호해야 합니다. 그래야 냉혹한 자본주의에서 완벽한 주인으로 살 수 있습니다.

Q 돈과 인생을 한 마디로 정리하면 어떻게 될까요?

A 20대는 학벌, 50대는 재산, 80대는 건강입니다. 이것이 세대별로 가장 중요한 가치라 생각합니다. 20대에 학벌을 따려면 10대에 공부를 해야 하고, 50대에 재산을 모으려면 20대부터 재테크를 해야 합니다. 80대에 건강하려면 50대부터 건강관리를 해야 하고요. 미리 준비하지 않으면 제 나이에 뜻한 바를 이룰 수 없습니다.

10대에 공부를 해야 20대에 원하는 학과에 들어갈 수 있습니다. 대한민국에서 학벌은 재산 형성뿐 아니라 사회적 지위와 사회적 관계를 형성하고 자존감을 높일 수 있기 때문에 매우 중요합니다.

50대에 돈은 투자로 벌면 됩니다. 중소기업에 들어갔어도 투자 시기만 빠르다면 50대에 남들 명퇴당해서 자영업 할지 대리 할지 배달할지 걱정할 때, 나는 돈이 주는 생활의 여유를 누릴 수 있습니다.

그리고 80대는 건강이 제일 중요하다고 말합니다.

우리가 불안한 이유는 미래가 막연하기 때문입니다. 그러나 20대 학벌, 50대 재산, 80대 건강이라는 계획을 세우고 실천하면 불안하지 않습니다. 이 책이 준비하고 실천하는 데 안내서가 되었으면 합니다.

Q 돈은 우리 인생에 어떤 의미일까요? 그리고 왜 부자가 되어야 할까요?

A 가난을 좋아하는 사람은 없습니다. 누구나 부자를 꿈꾸고, 부자가 되면 여러 면에서 인생이 한결 쉬워지는 것도 사실입니다. 건강하게 오래 사는 것은 모두의 꿈이죠. 이 꿈을 이루려면 좋은 음식을 먹고 꾸준히 운동하고 잘 쉬어야 합니다.

그러나 돈이 없으면, 알고 있으면서도 값이 싸고 양이 많은 탄수화물을 섭취할 수밖에 없습니다. 그러나 부자는 건강에 대한 정보를 잘 알기에 탄수화물, 당 대신, 돈에 구애받지 않고 신선한 고기와 채소 등을 얼마든지 먹을 수 있습니다.

부자나 가난한 자나 운동의 필요성을 잘 압니다. 문제는 운동할 시간이죠. 길게는 출퇴근 시간만 하루 3시간 넘게 걸리니 운동을 하고 싶어도 시간이 없습니다. 사무직은 출근하면 줄곧 앉아 있죠. 오래 앉아 있을수록 허리를 비롯해 건강에 좋지 않습니다. 그러나 점심시간이나 휴식시간 외에는 일어날 수가 없습니다.

반면 부자는 시간이 많습니다. 부자란 돈으로 시간을 사는 사람입니다. 내가 할 일을 사람을 고용해 쓰면서 자신의 시간을 벌죠. 부자는 평일에도 얼마든지 운동할 수 있고, 쉴 수 있습니

다. 자신의 일을 대신할 사람이 있기 때문입니다. 따라서 병에
안 걸리고 오래 살고 싶으면 반드시 투자자가 되어 시간을 확보
해야 합니다.

Q 2부 인생 편에서 건강관리법(식단)과 공부법, 대학, 취업 등도 다
루셨습니다. 특별한 이유가 있을까요?

A 오히려 반문하고 싶습니다. 왜 부자가 되고 싶나요? 돈 걱정 없
이 오랫동안 무병장수하고 싶기 때문입니다. 그리고 자녀가 잘
되길 바라죠. 요약하면 100세 시대, 우리 가족 행복 프로젝트라
고 할까요. 투자는 투자대로 굴러가게 만들고, 우리는 사실 인
생에 집중해야 합니다. 돈에 집중하는 인생과 행복에 집중하는
인생은 지향점이 다르죠.

　책의 제목이 '돈의 인문학'인 이유도, 돈과 인생이 서로 따로
가 아니라 밀접하게 연결되어 있기 때문입니다. 돈 문제가 해결
되지 않으면, 인생을 논하기가 쉽지 않습니다. 가난한 철학자가
목표라면 모를까요.

Q 평소 독서를 즐기신다고 알고 있습니다. 왜 독서를 해야 할까요?

A 누구나 좋은 스승을 만나 돈도 많이 벌고, 인생도 행복해지길

…

바랄 겁니다. 그러나 현실적으로 그런 사람을 만나기가 쉽지 않습니다. 그러나 책을 통해서라면 얼마든지 가능합니다. 그 사람의 인생이 통째로 나에게 오도록 만들 수 있습니다. 그가 오랫동안 고민하며 세웠던 삶의 철학이나, 투자법 등이 고스란히 내 손 안에 들어옵니다. 책의 가성비를 그 어떤 것도 따라올 수 없습니다. 책을 한두 권 읽으면 내 인생에 큰 힘이 되지 못하겠지만, 계속해서 꾸준히 읽으면 그 누구도 무너뜨리지 못하는 단단한 벽이 내 안에 형성됩니다. 독서를 많이 한다 하여 꼭 부자가 되지는 못하겠지만, 부자가 된 사람들은 하나같이 독서를 즐깁니다. 최소한의 필요조건이라 할까요.

범람하는 영상물들과 비교하시는 분들이 있는데, 수동적으로 듣는 것과 적극적으로 독서를 하는 것에는 분명한 차이가 있습니다. 예를 들어 유튜브를 듣는 것과 책을 읽는 것, 자세가 다릅니다. 독자들 모두 수동적인 관찰자가 아니라 적극적인 행동가가 되었으면 합니다.

차례

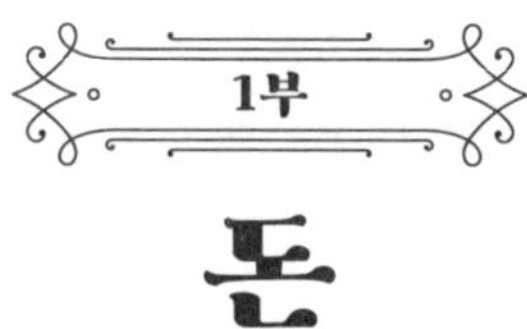

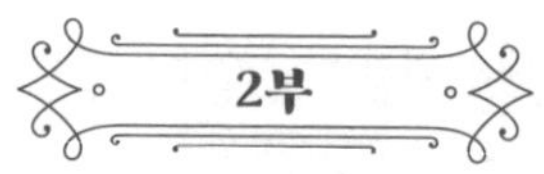

2부

인생

1부

돈

○

감정으로 투자하면 망한다. 투자가 그렇다. 그러나 감정은 고칠 수 없기에 연속적인 패배를 벗어날 방법이 없다. 실패하고 실패하고 또 실패한다. 절치부심해서 다시 시작해도 또 실패한다. 그 어떤 방법을 다 써봐도 결과는 항상 실패다. 근본적인 원인이 바뀌지 않았기 때문이다. 발전이 없다면, 향후 투자 인생이 10년일지 100년일지 모르겠으나 영원히 초보를 벗어날 수 없다.

그러나 시스템으로 투자하면 크게 망할 일이 절대 없다. 마음도 편하다. 그래서 오랫동안 투자자로서 남을 수 있고, 결국 시간이 해결해 준다. 오랜 시간 투자할수록 더 큰 부자가 될 수 있다.

글로벌 자본주의 기업의
숨겨진 파워

세계 인구는 2023년 말 기준 약 86억 명이다. 글로벌기업은 지구 상의 모든 인간이 유사한 욕망을 품게 만들어 그들이 소비하도록 해야 한다. 성공하면 세계 시총 1등도 가능하다.

그러나 86억 명 모두가 같은 상품을 원할 수는 없는 노릇이다. 온 지구인이 원한다고 해서 원하는 것을 다 얻을 수도 없다. 그래서 글로벌기업은 그들이 모두 선망하는 상품을 만들고, 가질 수 없다면 박탈감을 느끼도록 해야 한다. 그러한 상품을 브랜드가 있는 메가히트 상품이라고 한다.

브랜드가 있는 메가히트 상품은 어떻게 만들어지는가? 글로벌기업은 상품의 수를 줄여 원가를 낮출 수 있고 가격은 최대한 올릴 수 있는 상품을 만들고 싶어 한다. 그래야 마진이 높아지고 영업이익률을 극대화할 수 있다.

애플의 아이폰이 그렇다. 아이폰은 1년에 하나의 모델만 출시된다. 2022년 아이폰의 총 판매 대수는 약 2억 5천만 대로 추정된다. 아이폰은 삼성전자의 갤럭시 시리즈에 비해 모델이 4개 정도로 많지 않다. 상품의 수를 줄여 원가를 낮추고 럭셔리한 이미지로 최대한 가격을 올리는 전략을 사용한다. 이것이 브랜드 전략이다.

왜 사람들은 글로벌기업의 브랜드를 욕망할까? 자본주의의 소비자는 소비자인 동시에 노동자다. 자신이 만든 물건을 자신이 소비하는 구조다. 자본주의의 노동자는 규격화된 노동자다.

기업은 물건을 잘 만드는 장인보다는 규격화된 노동자를 좋아한다. 기업은 장인을 원하지 않는다. 기업에 장인이 많다면 기업은 장인을 통해서만 좋은 품질을 유지할 수 있고, 상품을 만들 때 장인에게 끌려다닐 수밖에 없다. 장인에게 끌려다니면 원하는 시간에 원하는 가격의 원하는 제품을 시장에 내놓을 수 없다. 그러니 상품의 가격이 올라가고 시장의 출시 시기가 늦어진다.

기업은 장인이 없어도 돌아가는 시스템을 좋아한다. 그러니 장인의 노하우에 기댄 상품보다는 매뉴얼대로 제작할 수 있는 상품을 원한다. 그런 상품은 아무나 만들 수 있다. 따라서 규격화된 노동자가 필요한 것이다. 이렇게 규격화된 노동자들을 고용해 물건을 만들면 기업은 이익이다. 규격화된 노동자는 얼마든지 필요에 맞추어 바꿔 끼울 수 있고 필요 없으면 해고할 수 있기 때문이다.

규격화된 노동자는 매뉴얼에 따라 상품을 만든다. 노동자는 소비자이므로 소비습관도 노동자의 규격화된 습관을 따라간다. 즉. 규격화된 소비다. 규격화 된 소비란 비슷한 욕망을 추구하고 비슷한 유행을 따르는 행위다.

글로벌기업 브랜드를 만들려면 어떻게 해야 할까? 대중들의 욕망을 선점하면 된다. 대중들의 욕망을 선점하려면 어떻게 해야 할까? 오리지널이다. 자본주의 소비자는 처음 만들어진 오리지널을 좋아한다. 그래서 처음 만들어진 상품은 선점효과가 있다.

예를 들어 대중은 스마트폰을 처음 만든 애플의 아이폰을 스마트폰의 원조라 생각하고 나머지는 아류라 생각한다. 클라우드의 오리지널은 아마존의 AWS, 요가복의 오리지널은 룰루레몬, 인공지능의 오리지널은 오픈 AI의 챗GPT라고 생각한다.

선점효과는 매우 대단해서 2등은 웬만해서는 오리지널을 이길 수 없다. 1등이 삽질을 하고 2등이 1등보다 10배는 잘해야만 1등을 뛰어넘을 수 있다. 대중은 오리지널을 머릿속에 확실히 각인해 놓기 때문이다. 이것이 바로 앵커효과다. 그러니 2등은 1등을 따라잡으려 하기보다는 아예 완전히 새로운 상품을 만들어 판을 뒤엎는 편이 더 낫다. 영원할 것만 같은 피처폰의 공룡 노키아가 무너진 것은 스마트폰의 애플이 등장하면서였다.

글로벌기업의 성공은 어떻게 설계되었나?

모두가 욕망하는 상품을 만들어 대량 복사를 하는 기업이 성공하는 구조다. 그런 면에서 하드웨어 기업보다는 소프트웨어 기업이 더 유리하다. 하드웨어 기업의 제조원가가 소프트웨어 기업보다 더 들어가기 때문이다.

제조원가가 높다면 영업이익률을 높이는 데 한계가 있다. 소프트웨어 기업은 처음 만들 때는 수백억 또는 수천억 원의 개발비가 들지만, 한번 만들고 나면 2번째 카피를 할 때부터는 돈이 들지 않는다. 따라서 무한 복제가 가능하다. 이론상으로 무한대의 수익률도 가능하다. 원가가 들지 않으면 분모가 0이 되어 무한대 수익률이 된다.

이러한 기업을 하이퍼스케일 기업이라 한다. 소프트웨어는 한번 만들어지면 원가는 더 이상 들어가지 않는다. 예전에는 CD에 담아서 팔았지만 이젠 인터넷으로 다운로드 받는다. 따라서 한번 제품이 메가히트를 치면 전 세계인에게 팔면서 무한대로 이익을 늘릴 수 있다. 시간과 공간을 뛰어넘는 것이다. 대표적인 예가 마이크로소프트의 윈도우Window다. 복제에는 돈이 들어가지 않으니 영업이익률은 무한대로 늘어난다.

예전에는 한 번 팔아먹으면 끝이었다. 그러나 요즘에는 매달 결제하는 구독 서비스라는 이름으로 끊임없이 소비자의 주머니를 털고 있다. 마이크로소프트의 MS오피스, 어도비의 크리에이티브 클라우드, 아마존의 클라우드인 AWS, 테슬라의 완전자율주행 FSD 등이다. 글로벌기업은 모두 구독 서비스를 한다.

결론

글로벌 자본주의 기업은 전 세계인의 욕망을 투사할 수 있는 기업이다. 그런 면에서 세계 1등 기업은 기본적으로 소프트웨어 기업이며 구독 서비스 기업이고 하이퍼스케일 기업이다. 하이퍼스케일로 성장하지 못한다면 2등에게 자리를 내주고 사라질 수밖에 없다. 따라서 세계 시총 1등은 가장 혁신적인 기업이라 할 수 있다.

2장

어차피 주식시장에 고수는 없다. 전략에 따라 대응하는 자만이 승리한다

흔히들 "마켓타이밍은 잡을 수 없다"고 말한다. 변덕스러운 시장을 생각하면 맞는 말이다. 마켓타이밍은 예측이 불가능하다. 내일 주식이 오를지 떨어질지는 오직 시장만이 안다. 그래서 우리는 시장을 따라가면 된다. 정답에 가까운 해결책이다.

그런데도 대부분의 사람들은 마켓타이밍을 예측하려고만 하지 따라가려 하지 않는다. 알 수 없는 시장의 미래를 두고, 너나없이 노스트라다무스가 되려고 한다. 그러다 보니 시장에는 실패한 사람들로 가득하다.

오늘 엔비디아가 오를까? 내릴까? 당장 오늘의 주가도 알 수 없다. 주식으로 큰 부를 이룬 대가들도 긴 호흡에서 주가의 방향은 알겠지만 내일의 주가는 모른다고 고백한다.

예측 없이 전략적으로 투자할 때

떨어질 때를 보자. 엔비디아를 꾸준히 가져갈 생각이라면 떨어질 때 일부를 팔면서 반등 시 들어갈 현금을 쌓아놓으라. 반대로 엔비디아가 단기에 사고팔 주식이라면 떨어질 때 일정 가격 도달 시 팔면 그만이다.

올라갈 때도 마찬가지다. 오를 때 장기간 가져갈 주식이라면 올라도 안 팔면 된다. 단기간 가져갈 주식도 마찬가지다. 오르면 팔 필요가 없다.

전략 없이 예측만으로 투자할 때

예측으로 투자하는 사람은 올라가면 떨어질까 두려워 5%만 수익이 나도 팔아버린다. 이후 주가가 더 올라가면 후회가 밀려오며 포모FOMO(기회를 놓칠까 두려워하는 심리)에 시달린다. 여기서 그치면 손실은 없다. 주가가 너무 올라가면 고점에 다시 덜컥 샀다가 물리고 만다. 떨어져도 팔지 못하고 그냥 갖고 있는 상태다. '어, 이거 난데'라고 생각하는 사람들이 많을 것이다.

오를 때는 좋지만 떨어질 때가 문제다. 떨어질 때는 오래 가져갈 주식이건 단기간 처분할 주식이건 따지지 않고 절대 팔지 않는다. 이래서는 이익은 적고 손해만 쌓일 뿐이므로 부자는 절대 될 수 없다. 오를 때는 적은 수익, 떨어질 때는 큰 손해를 보기 때문이다.

부자가 되려면 어떤 전략을 써야 할까?

어차피 시장을 예측할 수는 없으니 예측하지 않고 따라가면 어떨까? 2024년 1월, 시가총액 1위와 2위였던 애플과 마이크로소프트의 순위가 바뀌었다. 바뀌고 나서 그날 갈아타기만 했어도 실패는 없다. 2024년 4월 16일 현재 마이크로소프트는 연중 11.53% 올랐고 애플은 연중 6.98% 떨어졌기 때문이다(나는 이전 책들을 통해 시가총액 1위 기업 투자법을 설명해 왔다). 이후 다시 변화가 찾아와 세계 시가총액 1위 기업은 엔비디아가 되었다.

마켓의 마음을 알 수 있는 사람은 어디에도 없다. 시장이 마켓의 신이기 때문이다. 마켓의 신인 이유는 시장이 주식의 가격을 스스로 만들고 있어서다.

우리는 신을 따라가면 된다. 가격이 떨어지면 팔라는 소리다. 그러니 팔면 된다. 올라가면 사라는 소리다. 사거나 팔지 않으면 된다. 물론 속임수를 쓰는 경우도 있다. 그렇지만 크게 보면 가격이 떨어지면 팔고 올라가면 사면 된다. 이것만 알아도 주식시장에서 성공하고 부자 된다.

그런데도 대부분의 사람들은 맞출 수 없는 예측에만 집중한다. 예측해서 맞춰야 고수가 되니까 예측하는 것이다. 예측이 맞아야 투자하는 맛도 난다.

고수라고 자청하는 사람들이 하는 말이 있다. "내가 예측하지 않았나? 내가 오른다 하지 않았나? 내가 떨어진다고 말하지 않았나?" 이런 멘트가 주를 이룬다. 그러나 오른다고 예측했는데 떨어지면 입을 꾹 닫는다.

백번 양보해서 다 맞춰도 문제다. 왜냐하면 예측은 한 번만 틀려도 거지가 되기 때문이다. 유명한 펀드매니저가 2000년 닷컴버블기에 숏(주가가 떨어지면 이익을 얻는 상품)을 쳤다가 망한 경우가 있었다. 닷컴이 버블이라는 사실은 맞았지만 버블 이후 엄청나게 올랐기 때문에 숏으로 망해버린 것이다.

버블이든 아니든 상관없다. 시장이 오르면 오르는 것이고 떨어지면 떨어지는 것이다. 우리는 그 상황을 받아들이고 대응해야 한다. 어렵기만 하고 맞지도 않는 예측을 머리 싸매며 할 필요가 없다.

주식시장에 고수는 없다. 전략에 따라 시장을 잘 따라가는 사람과 전략 없이 예측하고 투자하는 사람만 있을 뿐이다. 이 사실을 빨리 알아채는 사람만이 주식시장에서 결국 살아남는다.

3장

주가가 오르는 데
필요한 3가지

『전설로 떠나는 월가의 영웅』에서 피터 린치는 투자자들에게 3가지 지표를 보라고 당부했다. 첫 번째도 이익, 두 번째도 이익, 세 번째도 이익이다. 마크 마하니는 순이익을 올리려면 3가지 경우가 있다고 했다.

①매출 증대
②영업비용 감소
③금융공학적 방법

①매출 증대

매출이 증가하려면 물건이 많이 팔리거나 신규 가입자가 늘어나는 등의 실질적인 기업 성장이 있어야 한다. 매출 증대는 기업 입장에서 가장 어려운 일이다. 가장 좋은 기업은 이렇게 성장한다. 예를 들어 넷플릭스라면 신규 가입자가 늘어나거나, 애플이 스마트폰을 많이 팔거나, 마이크로소프트가 인공지능 고객을 늘리는 행위 등이다.

②영업비용 감소

영업비용을 당장 감소시키고 싶다면 사람을 자르면 된다. 단기적이고 일시적인 방식이다. 주가는 단기간에 올라가겠지만 결국 기업의 펀더멘털과는 관계가 없다. 따라서 장기적으로 주가는 상승하지 못한다.

③금융공학적 방법

자사주를 매입하거나 세금이 싼 곳으로 법인을 옮기는 행위를 말한다. 애플이 잘하는 일이다. 애플은 스마트폰 판매가 정체되자 자사주를 적극적으로 매입해 소각했다. 이로써 애플의 한 주당 가치가 높아졌고 주가가 올랐다.

위의 3가지 방법 중 어떤 식으로 순이익을 늘리는 기업이 좋을까? 당연히 매출이 늘어나는 기업이다. 매출은 가짜로 늘릴 수 없다. 혁신적인 제품이 있어야 하고, 고객이 늘어나면서 가격도 꾸준히 올릴 수 있어야 가능하다. 주가는 어떤 상황에서 오를까?

제품의 혁신

제품에 혁신이 있으면 된다. 앞으로 점유할 시장이 넓어질 때, 즉 성장성이 높다고 판단될 때 주가는 오른다. 주가는 항상 미래의 가치를 당겨오기 때문이다.

예를 들어 애플이 스마트폰을 개발하고 피처폰 시장이 모두 스마트폰으로 바뀐다면 엄청난 게임체인저가 될 것이라 생각해 주가가 올랐다. 테슬라의 전기차가 모든 가솔린 차들을 대체한다면 1년에 1억 대 생산이 가능할 것이라며 주가가 올랐다. 마이크로소프트의 인공지능이 지금까지와는 다른 새로운 시장을 연다면 엄청난 멀티플을 받을 수 있다.

사용자 증대

사용자가 매년 늘어나면 된다. 사용자가 늘어나면 생태계가 넓어지고 그 생태계를 이용한 맞춤형 광고를 할 수 있으니 주가가 오른다. 넷플릭스, 아마존, 구글, 메타, 애플 등이 사용자를 늘릴수록 주가는 오른다. 한국에서는 쿠팡이 돈을 쏟아부어 시장점유율을 올렸다. 현재 중국의 알리, 테무, 쉬인이 이렇게 시장점유율을 올리고 있다.

가격

가격을 올리면 순이익이 늘어나 주가가 올라간다. 시즈캔디 같은 곳은 사용자가 꾸준히 늘어나지 않지만 충성도 높은 사용자를 바탕으로 가격을 올리면서 주가가 올라간다. 넷플릭스 같은 빅테크들도 매년 구독료를 올리면서 순이익을 올리고 있다.

이렇게 제품의 혁신이 일어나고 사용자가 늘어나려면 두 가지가 필요하다.

①돈
②시장

①돈

쿠팡은 엄청난 적자를 감수하며 매출을 끌어올리면서 사용자를 늘렸다. 쿠팡뿐 아니라 전 세계를 상대로 엄청난 적자를 감수하며 시장점유율을 높이고 있는 기업들이 여럿이다.

이런 전략을 구사하려면 돈이 필요하다. 돈은 어디가 가장 많을까? 소프트뱅크의 일본, 알리바바의 중국, 사우디 국부펀드 등이 떠오르지만, 역시 기축통화국인 미국이 가장 돈이 많다. 실리콘밸리에 수많은 스타트업이 있는 이유는 무엇인가? 실리콘밸리에 벤처캐피털을 비롯한 세계의 자금이 몰리기 때문이다. 돈이 있는 곳에 혁신이 있다.

②시장

스타트업에 있어서 중요한 것은 인구다. 사업을 시작할 때는 인구가 많을수록 유리하다. 한국은 5천만 명으로 인구가 적어 처음부터 세계를 무대로 기획을 해야 한다. 그러나 우리나라는 영어권 국가가 아니기에 매우 불리하다.

중국, 인도도 인구가 많다. 중국에서 알리바바, 텐센트 같은 거대 기업이 나올 수 있었던 배경이다. 그러나 중국, 인도가 아무리 인구가 많아도 미국에는 비할 수 없다. 미국은 인구도 많지만 소득수준과 소비성향이 높다.

인도는 인구는 많지만 소득수준이 낮고 소비성향도 낮다. 중국도 마찬가지다. 미국을 따라잡기에는 아직 갈 길이 멀다. 미국은 인구가 3억으로 중국이나 인도보다 적지만 영어를 쓰는 인구가 세계적으로 많기에 미국의 기업은 전 세계를 상대로 사업을 할 수 있다.

그래서 현재 새로운 혁신이 일어나는 곳은 항상 미국이다. 산업혁명 때만 해도 혁신이 일어나는 곳이 유럽이었지만 이제는 미국에게 밀린다. 이제 유럽에서는 미국의 빅테크기업 같은 글로벌기업이 나오지 않는다.

앞으로의 혁신 테마는 무엇인가? 인공지능이다. 인공지능에는 엄청난 돈이 들어가고 소비성향이 높은 시장이 필요하다. 지금은 미국의 빅테크 정도만 이 돈을 감당할 수 있다.

결론

앞으로도 혁신은 미국에서 일어나게 되어 있다. 미국에 투자하자.

세상은
T가 아닌 F의 세상

MBTI 성격 유형검사가 유행이다. 여기에는 대표적인 8가지의 성격이 있다.

내향 I / E 외향

감각 S / N 직관

감정 F / T 사고

인식 P / J 판단

투자와 소비에 있어서 가장 확연한 차이를 보이는 유형은 바로 F와 T다. F는 Feeling의 약자, T는 Thinking의 약자다. 즉 감정적 인간인가 아니면 사고적 인간인가를 구별한다. F의 성격 유형은 감정을 중시하고 T는 결과를 중시한다.

예를 들어 친구가 "나 오늘 화나는 일이 있어서 단 거 먹었어"라고 말하면,

F는 "왜 화났어? 속상했겠다"라고 위로해주는 반면

T는 "무슨 일 때문에 화가 났어?"라고 원인을 묻는다.

친구가 "오늘 피곤해서 드라이 샴푸하고 나왔어"라고 말하면,

F는 "너 요즘 피곤해 보이더라. 무슨 일 있어?"라고 감정을 묻는 반면

T는 "드라이 샴푸? 그거 하면 피곤이 가서?"라고 결과를 묻는다.

F는 상대방의 감정을 느끼고 공감하는 유형인 반면, T는 원인과 결과를 분석하고 답변하는 유형이다. 참고로 나는 INTJ라 F의 생각을 잘 이해하지 못한다.

그렇다면 세상에는 F가 많을까, T가 많을까? 무엇이 많은지는 모르겠지만 요즘 세태를 보면 소비의 주체는 T보다는 F가 아닐까 한다. 페이스북, 애플 등이 세계에서 가장 비싼 기업 중 하나인 것이 바로 그 이유다.

만약 소비의 주체 성향이 T라면 가성비 좋은 알뜰폰을 사지, 비싸고 '간지' 나는 애플 스마트폰을 굳이 사지는 않을 것이다. 서로 비

교하지 않고 근검절약하며 산다면 페이스북이나 인스타그램이 수십억 명의 회원을 갖지 못했을 것이다.

대부분의 사람들이 원하는 것은 가성비가 아니다. '남의 눈에 비친 나의 모습' 같은 욕망이 인간 본연의 감정이다. 그러니 세상은 아무래도 감정적인 사람들이 이성적인 사람들보다 훨씬 많은 듯하다.

욕망은 불만에서 나온다. 지금은 비록 국산차를 타고 있지만 언젠가는 벤츠를 타고 싶다. 지금은 수도권에 살지만 언젠가는 강남에 입성하고 싶다. 그래서 대부분의 사람들은 현재 자신의 경제력에 맞추어 소비하지 않는다. 즉, 남을 의식하는 소비를 한다는 얘기다.

왜 T보다 F가 많을까?

그렇다면 왜 인간은 T보다 F가 많을까? 사람은 영장류다. 원시인류는 자연에서 스스로 존재할 수 없었다. 사람은 곰보다 힘도 약하고 호랑이처럼 날카로운 발톱도 없으며, 새처럼 날 수도 없고 악어 같은 두꺼운 가죽도 없다. 따라서 살기 위해 서로 믿고 의지해야만 했다. 그래야 원시의 정글에서 생존할 수 있었다. 서로 믿고 의지하는 공동체는 마을이 되었고 결국 국가로 성장했다.

이렇게 모여 사는 인간의 특징 때문에 신뢰, 믿음이라는 감정뿐 아니라 비교, 질투와 같은 감정도 생겨났다. 즉 이 모든 욕망은 모여 살면서 생겼다고 할 수 있다.

세계 최고 기업은 가지고 싶은 인간의 욕망을 자극할 수 있는 브랜드 기업이다. 그러니 세상은 T의 소비가 아닌 F의 소비를 하는 사람이 훨씬 많다. 여기서 중요한 점은 우리가 T의 가성비 소비를 하는지 아니면 욕망의 F의 소비를 하는지를 생각해야 한다는 것이다.

세계 최고의 부자 중 한 명인 워런 버핏의 소비 패턴은 T일까 F일까? 그는 네브래스카주 오마하에 약 7만 달러로 추정되는 집에서 50년 넘게 살고 있다. 자동차는 캐딜락 DTS, 싸지는 않지만 구식 모델이다.

아침에는 맥도날드 햄버거와 코카콜라, 점심은 샌드위치로 해결하고 저녁은 집에서 간단하게 식사한다. 전화기도 애플 주주가 되기 전까지는 삼성 폴더폰을 썼다. 세계 최고 부자답지 않은 검소한 삶이다. 소비를 놓고 보면 워런 버핏은 확실히 가성비의 T가 맞다.

결론

부자는 어떤 사람일까? T의 소비를 하는 사람이다. 들어오는 돈보다 나가는 돈이 적기 때문이다. 그래야 돈이 모인다. 그리고 그렇게 모은 돈으로 F가 욕망하는 제품을 만들어 내는 기업의 주식을 산다. 그것이 바로 워런 버핏 같은 사람이다. 그는 사치하지 않지만 인간의 욕망이 무엇인지 아는 사람이다.

5장

일본이 박살 난 이유, 한국이 박살 날 이유

일본은 1985년 미국과 플라자합의를 했다. 미국의 대일본 무역적자 때문이었다. 미국의 무역적자를 없애고자 엔화 절상을 강제한 것이 플라자합의다. 1985년 당시 일본의 엔화는 달러당 240엔이었는데 1988년에는 120엔으로 정확히 반토막이 났다.

그동안 수출로 엄청난 수입을 거둘 수 있었던 일본은 미국의 의도대로 엔화의 달러/엔 환율이 높아져 미국으로 수출할 수 없었다. 자동차의 경우 3년 만에 단가가 2배가 높아졌기 때문에 수출이 안 되는 것은 당연했다. 이에 일본은 도요타 렉서스와 같은 고급 세단으로 환율 효과를 돌파할 수밖에 없었다. 그러나 렉서스가 팔려봐야 얼마나 팔렸겠는가.

그래서 일본이 망했을까? 아니다. 플라자합의 이후 1991년 버블이 꺼지기 전까지 일본은 초호황 시기였다. 미국 수출길이 막혔어도 일본의 GDP는 오히려 급격히 상승했다.

연도	GDP (조 엔)	전년 대비 증가율(%)
1985	262	4.9
1986	292	11.5
1987	319	9.2
1988	358	12.2
1989	443	23.7
1990	492	11.1

1985년 4.9%였던 전년대비 GDP 증가율이 1989년에는 23.7%로 정점을 찍었다. 이처럼 일본의 GDP가 늘어난 이유는 저금리 때문이었다. 1987년 미국은 주식시장에서 블랙먼데이를 맞고 경제가 휘청거렸다. 그러자 미국은 일본에게 저금리 정책을 펴라고 요구했다. 저금리 정책을 펴면서 일본은 수출보다는 내수에 집중하게 된다.

수출을 하려면 공장을 증설하고 제품을 만들고 인력을 고용하고 재고를 관리해야 한다. 그러나 저금리정책을 펴면 기업 입장에서 수출보다는 저리로 부동산에 투자하는 편이 더 낫다. 기업의 이익이 쉽게 올라간다. 이로써 일본의 GDP 성장률이 높아졌다.

표_1985년~1991년까지 일본의 기준금리 추이

연도	월	기준금리 (%)
1985	12	5
1986	2	4.5
1986	5	3.5
1986	11	2.5
1987	2	2.5
1987	5	3
1989	5	3.75
1989	7	4.25
1990	5	6.25
1990	7	7
1991	3	6.5
1991	7	6

1985년 12월 일본 중앙은행의 기준금리는 5%에서 1987년 2.5%로 반토막이 났다. 미국의 기대대로 일본의 기업은 수출보다는 은행에서 빌린 돈으로 부동산을 사서 시세차익을 얻는 방향으로 돌아섰다.

이에 따라 일본의 부동산 거품은 극에 달했다. 부동산 거품이 심해지자 일본의 중앙은행은 1989년 5월에 가서야 기준금리를 3.75%로 올리기 시작했고, 1990년 7월 이미 주식시장이 붕괴했는데도 불구하고 부동산 거품을 잡으려고 무려 7%까지 기준금리를 올렸다.

결국 부동산 거품이 꺼지며 일본의 버블경제는 무너졌고 잃어버린 30년의 디플레이션으로 들어갔다.

일본이 오직 플라자합의에 인한 버블경제 붕괴 때문에 디플레이션에 빠졌을까? 그렇지 않다. 일본의 디플레이션 원인은 세계화, 인터넷, 중국 때문에 증폭되었고 10년으로 끝날 일이 20년 더 연장되었던 것이다.

일본은 제조업의 나라다. 한때 소니, 도시바, 산요, 샤프, NEC 등 내로라하는 전자 강국이었다. 어디 전자뿐인가? 자동차, 석유화학, 철강, 조선 등 모두 세계 최강 수준을 자랑한 제조업 국가였다.

당시 일본 제조업은 수직통합형 생산방식이었다. 이는 처음부터 끝까지 대기업 집단의 계열사에서 모든 공정을 끝내는 것이다. 예를 들면 현대차그룹에서 자동차를 만들 때 철강은 현대제철에서 만들어 자동차 강판을 만들고, 현대 모비스가 부품을 대고, 현대차에서 자동차를 최종 조립해서 현대 글로비스에서 해외로 수출하는 방식을 말한다.

그러나 2000년에 들어오면서 세상은 수직통합형 생산방식에서 수평분업형 생산방식으로 바뀌기 시작했다. 수평분업이란 하나의 대기업이 상품설계와 디자인을 하고 다수의 협력기업이 생산을 외주에 맡기는 방식이다.

애플의 예를 들어보겠다. 아이폰을 만들 때 상품설계와 디자인은 애플이 하고 TSMC가 반도체, Corning이 유리, LG Display가 디스플레이를 맡고 최종적으로 Foxconn이 스마트폰을 조립해서 세계시장에 내놓는다. 이것이 바로 수평분업형 생산방식이다. 애플과 현대차의 차이는 핵심기술 이외에는 모두 아웃소싱 방식에 있다.

수평분업형 생산방식의 시작 그리고 승자는?

수평분업형 생산방식은 어떻게 시작되었을까? 2001년 4가지 조건이 갖춰지며 비로소 수평분업 방식이 가능해졌다.

①PC
②인터넷
③세계화
④중국

①PC

예전에는 한 대에 수백억이나 하던 대형 컴퓨터였지만, 1980년대 개인용 PC가 세상에 나오며 개인용 PC 시대가 열렸다.

②인터넷

미국은 1991년 구소련이 무너지자 군사용 시설이었던 아르파넷을 민간에 개방했다.

③세계화

1991년 구소련이 무너지면서 공산주의가 무너지고 탈냉전 시대가 되었다. 1995년 1월 1일 WTO가 출범하면서 세계는 자유무역 시대가 열렸다.

④중국

세계의 공장인 중국이 2001년 WTO에 들어오면서 저렴한 노동력을 이용해 물건을 싸게 조립할 수 있었다. 결국 이 네 가지 중 마지막으로 중국이 WTO에 들어오며 수평분업형 생산방식의 퍼즐 조각이 완성되었다.

수평분업형 생산방식에서, 미국에 본사를 둔 애플은 인터넷과 PC로 협력업체와 계약하고 주문을 넣고 공정을 실시간으로 관리하며 최종적으로 중국에서 폭스콘이 애플의 신형 스마트폰을 만들고 세계로 공급한다. 이 모든 것은 미국이 주도해 전 세계가 자유무역을 하는 세계화 시대이기에 가능했다.

수평분업형 생산방식으로 가장 큰 수혜를 본 대표적인 기업이 바로 애플이다. 애플은 엄청난 영업이익을 거둘 수 있었으며 결국 세계 시가총액 1등 기업이 되었다.

애플은 어떻게 엄청난 영업이익을 거둘 수 있었을까? 생산설비와 조립을 폭스콘에게 맡겼기 때문이다. 폭스콘은 수직통합형 생산방식의 기업이다. 수직통합형 생산방식의 기업은 주가가 오르지 않는다.

예를 들어 LG디스플레이는 2010년 약 38,000원 하던 주가가 2025년 10월 22일 현재 약 14,170원이다. 2010년의 절반에도 미치지 않는다. 왜 이렇게 주가가 떨어질까? 장치산업이라는 한계 때문이다. 장치산업에는 큰 약점이 있다. LG디스플레이가 패널 생산으로 돈을 벌면 그 돈으로 주주배당을 주거나 자사주를 사서 소각을 해야 한다. 그래야 주가가 오른다.

그러나 LG디스플레이는 돈을 벌어도 주주환원 정책을 펼 수 없다. 디스플레이 업체 간 경쟁이 치열해 그 돈으로 다시 생산설비를 늘려야 한다. 그러니 지속적으로 돈은 벌지만 그 돈이 주주환원이 안 되고 생산설비에 투자되는 악순환이 지속되어 주가가 오를 틈이 없다. 사실상 이는 LG디스플레이 말고도 반도체, 조선, 자동차 등 장치산업의 모든 제조업이 겪는 딜레마다.

이런 기업은 최대의 이익을 거두고 공장 증설 발표를 할 때 모든 주식을 던져야 한다. 그때가 고점이다. 공장 증설을 하게 되면 엄청난 돈이 들어갈 테고 그때까지 공장 증설에 쏟아부어 이익은 거의 없기 때문이다. 따라서 최대의 이익을 거두었는데 주가가 가장 많이 떨어지는 희한한 상황을 맞이한다. 이런 기업은 극심한 사이클을 탄다.

반면 수평분업 생산방식을 택한 애플은 어떤가? 제조업의 단점인 장치산업은 모조리 아웃소싱이다. 즉 공장 증설과 같은 골치아픈 일은 폭스콘, TSMC, LG디스플레이, 삼성전자 등이 하고 인력고용도 그들이 한다.

애플은 돈이 안 드는 브랜드와 디자인, 핵심기술에만 집중하니 큰돈 들어갈 이유가 없다. 그래서 매년 새로운 제품을 9월에 내놓으면 주가는 크게 오른다.

애플은 어떻게 수평분업 생산방식을 쓸 수 있었을까? 애플이라는 럭셔리 브랜드 파워 덕분이다. 세계인이 선망하는 아이폰, 아이패드, 맥북, 애플워치, 에어팟 등을 만들어 내기 때문에 가능한 일이다.

정리하자면 세계는 2001년 중국이 WTO에 들어오면서 아웃소싱이 가능한 세계의 공장이 생겼다. 따라서 일류 브랜드가 있는 기업은 수직통합 생산방식에서 수평분업 생산방식으로 방향을 바꾸었고, 수평분업으로 엄청난 이득을 거둘 수 있었으며, 결국 세계적인 기업이 되었다는 것이 핵심 사항이다.

명품 기업도 제작 공장은 대부분 중국이나 인도에 있다. 이들 기업도 수평분업 방식의 수혜자다.

그러나 일본을 보자. 일본은 한때 가전왕국이었지만 이를 한국의 삼성전자, LG전자에 내주고 소니, 도시바, 샤프 등은 2류 제품으로 밀려나거나 망했다. 반도체 강국이었지만 한국, 대만에게 선두를 내주고 세계적인 반도체 기업은 도산했다. 조선은 한국, 중국에게 선두를 내주었고 제철, 석유화학도 밀렸다. 지금은 도요타를 비롯한 자동차 생산만이 일본을 끌고 가고 있다.

그러나 엔진기술이 필요 없어지는 본격적인 전기차 시대가 온다면 일본은 중국과 테슬라에 밀려 자동차 기업마저 몰락할지도 모른다. 즉 세계적인 수직통합형 생산방식의 강자였던 일본은 세계가 수평분업형 생산방식으로 전환되면서 몰락했다고 할 수 있다. 수평분업형 생산방식으로의 성공은 제조업 기업으로 한정된다.

미국의 힘은 어디서 나오는가? 미국은 수평분업형 제조업의 강자인 애플, 테슬라, 엔비디아만 있는 것이 아니다. 마이크로소프트, 메타, 아마존, 구글 등 수평분업과 관계 없는 PC, 인터넷만으로 성공한 기업들도 존재한다.

애플, 테슬라, 엔비디아는 수평분업형으로 생산과 조립을 아웃소싱한다. 그러나 마이크로소프트, 아마존, 구글, 메타 등은 공장이 필요 없다. 인터넷과 PC라는 IT혁명으로 공장마저 필요 없는 산업을 하고 있다. 물론 이들 기업도 인공지능과 클라우드 때문에 엄청난 규모의 데이터센터를 짓고 전력기업에 투자한다. 그러나 챗GPT 등 인공지능과 원천기술을 갖고 있고 브랜드까지 뛰어난 기업이기 때문에 2000년 이후 세계적인 기업이 된 것이다.

미국에는 이런 기업이 한둘이 아니다. 모두가 브랜드를 보유한 혁신기업들이다. 어도비, 우버, 넷플릭스 등 혁신기업의 대부분은 미국기업이다.

일본의 잃어버린 30년은 플라자합의에 의한 버블붕괴 때문에 일시적으로 디플레이션에 빠지면서 시작했지만 그 기간은 10년뿐이다. 그리고 2000년부터 현재까지 20년 간은 수평분업이라는 세계의 주류 흐름을 놓친 일본기업 때문에 연장된 것이다.

수직통합형 생산방식의 강자는 현재 중국이다. 그러나 수직통합형 생산방식으로는 큰 이익을 만들어 내지 못한다. 따라서 수직통합형 생산방식으로는 세계적인 기업이 될 수 없다.

한국은 수직인가, 수평인가?

일본이나 중국과 비교하면 우리나라는 좀 나을까? 그렇지 않다. 한국은 인건비가 비싸 중국의 수직통합형 생산방식을 따라갈 수 없다. 게다가 브랜드가 없어 수평분업형 생산방식의 미국도 따라갈 수 없다. 그러니 한국도 일본의 전철을 밟을 것이다. 기술력 장벽이 낮은 제품의 시장점유율은 중국에게 빼앗기며 뒤처질 수밖에 없다.

다행히 한국은 미중 무역전쟁으로 미국이 중국을 견제함으로써 이득을 보고 있다. 그러나 미국이 한국을 전적으로 다 도와주지는 않는다. 한국은 디스플레이, 조선, 석유화학, 철강 등의 분야에서 이미 중국에게 따라잡혔다. 그렇다고 미국이 이런 산업까지 중국을 견제하지는 않는다. 미국의 핵심 이익을 건드리지만 않는다면 중국의 저가 공세는 물가상승을 억제하는 효과가 있기 때문이다.

겨우 반도체나 전기차, 이차전지와 같은 친환경 등과 같은 미국의 핵심 가치에 부합할 때 미국은 중국을 견제할 뿐이다. 그러니 현재는 일본의 잃어버린 30년이 한국에 올 수 있는 최대의 위기상황이라 할 수 있다. 한국의 전자산업과 반도체 산업도 전폭적으로 정부에서 밀어주고 있는 중국과 일본에 밀리고 있는 중이다.

[위기의 한국 전자산업-상] 1위 꿰차는 중국과 부활하는 일본, 한국 '넛크래커' 위기

한국 전자산업은 구조적인 침체를 벗어나 새로운 성장동력을 확보하지 못하고 있어, 중국과 일본 사이에 끼여 경쟁에 밀리는 '넛크래커' 위기에 몰리고 있다.
_2024년 2월 1일자 Business Post

그렇다면 일본은 왜 디플레이션에 빠졌을까? 경제학에는 '요소가격균등화(생산요소가격균등화) 정리'라는 이론이 있다. 폴 새뮤얼슨(1948)이 발표한 이론으로, 상품에서 임금률이나 자본지대와 같은 동일한 생산요소의 가격이 국제무역의 결과로 국가 간에 균등화될 것이라고 말했다.

즉 중국이 한국, 일본과 같은 디스플레이 패널을 생산한다고 치자. 디스플레이 패널을 중국이 한국과 일본만큼 같은 품질로 만들어 냈다면, 즉 기술이 같다면 시장가격은 같아진다. 차이는 임금인데 중국만큼 한국, 일본이 인건비가 낮아지지 않는다면 한국, 일본에서 생산한 제품은 경쟁력이 없어진다. 따라서 세 나라의 임금 수준은 같아진다는 의미다.

결국 중국에게 기술력이 따라잡힌 생산품목은 중국의 임금 수준까지 떨어지지 않으면 경쟁력이 없다는 말과 같다. 게다가 중국은 정부에서 가능성이 있는 산업이라면 엄청난 보조금을 때려 넣어 인건비, 공장부지, 이자 등의 혜택을 주면서 시장점유율을 높이는 방식을 취하고 있다.

그래서 중국이 손댄 산업 중 망하지 않은 기업이 있는가? 전통 제조업인 조선, 철강 등을 비롯해 태양광 패널, 풍력, 전기차, 이차전지 등과 같은 친환경 제품까지 모두 싸질 수밖에 없다. 그래서 중국과 경쟁하려면 한국, 일본은 중국의 인건비만큼 낮추거나 아니면 중국에 공장을 두어야 한다. 중국과 경쟁에서 이기는 유일한 길은 미국처럼 애플, LVMH 같은 명품 브랜드 제품을 만들거나 인공지능의 챗GPT와 같은 넘사벽의 기술력으로 중국을 압도하는 수밖에 없다. 중국을 압도할 수 있는 기업은 앞으로도 미국밖에 없다.

이래도 한국 기업에 투자할 것인가? 한국은 중국에게 반도체를 비롯해 모든 산업에서 따라잡히는 순간 일본처럼 잃어버린 30년에 빠질 수 있다. 일본은 선진국이 되고 잃어버린 30년을 맞았다. 1989년 미국 1인당 GDP의 65%까지 근접했던 세계를 제패했던 나라다. 그러나 버블붕괴와 수평분업 방식의 흐름을 놓치면서 30년 동안 헤매고 있다.

한국도 일본처럼 되지 말라는 증거는 없다. 일본의 닛케이 225 주가지수는 잃어버린 30년 기간 중 한때 고점 대비 85%까지 빠졌다. 그러나 현재 한국은 일본처럼 선진국이 되지도 못했다. 한국 주식이 아닌 세계 1등 주식에 투자하는 것이 내가 내 노후를 위해 할 수 있는 최선의 투자다.

인생을 살면서 선택해야 할
4가지 경우

인생을 살아가며 우리는 선택에 직면한다. 선택은 크게 4가지로 나뉜다.

　①위험은 적고 이득은 큰 것

　②위험도 크고 이득도 큰 것

　③위험은 크나 이득은 적은 것

　④위험도 적고 이득도 적은 것

　여기서 절대 하지 말아야 할 선택은 무엇인가? ③위험은 크나 이득은 적은 것이다. 예를 들면 음주운전, 도박, 마약 같은 불법적인 일이며, 한 번의 잘못된 선택으로 인생을 망칠 수 있는 경우다. 인생에 도움 될 것이 하나도 없지만, 많은 사람들이 순간의 유혹에 못 이겨 잘못된 선택을 하고 나락을 간다.

④위험도 적고 이득도 적은 것

4번의 위험도 적고 이득도 적은 것은 무엇일까? 월급이 적은 직장인, 동네 장사를 하는 대부분의 자영업자들이다. 자의로 선택했다기보다는 어쩔 수 없이 하게 된 경우가 많다.

월급 많이 주는 대기업이나 안정적이고 고소득인 전문직이 될 수 있다면 4번을 선택하는 사람은 거의 없다. 하지만 불행히도 사회적으로 좋은 직업은 한정적이기에 대부분의 직장인, 자영업자는 4번을 택하게 되어 있다. 일부 소명의식 때문에 종교인 등의 직업을 택한 사람도 있지만, 그 수가 많지는 않다.

그렇다면 꼭 해야 할 것은 무엇인가? 1번과 2번이다.

①위험은 적고 이득은 큰 것
②위험도 크고 이득도 큰 것

위험은 적고 이득은 큰 것

위험은 적고 이득이 큰 대표적인 것은 바로 공부다. 물론 자녀 사교육비에 올인해서 노후가 망가지는 경우는 제외다. 공부를 잘해서 명문대학, 인기과에 진학하는 것은 가성비 대비 아주 좋은 선택이다. 금수저가 아닌 사람이 성공할 수 있는 유일한 길이라 할 수 있다.

상류사회로 진입하려면 ①학벌 자본, ②경제적 자본, ③사회관계 자본, ④문화 자본이 필요하다. 이 중 기본은 경제적 자본이고 가장 어려운 것이 학벌 자본이다. 경제적 자본은 나이 들어서도 이룰 수 있지만 학벌 자본은 20대에 이루어야 하기에 때를 놓치면 회생이 가장 어렵다.

학벌 자본이 생기면 사회관계 자본인 인맥이 형성되고, 문화 자본은 노력하면 만들 수 있다. 경제적 자본을 이루는 것도 상대적으로 수월하다. 예를 들어 유명 대학, 유명 MBA를 졸업하고 큰 자산운용사에 다니다 창업하는 것과 맨손으로 창업하는 것 중 어느 편이 쉬울까? 당연히 전자가 수월하다. 자산운용사에 다니면 인맥을 쌓기도 쉽고 자본을 유치하는 방법도 알 수 있기에 창업에서도 유리하다. 물론 창업이 유리하다고 성공을 보장하지는 않는다. 그렇지만 맨손 창업보다는 훨씬 유리한 고지를 점령할 수 있다.

그 외에도 전문직이 되거나 사업을 하여 고소득을 올린다면 경제적 자본을 쉽게 모을 수 있어 부자로 가는 길을 좀 더 쉽게 개척할 수 있다.

반면 문화 자본은 어렸을 적 자연스럽게 체득하는 편이 가장 좋지만, 나이가 들어서도 노력하면 충분히 얻을 수 있다. 그렇기 때문에 학벌 자본이 위험은 적고 이득은 큰 것이라 할 수 있다.

나는 책을 읽는 것도 위험은 적고 이득은 큰 것이라 생각한다. 현대 창업주 정주영 회장은 비록 국졸이었지만 박사학위를 받은 사람보다 뛰어난 창의력과 리더십을 가지고 대기업을 운영할 수 있었다. 그렇게 된 이유는 그의 끊임없는 독서 습관이 그 바탕이 되었다고 생각한다.

공부는 20대까지 반짝 하고 마는 것이 아니라 평생 지속되어야 한다. 평생 공부에 있어서 독서만큼 좋은 것은 없다.

위험도 크고 이득도 큰 것

위험도 크고 이득도 큰 것으로는 사업, 투자 등이 있다. 부자가 되려면 반드시 사업을 하거나 투자를 해야 한다.

무엇보다 투자가 가장 중요하다. 사업은 누구나 할 수 있는 건 아니다. 하지만 투자만큼은 대부분 할 수 있다. 투자를 하지 않으면 큰돈을 불릴 수 없어 인생 역전이 사실상 불가능하다. 꼭 인생역전이 아니더라도 50대면 은퇴해야 한다. 그러나 50세에 은퇴하더라도 100살까지 산다면 은퇴 후 인생이 50년이다. 따라서 늙어 죽을 때까지 일하고 싶지 않다면, 월급쟁이 시절 꾸준히 투자해서 돈을 불려놔야 한다. 이것이 현대인의 숙명이다.

투자 시 조심해야 할 것들

자, 투자가 현대인의 숙명이라는 사실을 알게 되었다. 숙명이니만큼 하루라도 빨리 무턱대고 시작하면 되는 것일까? 물론 그렇지 않다. 그 속에 숨겨진 온갖 지뢰들을 피해가야 한다. 투자로 불릴 수도 있지만 잃을 수도 있기 때문이다.

투자를 함에 있어서 가장 조심해야 할 것은 무엇일까? 바로 '위험'이다. 위험은 두 개의 영어단어로 나뉜다. Risk와 Danger다. 한국말로 번역하면 모두 위험이다. 하지만 영문으로 두 단어의 뜻을 풀이하면 차이는 존재한다.

Risk는 위험 속에서도 기회가 있다. Risk의 대표적인 예로 투자가 있다. 그러나 Danger의 경우 단순한 위험을 뜻할 뿐이다. 맨홀 뚜

껑이 열려 있고 공사 중이라는 표시판에는 Danger라고 적혀 있다. Danger에는 위험만 있을 뿐 기회는 없다.

Risk에 있어서 가장 중요한 점은 무엇일까? 나는 헤지Hedge라 생각한다. 헤지란 사전적 의미로 환율, 금리 또는 다른 자산에 대한 투자 등을 통해 보유하고 있는 위험자산의 가격변동을 제거하는 행위를 말한다.

나는 투자에 있어서 헤지를 할 수 없는 자산이라면 투자하면 안 된다 생각한다. 그런 면에서 부동산은 헤지가 되는 자산이 아니라 생각한다. 왜냐하면 가장 위험할 때 헤지(손절)할 수 없기 때문이다. 예를 들어 IMF나 2008년 금융위기가 터졌을 때 엄청난 자금난에 빠졌는데도 불구하고 부동산을 갖고 있었다면 즉시 팔 수 없었다. 따라서 부도 위험을 고스란히 맞아야 했다.

지금 현재 당신이 부동산에 투자했다고 가정해 보라. 부동산 가격은 10억 원이고 그 중 당신의 대출금은 7억 원이다. 그런데 위기가 와서 부동산 가격이 7억 원이 되었다고 치자. 부동산 가격이 빠진 비율만큼 대출을 갚아야 한다. 10억 원의 70%인 7억 원의 대출이 있었으니 대출만기에 은행에서는 7억 원까지 매매가가 떨어졌으니 70%인 4억 9천만 원만 대출을 인정해 줄 수밖에 없고 2억 1000만 원은 갚으라고 원금 상환이 들어왔다. 그러나 부동산은 위기상황에서는 가격을 낮춰도 거래가 되지 않는다.

그런데 내 수중에 돈이 없다면 내 부동산은 어떻게 되나? 경매에 넘어가게 될 것이다. 즉, 부동산은 헤지를 할 수 없어 위기가 왔을 때 내가 평생 모아 투자한 자산이 순식간에 날아가는 경험을 할 수도 있다.

그 외에도 상가, 오피스텔을 사서 월세를 받으려 했는데 공실이 나거나, 아파트를 샀는데 역전세난이 나는 경우도 마찬가지다. 부동산의 가장 큰 위험은 위기에 손절을 할 수 없어 더 큰 위험에 빠진다는 점이다. 그래서 부동산 투자는 대출만큼의 현금 확보가 반드시 필요하다.

사업도 마찬가지다. 사업은 헤지를 할 수 없다. IMF 위기, 2008년 금융위기, 2020년 코로나 위기와 같이 위기가 왔는데 당신의 업종이 위기에 직격탄을 맞는다면 부도를 피할 수 없다. 오히려 IMF 위기 때 수출기업이나 2020년 코로나 위기 때 배달업, 비대면 업종을 하고 있었다면 전화위복이 되었을 수도 있지만, 대부분은 이런 위기에 부도를 맞고 만다. 따라서 사업도 위기에 망할 수 있다.

그래서 사업을 하려면 대출을 줄이고 현금을 확보하는 노력뿐 아니라 헤지도 반드시 해야 한다. 일례로 구리를 수입 가공해서 해외로 수출하는 사업을 하고 있다면, 구리 가격의 상승을 대비해 구리 선물을 사놓아 헤지를 해야 한다.

위험한 주식도 헤지를 하면 위험은 작고 이득은 크게 만들 수 있다

헤지가 가장 유리한 투자는 무엇일까? 바로 주식이다. 주식은 부동산 투자에 비해 엄청난 수익을 거둘 수 있다. 다만 변동성이 아주 큰 만큼 헤지를 하지 않는 경우 단번에 쫄딱 망할 수 있다.

예를 들어 3배 레버리지를 써서 반도체 ETF에 투자하고 있다고 치자. 그런데 주가가 급락해 35%가 빠졌다면 어떻게 될까? 3배 레버리지는 -105%가 된다. 따라서 원금은 모두 날아간다. 순식간에 원금을 잃고 만다. 때문에 위험한 주식을 하면서 더 위험한 레버리지를 쓰는 것은 정말 위험하다 할 수 있다.

반면 헤지를 한다면 가장 위험한 주식이 가장 안전하고 큰 이득을 거두는 투자방법이 될 수 있다. 기관투자자, 연금펀드, 주식의 대가들은 모두 주식을 하면서 헤지를 해놓는다. 현금을 확보해 놓거나 주식의 대체자산인 채권을 사거나 사놓은 주식의 숏을 치면서 헤지를 한다.

그러나 투자의 기본을 모르는 개미들은 헤지는 없고 그저 "존버!"만 외친다. 그러다 폭락장을 맞거나 하면 엄청난 공포심에 사로잡혀 바닥에 모든 자산을 팔아 대부분 거지가 된다.

이렇게 위험한 주식도 큰 장점인 헤지를 쓴다면 위험은 작고 이득은 크게 만들 수 있다. 헤지의 대표적인 예는 손절이다. 부동산은 위기상황이 와도 매매가 안 되어서 손절을 할 수 없다. 따라서 부동산은 위기가 왔을 때 더 큰 위험에 빠진다. 반면 주식은 자신이 정해 놓은 손실 구간에 들어왔을 때 기계적으로 손절하면 부동산처럼 원금이 완전히 날아가는 재앙은 막을 수 있다.

게다가 리밸런싱을 하면 위기를 기회로 삼을 수 있다.

리밸런싱은 필수

세계 1등 주식에 투자했는데 25%가 빠졌을 때 리밸런싱을 한다면, 나는 전체적으로 12.5%만 손해를 봤을 것이다. 리밸런싱은 2.5% 떨어질 때마다 10%씩 파는 것이 룰이기 때문이다(구체적인 방법은 나의 이전 책들에 자세히 나온다).

그러니 고점 대비 25%가 빠진 시점에 나는 100% 현금을 쥐게 된다. 그리고 바닥에서 V자 반등을 했을 때 올인하여 이때 주식 수를 크게 늘릴 수 있다. 이렇게 매뉴얼을 손에 쥐고 있으면, 폭락이 와도 손실은 적게 만들고 주식 수를 늘리는 기회를 잡을 수 있다.

부자가 되고 싶고, 은퇴 후 안정적인 삶을 살고 싶다면 투자는 필수다. 하지만 투자에는 큰 위험과 큰 이득이 공존한다. 헤지를 한다면 위기가 기회로 작용하지만, 헤지를 하지 않으면 망해버리고 만다. 지금 파도가 잔잔하다고 하여 언제까지나 평화로울 것이라는 낭만적인 생각은 금물이다.

결론

주식에 매뉴얼을 적용하면 위험은 적고 큰 이득을 얻을 수 있어 부자로 가는 길이 열린다. 우리가 반드시 해야 하는 투자는 그래서 부동산이 아닌 주식이다. 그리고 주식은 반드시 매뉴얼이라는 헤지 수단을 써야 한다(매뉴얼 역시 나의 이전 책들에 반복하여 자세히 소개했다). 헤지가 없다면 변동성이 큰 주식은 부동산보다 더 위험한 괴물로 변해 당신을 덮칠 것이다.

7장

무지성으로 투자해도
부자 되는 세 가지 이유

"무지성으로 투자하자!"

이게 무슨 뚱딴지같은 말이냐고? 아차! 앞의 말이 빠졌다. "매뉴얼을 믿고 무지성으로 투자하자!'

매뉴얼을 왜 믿어야 할까?

손해는 최대한 적게 입는다

매뉴얼은 세계 1등 주식의 35년간 데이터를 뽑아서 크게 하락할 때 최대한 손해를 보지 않도록 만들었다. 따라서 오를 때 온전히 모든 수익률을 먹을 수는 없어도 하락할 때 크게 잃지 않는다.

예를 들어 세계 1등 주식이 25%가 떨어졌다고 가정하자. 그냥 가지고 있었다면 고스란히 25% 손실이다. 그러나 리밸런싱을 적용한다면 2.5% 떨어질 때마다 10%씩 팔게 되니 25% 떨어졌을 때는 보유한 주식을 모두 처분한 후 현금만 갖고 있게 된다. 이때 손실은 25%가 아닌 12.5%로 줄어든다.

25% 떨어졌을 때 100% 파는 것이 아닌 2.5% 떨어질 때마다 10%씩 팔았으니 절반인 12.5%만 손해다. 여기에 헤지까지 하면 12.5%의 절반인 6.25%만 손해를 보게 된다.

주식을 하면서 최악의 경우는 하염없이 떨어질 때다. 꽤 자주 일어나는 일이다. 매뉴얼이 없다면 어어 하다가 속절없이 당한다. 그러나 매뉴얼이 있다면 떨어질 때마다 리밸런싱을 하니 깨져도 크게 손해 보지 않는다.

주식시장에서 25% 이상 떨어지는 것은 2년에 한 번씩 일어나는 아주 흔한 현상이다. 최근만 보더라도 2018년 10월 이자율 위기, 2020년 3월 코로나 위기, 2022년 인플레이션 위기 등 2년에 한 번씩은 25% 이상 떨어지는 위기가 있었다. 우리 기억 속에 존재하지 않는 작아 보이는 위기일 때도 25% 이상의 손실이 나왔다.

매뉴얼 없이 존버로만 버틴다면 주식 수를 늘릴 기회가 없었을 것이고 위기에 바닥에 팔면서 자산도 잃고 잠 못 드는 시름과 걱정에 건강마저 해쳤을 것이다. 그러나 매뉴얼과 함께한다면 큰 손실이 자동 보호되므로 재산도 건강도 지킬 수 있다.

주식에 투자하면서 이 말을 명심해야 한다.

'팔면 절대 망하지 않는다.'

안 팔면 망한다. 안 팔고 버티려고 하니 위기의 순간에 자산이 침몰하는 것이다. 팔면 손실은 거기까지다. 더 이상의 바닷물이 배로 스며들지 않는다. 따라서 침몰도 없다. 물론 매뉴얼대로 팔아야 더 잘 팔 수 있다.

우리는 주식 대가가 아니다

우리는 워런 버핏, 조지 소로스, 앙드레 코스톨라니가 아니다. 그들처럼 되고 싶을 뿐이지 우리가 그들과 같을 수는 없다. 왜 우리는 손해를 볼 수밖에 없는가?

심리

우리는 주식시장이 오를 때 사고 떨어질 때 팔면서 주식이 오를 때도 손해를 보는 개미다. 일상이 손실로 얼룩져 있고, 투자일기를 보면 첫 페이지부터 마지막 페이지까지 손실 얘기뿐이다.

주식이 오를 때는 안전한 것 같아 꼭대기에서 사고 주식이 떨어질 때는 공포에 질려 바닥에 팔아버린다. 개미들과 반대로 행동해야 돈을 벌지만 평범한 개미인지라 어쩔 수 없이 본능에 의해 움직인다.

대가들과 거리가 먼 한낱 개미인 우리는 그래서 돈을 벌 수 없고, 이리저리 휘둘리는 심약한 존재들이다. 심리에서 절대적인 약소국의 지위에 있다. 게다가 휘둘리는 건 심리뿐만이 아니다.

정보와 통찰

워런 버핏은 왜 일본 상사주에 투자했을까? 당시 미국은 중국과 무역전쟁을 하고 있었고 세계의 투자자금이 중국에서 다른 곳으로 이동했다. 실제로 홍콩과 상하이 증시는 세계 증시 평균상승률에 비해 크게 빠졌다.

당시 일본 은행은 제로금리이기 때문에 엔화대출을 받아 거의 공짜로 투자도 가능했다. 물론 워런 버핏은 엔화를 환헤지해서 엔화 가치가 떨어질 때까지도 대비했다. 게다가 일본주식은 잃어버린 30년으로 매우 저평가되어 있었고, 밸류에이션도 좋았으며, 배당수익률도 높았다. 버핏은 현금흐름이 좋은 일본 상사 주식을 매입하게 된다.

결정적으로 워런 버핏이 샀다는 사실 자체가 중요하다. 워런 버핏이 일본 상사주를 사자 세계적으로 큰 홍보가 되었다.

그러나 개미가 당시 일본주식을 살 수 있었을까? 쉽지 않은 결정이다. 워런 버핏이 일본 상사 주식을 사고도 이젠 한물갔다는 소리를 들었을 정도니까 말이다. 그러나 버핏의 일본 상사 투자는 성공을 거뒀고 많은 돈을 벌었다. 이는 워런 버핏만이 할 수 있는 투자다.

워런 버핏에게 정보와 통찰이 있었기 때문에 가능했다. 반면 개미에게는 워런 버핏만큼의 정보와 통찰이 없다. 개미는 김 대리가 알려주는 한국의 잡주를 살 수밖에 없고 항상 고점에 사서 물리고 만다. 쓰레기 정보를 거를 능력이 없는 일반 개미에게는 정보가 오히려 독이 되는 상황이다.

그런 면에서 세계 1등주 투자는 아주 훌륭한 대안이다. 워런 버핏도 세계 시총 1등이었던 애플에 전 재산의 40%를 투자했다. 일본 상사 주식도 사실 버핏에게는 잡주에 불과하다. 세계 1등 주식이 가장 안전한 주식이고 꾸준히 오르는 주식이라는 사실을 워런 버핏도 잘 알고 있다.

그러니 비록 개미에게 워런 버핏과 같은 정보와 통찰이 없어도 세계 1등 주식을 사면 워런 버핏처럼 투자하는 효과가 발생하여 투자에 성공할 수 있다.

선택할 필요가 없다

세계 1등의 수익률을 이기는 투자는 없다. S&P500의 연간 수익률은 평균적으로 약 10.1%이다. 반면 세계 1등의 연간 수익률은 평균적으로 약 25%이다. 따라서 세계 1등에 투자하면 10년에 10배, 20년에 100배가 된다. 지금부터 1억 원을 투자하면 20년 후에는 100억 원이 된다. 말만 들어도 행복하지 않은가. 꿈처럼 들리는 투자를 당신도 할 수 있다.

세계 1등 투자는 이런 복리 수익률도 수익률이지만 가장 뛰어난 점은 주식을 선택할 필요가 없다는 것이다. 카카오톡의 오픈채팅방을 비롯한 수많은 주식 추천 문자메시지는 모두 오르는 종목을 찍어

주겠다고 목청을 높인다. 그러나 대부분은 사기다. 오르는 종목이라는 것이 거래량이 거의 없는 종목을 야금야금 올려 개미한테 물량을 떠넘기는 구조이기 때문이다.

개미들은 고점에서 그들의 물량을 받아주는 총알받이로 이용된다. 작전을 설계한 쪽과 거액을 낸 소수의 개미들만 이득을 보는 구조다. 정보만 찾다가 개미들은 소위 작전주에 당하고 피눈물을 흘린다.

그러나 작전주에 당하지 않는 주식이 있다. 삼성전자 같은 시총이 큰 대형 우량주다. 태평양 같이 넓은 시총이기 때문에 작전을 펼래야 펼 수가 없다.

마찬가지로 세계 1등 주식은 세계에서 시총이 가장 큰 주식이다. 세상 어느 누구도 세계 1등을 상대로 작전을 펼 수 없다. 그래서 가장 안전한 주식이다.

세계 1등 주식에 투자하면 종목을 고를 필요조차 없다. 결국 개미들이 할 일은 주식을 매뉴얼에 따라 사고파는 일뿐이다. 단순하고 명쾌하여 군더더기가 없다. 누구에게 이 주식이 좋은지 나쁜지 물어볼 필요도 없고, 내일 주가가 오를지 말지 걱정할 필요도 없다.

그런데도 수익률은 어떤 헤지펀드보다 높다. 나는 2019년부터 본격적으로 세계 1등 주식에 투자했고 그 이후 단 한 번도 양도세를 내지 않은 해가 없다. 2019년 이후 종목을 선택할 필요가 없어서 내 포트폴리오는 아주 심플했다. 세계 1등 주식과 그외 약간의 잡주가 내 포트폴리오였다. 그러니 일과 투자를 해야 하는 개미들에게는 최선의 투자법이지 않을까 생각한다.

세계 1등 주식에 무지성으로 투자하자. 세계 1등 주식에 투자할 때 나는 내 판단으로 사고 판 적이 거의 없다. 매뉴얼에 의해 사고판다. 나는 위와 같은 세 가지 이유로 나의 판단을 개입시키지 않는다. 오히려 내가 임의로 판단해서 사고팔았을 때 망할 위험이 더 높았다.

세계 1등주에 매뉴얼로 투자하면 무지성으로 투자해도 된다. 위험이 와도 내 판단이 개입되지 않으니 감정에 휘둘리지 않고 세계 1등 주식에 투자하니 상장폐지가 되거나 급락할 일이 없다. 정보와 통찰이 없어도 되고 찾을 필요조차 없다. 주식투자로 인해 스트레스를 받거나 정보를 찾는 데 시간과 정력을 빼앗길 필요도 없다. 정보를 열심히 찾는다고 성공한다는 보장도 없을뿐더러 오히려 실패의 위험만 가중된다.

결론

세계 1등주에 매뉴얼을 따르면 오히려 무지성으로 투자했을 때 가장 좋은 결과를 얻는다. 주식투자를 하면서 괴로워 할 필요가 없다. 떨어지면 떨어지는 대로 주식 수 늘리는 기회를 주고 오르면 오르는 대로 복리 수익률을 올리는 기회를 준다.

걱정한다고 떨어질 것 안 떨어지는 것도 아니고 분석한다고 오를 주식이 안 오르는 것도 아니다. 투자는 매뉴얼에 맡겨놓고 우리는 본업에 충실하면 된다.

강남아파트보다
달러화에 투자해야 하는 이유

강남아파트, 정말 많이 올랐나?

강남아파트가 많이 오른 것은 사실이지만, 달러화로 비교하면 별로 오르지 않았다는 견해가 있다. 어느 정도 맞는 말인지 들여다보자.

강남의 대표적인 재건축 아파트인 은마아파트는 2007년 10월 실거래가 14억 원을 찍었다. 2024년 6월 기준 약 25억 원 정도다. 이 기간 동안 11억 원이 올랐다. 금액 자체로만 놓고 보면 엄청나게 올랐지만, 수익률로 따지면 17년 동안 약 79%가 올랐다. 생각하기에 따라서 많으면 많고, 적으면 적다고 볼 수 있다.

이제 달러로 환산해 보자. 2007년 10월 당시 달러/원 환율은 약

930원이었다. 2024년 6월 기준 달러/원 환율은 약 1380원이다. 같은 기간 동안 환율은 약 48%가 올랐다.

환율을 고려해 비교하면 은마아파트는 79%가 아닌 약 30% 정도 올랐을 뿐이다. 애플은 2023년에만 주가가 48% 올랐다. 17년 동안 오른 은마아파트보다 한 해 동안 세계 1등 주식인 애플 주가가 더 많이 올랐다.

애플은 지난 10년간 10배 올랐다. 달러로 계산한 은마아파트의 상승률과는 확연한 차이이다. 달러로 보면 은마아파트는 거의 오르지 않았다고도 볼 수 있다.

다시 보니 강남아파트(은마아파트)를 계산하면서 이자를 넣지 않았다. 강남아파트를 사면서 대출을 50% 받았다고 가정해 보자. 약 7억 원이다. 이자를 5%만 잡아도 1년에 3,500만 원이다. 여기에 17년을 곱하면 약 6억 원 정도가 된다. 실제 11억 원이 올랐지만 이자를 빼면 수익은 6억 원 정도로 줄어든다. 종부세, 재산세, 취득세, 팔고 나서 양도세 계산은 하지도 않은 수치다.

환율이 오르는 이유

근본적인 문제를 생각해 보자. 달러/원 환율은 왜 이리 많이 뛰는 걸까? 우리나라는 주로 어디에 수출을 하는가? 얼마 전까지 대한민국의 수출 상대국 1위는 중국이었고, 2023년 1위는 미국, 2024년은 다시 중국이었다. 물론 트럼프의 관세정책으로 인해 수출 상대국에는 변동이 클 수도 있다.

사실 중국에 대한 수출도 중간재가 대부분이므로, 중국에서 조립하여 미국으로 수출을 하면 중국 수출이 곧 미국 수출이다. 그러나 미중 무역전쟁이 터지고 미국이 중국에 관세를 때리면서 중국에서 미국으로의 수출이 불리해졌다. 차라리 한국에서 수출하는 편이 더 싸졌다고 볼 수 있다.

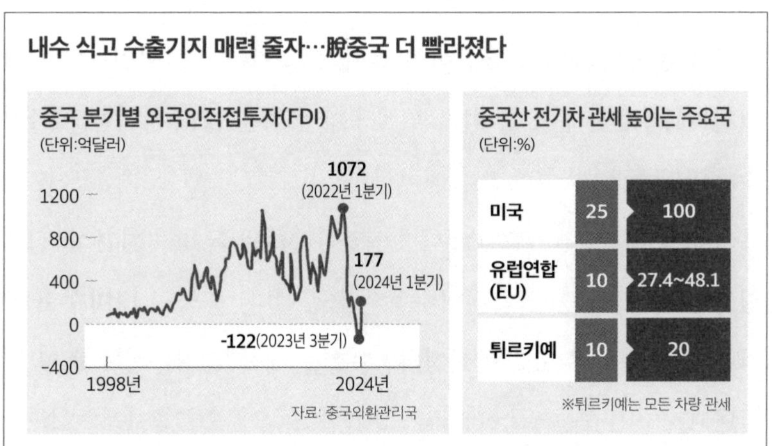

그는 생산기지를 이전하는 이유로 "유럽에서 생산하는 것보다 중국에서 수입하는 게 합리적이라고 판단한 수준보다 관세가 높아졌기 때문"이라고 설명

유럽 기업들도 중국의 내수시장이 죽고 유럽이 관세를 때리자 중국에서 유럽으로 수출하는 것보다 유럽에서 생산하는 것이 더 싸기 때문에 중국에서 탈출하는 중이다.

환율이 올라가는 이유는 우리나라가 수출로 먹고사는 나라이기 때문이다. 수출을 하려면 수입하는 나라보다 환율이 더 떨어져서는 안 된다. 다시 말해, 원화 가치가 높아지면 안 된다는 의미다. 원화 가치가 높아지면 한국 물건이 비싸지고, 물건이 비싸지면 가격경쟁에서 밀릴 수밖에 없다. 따라서 한국의 원화는 달러에 비해 낮아질 수밖에 없다.

중국의 사정은 더 좋지 않다. 최근 미국의 중국 때리기는 더 심해졌고 그로 인해 중국의 대미수출은 급감했다. 중국의 대미수출 급감은 달러화 부족으로 이어졌다. 수출을 해야 달러를 벌어들일 것 아닌가?

그래서 중국의 중소 제조업체가 어려움에 처했고 심하면 파산까지 가는 일이 많아졌다. 그러자 나온 것이 바로 알리, 테무, 쉬인이다. 망해가는 중국의 중소 제조업체를 쥐어짜서 극한까지 가격을 내려 미국에 수출하는 것이 목적이다. 시중 가격의 20~30% 정도가 아니다. 무려 10분의 1수준으로 싼 물건이 허다하다.

앞으로 미중 무역전쟁은 더 심해질 것이다. 트럼프 집권 2기가 시작되면서 신호탄이 발사되었다. 중국은 중소 제조업체를 더 쥐어 짤 것이다. 그러나 미국이 중국에 말도 안 되는 징벌적 관세폭탄을 터트리면 어떻게 될까? 예를 들어 관세를 50% 정도가 아니라 200%, 300% 이렇게 크게 올린다면? 얼마 전에는 미국처럼 EU도 중국산 전기차에 관세를 때리기 시작했다.

이 정도의 관세에 중국이 택할 수 있는 길은 단 하나다. 바로 위안화 가치를 낮추는 것이다. 중국과 세계시장에서 경쟁해야 하는 한국은 어떤 포지션을 취해야 하는가? 우리나라도 원화의 가치를 떨어뜨려야 한다.

달러, 위안, 원화의 미래

그렇다면 미국은 중국을 환율 조작국으로 지정하고 제재하지 않을까? 자유무역주의 시절에도 자주 벌어졌던 일이다. 더구나 지금은 자유무역 시대가 아니다. WTO는 이미 기능을 상실했고, 미국은 미국 편과 중국 편을 갈라 싸우려 하고 있다.

우선 미국은 중국을 환율조작국으로 지정하지 않고 중국제품에 관세를 때림으로써 제재한다. 중국의 친환경, 첨단제품만 관세를 때려 중국의 생산성을 낮추면 되기 때문이다.

앞으로는 인플레이션이 더 심해질 것이다. 마치 미소 냉전시대에 그랬듯 이제는 미국과 중국으로 나뉘어 무역전쟁이 일어날 수밖에 없다. 따라서 자유무역 시절보다 원자재의 가격은 더 오를 것이다. 그러니 노동력을 갈아 넣은 중국의 저가 제품은 미국의 인플레이션을 낮추는 역할을 할 것이다. 미국 입장에서도 이런 저가 제품은 굳이 막을 이유가 없다.

그런데 한국은 중국 제품과 세계에서 경쟁해야 한다. 예를 들면 석유화학이다. 물론 전기차, 배터리, 반도체 등은 중국을 제재함으로써 반사 이익을 보겠지만, 그 이외의 전통산업은 중국의 물량 밀어내기에 피해를 당할 수 있다. 그래서 한국의 석유화학 기업은 이미 매물로 나오고 있는 중이다.

중국과의 경쟁이 아니라도 한국이 환율을 높여야 할 이유는 더 있다. 생산성 향상은 없는데 인건비가 지속적으로 오르기 때문이다. 게다가 한국은 저출산 고령화로 인건비가 더 비싸진다. 결국 한국의 원화 환율은 달러화 대비 오를 수밖에 없다.

반면 미국은 달러 가치를 높게 유지해야 한다. 바로 미중 무역전쟁 때문이다. 한국처럼 중국과 미국 양쪽에 수출하는 나라는 미중 무역전쟁이 심해질수록 딜레마에 빠질 수밖에 없다. 양쪽 모두에 수출하면 좋겠지만 결국 미국과 중국 중 한 나라를 택할 수밖에 없다.

양자택일의 상황이라면 한국의 선택은 물론 미국일 것이다. 미국은 한국의 물건을 수입하는 나라고 중국은 수출 경쟁관계에 있기 때문이다. 이 점은 두 번 생각할 이유도 없다.

미국은 달러의 가치를 높게 유지해야 한다. 그래야 자국 소비자의 구매력이 높아지고, 한국을 비롯한 일본, EU 등 미국 우방국들의 물건을 사줄 수 있다. 미국이 우방을 달러로 설득하려면 미국의 달러가치는 앞으로도 더 높아질 수밖에 없다.

결론

강남아파트는 달러가치로 환산해 보면 오른 것도 아니다. 앞으로 미중 무역전쟁이 심해질수록 원화의 가치는 더 떨어지고 달러의 가치는 더 오를 것이다. 달러에 투자하는 것이 부자가 되는 지름길이다. 원화가 아닌 달러화 자산에 투자하자.

사냥꾼보다
느린 사냥감은 없다

사냥감은 사냥꾼보다 항상 빠르다. 이러한 속도의 메커니즘이 유지되지 않았다면 사냥감은 이미 멸종되었을 것이다. 초보 사냥꾼은 사냥감을 쫓아다니지만 매번 허탕만 치기 일쑤다. 대부분의 사냥감이 사냥꾼보다 훨씬 빠르기 때문이다.

등산을 하던 당신의 눈에 한가로이 풀을 뜯는 산토끼가 보인다. 재빠르게 뛰어가 잡아보라. 잡히는가? 그 정도에 잡힐 산토끼라면 이미 오래전 전멸했을 것이다.

노련한 사냥꾼은 사냥감을 쫓지 않는다. 대신 사냥감이 지나다니는 길목을 지킨다. 덫을 놓거나 몇 날 며칠을 사냥감이 다니는 길목에서 잠복하며 나타나기를 기다린다. 그래야 빠르게 움직이는 사냥감을 잡을 수 있다.

투자에서 노련한 사냥꾼이 되려면

물가가 잡히고 있으니 금리를 내린다고 한다. 금리를 내리면 경기가 좋아질 것이다. 경기가 좋아진다고 하니 경기의 바로미터인 구리 가격이 뛰었다고 가정해 보자.

구리 가격이 오른다고 구리를 덥석 물면 투자자는 어떻게 되나? 돈을 잃는다. 왜냐하면 이미 구리 가격은 정점을 찍고 떨어지고 있기 때문이다. 노련한 사냥꾼은 덫을 놓고 기다리지 사냥감이 보인다고 쫓아가지 않는다.

노련한 사냥꾼은 구리가 오르기 전에 미리 구리에 투자해 놓는다. 구리 가격이 바닥을 쳤을 때 투자를 하고 가격이 오르기를 기다린다. 이것이 노련한 사냥꾼이 사냥감을 잡을 때 쓰는 노하우다.

주식시장에서 대부분의 초보 투자자들이 실패하는 이유는, 사냥감이 보이면 그제야 달려들기 때문이다. 등산객이 산토끼를 쫓는 장면과 오버랩된다.

아무리 뛰어봤자 사냥감을 잡을 수 없으니 사냥을 포기하라는 말인가? 물론 아니다. 노련한 사냥꾼도 때로는 실패한다. 기다리던 사냥감이 길을 바꾸면 아무리 덫을 놓고 기다려도 소용이 없다. 대부분의 잡주는 하염없이 떨어지기만 할 때가 많다. 한번 떨어지면 올라오지 않는다. 사냥꾼이 덫을 놓고 다니던 길목에서 몇 날 며칠을 기다려도 심지어 수십 년을 기다려도 나타나지 않는다.

가치투자는 그래서 실패할 가능성이 높다. 자신이 생각한 길목에 더는 사냥감이 지나다니지 않기 때문이다. 저평가된 주식을 찾아 덫을 놓고 기다리는 투자의 시기는 지났다. 우리나라의 가치투자자들은 이미 멸종 단계다.

그래서 우리는 세계 1등 주식에 투자해야 한다. 우리가 노련한 사냥꾼이 아닌 초보임을 잘 알기 때문이다. 세계 1등은 항상 오른다. 사놓고 기다리면 반드시 오르게 되어 있다. 세계 1등이라는 것이 반드시 오르는 길목이기 때문이다. 그러니 우리가 초보라는 사실에는 변함이 없지만 덫을 놓고 기다리면 사냥감을 잡을 수 있는 것이다.

세계 1등 투자는 가치투자처럼 실패할 여지도 없다. 일단 주가가 오르기 시작하면 세계 1등 주식부터 오르기 때문이다.

반드시 지나갈 수밖에 없는 길목을 지키자

경제공황이 아니라면, 세계 1등 주식은 반드시 오를 수밖에 없다. 다른 주식은 다 오르는데 세계 1등만 제자리라고? 그런 경우는 거의 없다.

세계 1등이 가끔 홀로 떨어지기도 한다. 그러나 그렇게 떨어지다 보면 세계 1등은 곧 2등과 순위가 바뀐다. 우리는 그때 말을 갈아타면 된다. 새롭게 1등이 된 말로 안장만 옮기면 된다. 그리고 가만히 기다리면 바뀐 세계 1등이 다시 달리기 시작한다.

세계 1등이 떨어지더라도 매뉴얼이라는 대책은 있다. 매뉴얼에 따르면, 세계 1등이라도 주가가 2.5% 떨어질 때마다 보유한 주식을 10%씩 팔면서 리밸런싱을 한다. 이렇게 속도를 조절하면 세계 1등이 떨어지더라도 주식 수를 늘려갈 수 있다.

세계 1등 투자법은 세상에서 가장 쉬운 투자법이다. 누가 세계 1등인지 검색만 해보면 바로 알 수 있으므로 초보 투자자 누구나 쉽게 따라 할 수 있다. 세계 1등 투자법은 가장 완벽한 투자법이다. 시기의 문제일 뿐 언젠가는 반드시 오르기 때문이다.

따라서 우리는 세계 1등이라는 길목에 덫을 놓고 기다리면 된다. 그러면 반드시 오른다. 그 길목은 항상 세계 1등이라는 대어가 지나간다. 세계 1등 종목은 누구나 선망하는 이 시대 가장 판타스틱한 종목이다. 2000년대는 혁신적인 GE, 2010년에는 엑손모빌, 2010년 중반부터 2020년까지는 애플 그리고 마이크로소프트, 엔비디아까지 가장 좋은 종목이 세계 1등을 한다. 그래서 세계 1등에 투자하면 안 오를 수 없다.

결론

사냥감이 보인다고 냅다 쫓아가면 안 된다. 세계 1등이라는 길목을 지키고 덫을 놓고 기다려야 한다. 반드시 부자가 되고 싶다면, 반드시 이 방법을 따라야 한다.

앞으로도 달러의 시대가 계속되는 이유

중국, 국가 차원에서의 금 사재기

> **사상 최고가 금값…중국이 '금 사재기'에 나선 속사정[금알못]**
>
> 배경에는 미국의 금리 인하 기대가 짙어지며 미 달러와 대체 관계인 금값이 높아질 것이라는 기대가 반영됐습니다. 아울러 달러 패권에 저항하기 위한 중국 정부의 금 사재기와 부동산과 증시 침체에 투자처를 잃은 중국 자본의 금 투자가 있다는 시각도 나옵니다.
> _2024년 5월 20일자 뉴시스

금값이 사상 최고가를 달리는 이유는 중국의 금 사재기 때문이라는 이야기가 있다. 왜 중국은 금을 사들일까?

우선 중국 입장에서 생각해 보자. 러시아와 우크라이나 간 전쟁이 일어났다. 전쟁을 일으킨 러시아는 달러 스위프트망 퇴출이라는 제재를 받고 달러 시스템에서 쫓겨났다. 게다가 유럽, 미국 등 서방은행에 보관해 놓았던 러시아 자금이 동결되었다.

그러자 중국은 혹시라도 자신들이 대만을 침공하면 러시아처럼 될 수 있다는 위협을 느꼈다. 그래서 중국이 미국 국채를 팔고 금을 사면서 금이 사상 최고치를 갈아치우고 있다는 얘기다.

중국이 국가 차원에서 금을 사들이는 이유는 또 있다. 바로 위안화를 기축통화로 만들기 위함이다. 중국의 국력이 커졌다고는 하나 위안화의 국제통화 결제 비중은 겨우 약 2% 정도로 미미한 수준이다. 이유는 중국 위안화가 아직은 믿을 수 없는 자산이기 때문이다.

그래서 중국이 금본위제와 같이 위안화의 신뢰를 얻기 위해 국가 차원에서 금을 매입하고 있다는 말이다.

중국, 개인 차원에서의 금 사재기

국가뿐만이 아니다. 중국의 개인 또한 확실히 금을 사고 있는 것으로 확인된다. 국가 차원의 이유와는 다르다.

중국의 부자들이 골드바나 일본 도쿄의 부동산 등을 매입하면서 자산을 해외로 빼돌리는 중이다. 그들이 왜 해외로 재산을 빼돌릴까? 이유는 중국 부자들은 돈이 아무리 많아도 알리바바의 마윈처럼 한순간에 재산을 모두 국가에 빼앗길 수 있기 때문이다. 그렇다 보니 중국 부자들이 매월 64조씩 빼돌린다는 통계가 있는 것이다.

미국이 비트코인을 허가한 이유도 중국인의 국부가 쉽게 유출되도록 작업한 것이 아닌가 하는 생각이 든다. 나는 앞으로도 중국의 위안화가 달러화를 대체해 기축통화가 되리라고는 생각하지 않는다. 오히려 앞으로도 달러화의 힘은 더욱 강해질 것으로 보인다.

달러의 힘은 어디서 나오나?

달러의 위기

미국 달러화의 힘은 과연 어디에서 나오는 것일까? 미국의 달러는 2차 세계대전 이후 영국의 파운드화를 대체하면서 기축통화가 되었다. 다만 이때는 금본위제의 영향으로 달러의 발행은 금 보관양만큼으로 제한되었다. 그래서 연준의 지하금고에는 6천 200톤 정도의 금이 있다고 추정된다.

그러다가 미국이 베트남전을 치르면서 엄청난 전비가 필요해졌고, 달러의 금본위제도 깨져 버렸다. 프랑스, 독일 등은 미국이 금 보관량 이상으로 달러를 찍어내고 있다고 의심했고, 이에 금을 달라고 요구한다. 당시 미국의 대통령이었던 닉슨은 달러와 연동되었던 브레튼우즈 체제의 해체를 선언한다.

브레튼우즈 체제의 해체 이후 미국의 달러 가치는 하락했지만 금세 기축통화의 지위를 회복한다. 미국이 사우디와의 밀약으로 석유 대금 결제를 달러로만 할 수 있도록 하면서다. 즉 석유를 사려면 달러가 있어야 했고, 이후 달러는 석유 때문에 이론상 금과 같은 유형의 자산 없이도 무한으로 찍어 낼 수 있게 되었다.

2008년 금융위기와 2020년 코로나 위기를 거치면서 달러는 다시 기축통화로서의 위기를 맞게 된다. 미국은 위기 극복을 위해 2008년과 2020년에 각각 3조 달러씩 총 6조 달러를 찍어냈다. 2024년 대통령 선거가 있기 전, 미국의 국무장관인 옐런은 바이든 대통령의 당선을 위해 단기채를 엄청나게 찍어냈다.

이처럼 너무 많이 찍다보니 미국의 국가부채에 대한 위기의식이 국제사회에 일었고, 이로 인해 과연 달러가 기축통화의 지위를 계속해서 유지할 수 있을지 의구심이 든다. 그러나 결론부터 말하면 미국은 앞으로도 기축통화국의 지위를 유지할 수 있을 것이다.

달러가 기축통화국이 될 수 있는 이유는 무엇인가?

에너지

일본이 2차 세계대전에서 미국의 진주만을 기습한 이유는, 바로 미국이 일본에 대한 석유 공급을 끊었기 때문이다.

일본은 대공황으로 경제가 어려움에 빠지자 먼저 만주를 접수했고 중국까지 먹는다면 경제위기에서 벗어날 수 있다고 판단했다. 영국은 일본의 약점을 간파하고 있었는데, 일본이 미국 석유에 의존하고 있다는 사실이었다. 영국은 미국을 시켜 일본으로의 석유 수출을 막는다.

미국이 석유를 끊으면 일본에 남아 있는 석유는 겨우 1년 정도 분량이었다. 다급해진 일본은 석유기업 셸이 점유하고 있던 인도네시아를 공격하는 동시에, 미국의 침공에 대비해 석유 비축창고가 있었던 진주만을 기습폭격했던 것이다.

그러나 일본의 도박은 실패로 끝났다. 미국의 석유 비축창고를 때리는 데 실패했고, 에너지 전쟁에서 밀린 일본은 패전할 수밖에 없었다. 일본은 패망 후 에너지 없이 치르는 전쟁이 얼마나 무모한 일인지 뼈저리게 체험했다.

이처럼 에너지는 기축통화국이라면 반드시 가져야 할 소중한 자원이다. 그래서 미국의 달러가치가 닉슨쇼크로 무너질 때 사우디와 페트로 달러 합의를 했던 것이다. 러시아가 우크라이나를 침공할 수 있었던 배경도 그들이 산유국이기에 가능했다.

'달러패권 도전' 中 "사우디에 위안화 대출…무역결제에 사용"

'달러 패권'에 도전장을 내민 중국이 자국의 주요 석유 도입처인 사우디아라비아에 무역 대금 결제용으로 위안화 대출을 했다고 중국 수출입은행이 밝혔다.
_2023년 3월 15일자 연합뉴스

사우디는 달러뿐 아니라 위안화로도 석유결제를 허용한다는 방침을 발표했다. 달러가치의 핵심이었던 페트로 달러체제가 흔들리고 있다.

[특별기고] 셰일가스 혁명과 가스자동차의 새로운 기회

천연가스는 현재 60년 사용할 수 있는 190조m³의 매장량이 확인되어 있으며, 셰일가스가 채굴되기 시작하면서 200년은 사용할 수 있는 640조m³의 매장량이 파악되었고, 일부 전문가들은 500년 동안 사용할 수 있는 매장량까지도 있을 것으로 추정하고 있다.

_2016년 1월 4일자 가스신문

그러나 사실은 사우디가 위안화로 결제를 하건 말건 미국에게 큰 상관은 없다. 미국에는 막대한 양의 셰일이 있기 때문이다. 미국의 셰일가스 매장량은 적게는 200년에서 많게는 500년 간 사용할 수 있는 양이다.

'세계 최대 산유국' 미국, 원유 생산량 더 늘린다

사우디아라비아·러시아를 제치고 세계 최대 산유국으로 등극한 미국의 원유·천연가스 생산량이 올해와 내년 연이어 사상 최대치를 기록할 전망이다. 미국과 다른 산유국 간 시장 점유율 격쟁이 본격화하면 국제 유가를 안정화하는 역할을 할 것으로 보인다.

_2024년 1월 10일자 이데일리

사실 미국은 셰일 덕분에 에너지 순수입국에서 순수출국으로 바뀐 지 오래다. 게다가 미국은 사우디와 러시아를 제치고 2023년 세계 제1의 석유 수출국이 되었다. 그래서 OPEC+가 아무리 담합으로 석유 공급을 감소시켜도 미국 때문에 유가가 오히려 떨어진다. OPEC+의 석유 감산은 미국 석유기업의 시장점유율만 높일 뿐이다.

국제유가는 약 50달러 중반에서 100달러 사이에서 박스권을 유지하고 있다. 이유는 미국도 산유국이기 때문에 국제유가가 너무 떨어지는 것이 부담스럽다. 그래서 미국은 국제유가가 하락하면 공급을 줄이고 상승하면 공급을 늘리면서 박스권을 형성하고 있다. 사실상 국제유가의 향방은 OPEC+가 아닌 미국에 의해 결정되고 있다. 국제유가가 100달러에 근접하면 전략비축유를 엄청나게 풀어 돈을 벌고, 다시 60달러 아래로 떨어지면 석유를 사들여 전략비축유를 쌓는다.

국제유가가 80달러를 깨고 내려가면 미국의 프리포트 맥모란과 같은 석유기업들의 주가가 반등하는 이유가 여기에 있다. 반대로 국제유가가 90달러를 넘어가면 미국 석유기업들의 주가는 떨어질 일만 남았다고 보면 된다. 따라서 80달러 밑으로 떨어지면 석유기업의 주식을 사고 90달러가 넘어가면 원유 숏을 쳐야 한다.

기축통화의 원천은 1970년 석유파동을 거치면서 금에서 에너지로 바뀌었다. 따라서 현재 미국은 셰일가스 때문에 가장 안정적인 기축통화국이 되었다. 2008년 금융위기 이후 미국이 강력한 양적완화를 바탕으로 엄청난 돈을 찍어 낼 수 있었던 원동력은 2012년부터 일어난 셰일혁명에 있다.

우크라이나 전쟁에서 가장 큰 수혜를 받은 것은 미국의 셰일가스 관련 기업들이다. 러시아가 제재 때문에 유럽으로의 가스 수출이 막혔다. 미국의 셰일 관련 기업들은 그 틈을 비집고 들어갔고, 특수를 누리는 중이다. 앞으로 우크라이나 전쟁이 끝나면 미국은 또다시 우크라이나 재건을 이유로 건설특수를 누릴 것이다. 트럼프는 우크라이나의 희토류(자연계에서 드물게 존재하는 금속 원소를 담고 있는 흙)도 노리는 듯하다.

창의력

미국은 어떻게 셰일혁명을 일으켰는가?

석유·가스는 누구의 소유물?

미국에서 석유와 가스 소유권에 대한 보통법 원리는 'ad coelum'이었다. 라틴어인 이 단어의 의미는 이렇다. "토지 소유권은 하늘 끝, 그리고 지구의 중심에 만약 내 소유의 땅에서 석유가 발견되었다고 가정해 보자. 이 석유의 주인은 누구인가? 땅은 내 땅이지만 지하광물은 대부분 국가의 소유다. 그러나 미국은 예외다. 이 석유는 땅 주인의 것이다. 토지를 소유하면 하늘 끝인 천당에서 땅끝인 지옥까지 모두 내 소유라는 말이다. 그것이 바로 자본주의의 근간인 강력한 미국 소유권의 힘이다.

셰일은 일반 석유의 시추보다 어려웠다. 셰일가스의 층이 넓게 퍼져있기 때문이다. 그래서 셰일가스의 개발은 경제성이 떨어졌다.

세일가스층이 있다는 사실을 이미 오래전부터 알고 있었지만 경제성이 떨어져 시추를 포기했던 것이다. 그러나 텍사스의 기업가 '조지 미첼'이 수압파쇄공법이라는 신기술로 세일가스를 캐냈고 경제성을 확보했다.

조지 미첼이 세일의 떨어지는 경제성을 극복할 수 있었던 이유는 바로 창의력에 있다. 미국은 인간의 욕망인 소유권을 극도로 보장해 준다. 예를 들어 세계에서 가장 약값이 비싼 나라가 바로 미국이다. 그래서 미국에서는 의료보험이 없으면 간단한 병으로도 죽을 수 있다. 이렇게 의료보험이 비싼 이유는 미국이 신약특허를 강력히 인정해 주기 때문이고, 그로 인한 경제적 이득을 최대한 보장하기 때문이다.

약값이 무려 56억…세계에서 가장 비싼 약, 대체 무슨 병이길래

425만달러(약 56억5000만원)에 달하는 세계에서 가장 비싼 약이 나왔다. 미국에서 연평균 40여명에게만 발생하는 유전질환을 막을 수 있는 치료제로, 기존 가장 비싼 약으로 알려진 B형 혈우병 치료제 헴제닉스 350만달러 기록을 넘어섰다.

_2024년 3월 21일자 매일경제

세상에서 가장 비싼 약은 혈우병 치료제로 무려 약 56억 원에 달한다. 이 약 한 방이면 불치병인 혈우병이 완치된다. 만약 한국의 제약회사가 혈우병 치료제를 개발해 56억 원을 불렀으면, 아마도 강력한 세무조사를 맞고 언론들은 도둑놈들이라며 매도했을 것이다.

그래서 한국은 창의력에서 미국을 따라갈 수가 없다. 아니, 세계 어느 나라도 미국을 따라가기는 힘들다. 미국은 개인의 창의력을 돈으로 보상해 주기 때문이다.

세계 시가총액 1위부터 10위까지의 기업 면면을 살펴보면 사우디의 아람코와 대만의 TSMC를 빼면 마이크로소프트, 애플, 엔비디아를 비롯해 모두 미국 기업들이 차지하고 있다. 이렇게 미국 기업의 시총 순위가 높은 이유는 창의력 덕분이다.

사실 에너지는 전쟁에 있어서 꼭 필요한 자원이기는 하지만 부가가치의 측면에서 보면 이미 기술기업으로 넘어간 지 오래다. 2008년 금융위기 당시만 해도 시총 1등은 엑손모빌이었지만, 애플의 스마트폰이 나오면서 인터넷 기업이 세상을 지배하고 있다. 즉 이제는 나라의 부가 실물이 아닌 지식에서 나온다는 얘기다.

2차 세계대전까지만 하더라도 제조업이 그 나라의 국력을 좌우했다. 그러나 현재는 지식산업이 국력을 좌우한다. 지식산업은 PBR 개념이 들어가지 않는다. 가진 자산이 특허권, 브랜드를 비롯해 거의 대부분 무형자산이기 때문이다.

무형자산은 유형자산에 비해 복제하는 데 돈이 들지 않아 엄청난 생산성을 보인다. 넷플릭스가 영화를 한 편 만들면 실시간 스트리밍을 통해 세계인이 다 보지 않는가?

따라서 무형자산을 가진 기업이 앞으로도 세계 시총 선두에 설 것이다. 이것을 제일 잘하는 나라가 바로 미국이다. 미국은 창의력을 바탕으로 가장 큰 부가가치를 올리고 있는 중이다. 창의력은 미국의 강력한 특허제도를 통해 보호되고 보상 받는다. 따라서 달러의 원천은 에너지보다는 창의력에 있다고 봐야 한다.

창의력은 기업에 국한되지 않는다. 세계의 문화는 미국에서 시작해서 미국으로 끝난다. 팝, 영화, 스포츠, 엔터테인먼트는 미국이 세계 1등이다. 세계를 상대로 문화를 팔아 가장 많은 돈을 버는 곳이 바로 미국의 엔터산업이다.

물론 제조업의 원천기술도 대부분 미국 것이다. 반도체를 수출할 때도, 원전을 수출할 때도 미국의 눈치를 봐야 하는 이유는 미국이 원천기술의 특허를 갖고 있기 때문이다.

소비

고금리와 인플레이션 때문에 현재까지도 우리는 고통 받고 있다. 미국 정부는 강력한 재정정책을 통해 달러를 풀었고, 이 돈으로 미국인들은 강력한 소비를 할 수 있었다. 미국의 소비가 다시 미국의 GDP를 끌어올리고 있는 중이다.

미국은 말 그대로 다 가진 나라다. 비록 천문학적인 재정적자 때문에 골치를 썩고 있지만, 만약 미국이 재정적자를 흑자로 돌리면 세계 공황이 온다. 미국이 소비를 줄이고 자국 내에서 자급자족이 가능해진다면 한국을 비롯한 수출 국가들은 내일 당장 파산하고 말 것이다. 미국의 엄청난 재정적자로 인해 세계 대부분 국가들이 먹고살 수 있다고 해도 과언이 아니다.

중국을 비롯한 세계의 모든 나라가 흑자인데 왜 미국 혼자만 적자인가? 그것도 지속적으로 말이다. 웬만한 국가라면 이미 오래전 파산했을 것이다.

미국이 엄청난 재정적자를 바탕으로 다른 나라의 물건을 사주면서 GDP를 끌어 올려주고 있기 때문에 세계는 발전한다. 한국이 수십 년 동안 무역흑자를 올릴 수 있었던 이유도 바로 미국이 한국의 물건을 사주면서 재정적자를 보았기 때문이다. 결국 미국의 천문학

적인 재정적자는 세계의 GDP를 끌어 올리는 힘이다. 따라서 미국
의 재정적자는 당연한 것이다.

달러의 끝이 보인다고 하는 사람들은 달러의 본질을 모르기 때
문에 하는 소리다. "달러 끝난다! 끝난다!" 하고 달러 자산에 투자하
지 않으면 본인만 끝난다. 금이 나스닥 상승률보다 애초부터 덜 성
장할 수밖에 없는 이유는 바로 달러자산이 가장 강력한 수익을 거둘
수 있는 구조인 것을 모르기 때문이다.

미국의 달러를 대체할 나라는 앞으로도 없다. 유럽은 창의력이
결여되어 빅테크 하나 없고, 애플, 마이크로소프트를 규제하여 벌금
으로 돈을 벌려는 나라들이다. 애초부터 자국에서 큰돈을 벌 수 없
으니 창의력이 있는 유망한 젊은이들은 모두 미국으로 떠난다. 이
래서 유럽은 미래가 없다.

중국은 미래가 있을까? 국가가 재벌의 돈을 빼앗고 죽이는 나라
에서 창의력이 있는 인재가 중국에 남아 있으려고 할까? 일본처럼
잃어버린 30년에 빠질 것이다.

일본은 또 어떤가? 수입도 안 하는 나라가 부채비율은 미국보다
더 높다. 러시아는? 말해 뭘 하나. 입만 아프다.

결론

미국은 에너지, 창의력, 제도 등에서 압도적인 자본주의 끝판왕인 나라다. 재정적자를 통해 강력한 군사력을 유지하고 소비의 바탕이 된다. 앞으로도 미국 달러의 시대는 계속될 것이다. 달러 자산에 투자하자. 반드시 부자가 된다. 이것을 무시하면 부자의 꿈은 이룰 수 없는 꿈으로만 남을 것이다.

그게 무슨
의미가 있니?

서장훈의 유행어다. 친구가 당신에게 "에스파의 카리나와 윈터가 동시에 사귀자고 한다면 누구랑 사귈 거냐?" 이런 질문을 했다면? 그런데 정말 카리나와 사귈지 윈터와 사귈까 쓸데없이 진지하게 고민하는 사람이 있다. 그런 사람에게 서장훈의 유행어를 말해 주면 된다.

"그게 무슨 의미가 있니?"

어차피 일어나지도 않을 일을 왜 고민하느냐는 말이다.

부동산 부자?와 현금 부자! 의 차이

이 말을 투자에 접목시켜 보자. 투자를 하려는 이유가 무엇인가?

돈을 불려 부자가 되고 싶기 때문이다.

종자돈 1,000만 원이 있다고 가정해 보자. 부자가 되려면 최소 현찰 10억 원은 있어야 한다. 여기서 부동산은 빼야 한다. 부동산 10억 부자는 진짜 부자가 아니다. 현금성 자산 10억 원이 진짜 부자다.

부동산은 10억 원이 있어도 노동에서 벗어나지 못한다. 그러나 현금성 자산 10억 원이 있으면 경제적 자유인이 될 수 있다. 예를 들어 10억 원을 연 3% 정도 되는 예금에 맡긴다면, 연 이자가 3,000만 원이라는 소리고 월 250만 원을 받을 수 있다. 풍족하지는 않겠지만, 적당히 소비하면 일하지 않고 사는 것이 가능하다. 그러니 10억 원은 부동산이 아닌 현금성 자산이어야 한다.

부동산은 오히려 대출받은 이자와 재산세, 종부세 등을 내야 하기 때문에 일을 더 빡빡하게 해야 한다. 따라서 부동산 10억짜리 가지고 있는데 충분한 소득이 없다면 오히려 집거지에 가깝다.

당신의 투자, 지속가능합니까?

1,000만 원으로 10억 원이 되려면 몇 배를 튀겨야 할까? 100배다. 여기서 투자라는 것을 잘 생각해 보자. 김 대리의 말을 듣고 1,000만 원을 2차전지 종목에 몰빵 투자해서 운 좋게 10배 튀겼다. 그리

고 기가 막히게 빠져나오는 데까지 성공하여 1,000만 원이 1억 원으로 불어났다.

이제 다시 1억 원을 몰빵해서 10배를 튀겨 10억 원을 만들 수 있을까? 그럴 수 없다. 어쩌다 한 번 기가 막히게 운이 좋아 돈을 벌 수는 있지만 운이 계속될 리가 없기 때문이다.

주식에서 초보자(초심자)의 행운이라는 말이 있다. 어떤 분야에서든지 초보에게는 이상하게도 운이 따른다는 말이다. 하지만 초보자의 행운은 돈이 안 된다. 적은 돈을 넣어서 10배가 올랐기 때문에 10배가 올라도 큰돈이 안 된다. 예를 들어 100만 원을 넣어 10배가 올라 1,000만 원이 되어도 큰돈은 아니다.

이때 초보자는 어떻게 행동할까? 대부분 욕심이 생기기 때문에 더 큰돈을 넣어 물타기를 한다. 사돈의 팔촌의 돈을 빌리거나 미수까지 쳐서 2,000만 원을 넣는다. 이제 총 3,000만 원이 만들어졌다. 해볼 만하다.

그런데 웬일인지 주가가 힘이 없이 떨어지기 시작한다. 고점 대비 50% 떨어져 반토막이 되었다면 이익일까 손해일까? 애초의 이익은 100만 원에서 1,000만 원이 되었으니 900만 원이었다. 그런데 2,000만 원을 더 넣어 총 3,000만 원이 되었고, 50%가 떨어졌으니 1,500만 원 마이너스다.

결국 1,500만 원에서 900만 원을 빼면 600만 원 손해다. 이후에도 주가는 더 떨어진다. 행운을 얻은 초보자의 전형적인 결말이다.

①주식이론이 무슨 의미가 있나

지속가능하지 않다면, 투자에서 어쩌다 한 번은 큰 의미가 없다. 우연으로 부자가 되는 경우는 없다고 보는 게 맞다. 투자에서 가장 중요한 핵심은 바로 지속가능성이다. 지속가능성이 있으려면 우연이 아니라 이론이 필요하다.

과학에는 이론이 있다. 이론으로써의 가치가 있으려면 반복된 실험에서 똑같은 결과가 나타나야 한다. 즉 재현성의 여부다.

주식에서도 돈을 벌 수 있다는 수많은 이론이 있다. 정배열, 역배열, 꽈배기 모양의 종목, 5일, 20일, 60일 장단기 이동평균선 등이다. 하지만 아무리 차트를 분석하고 공부해도 이것은 이론이 아니다. 이론이 되려면 누가 해도 같은 결과가 나와야 하는데, 주식이론은 그 사람에게만 통용된다. 그러니 서장훈의 말처럼 이게 무슨 의미가 있냐는 것이다.

주식에 이론이 들어맞지 않는 이유는, 주가의 움직임에는 재현성이 없기 때문이다. 즉 주가는 어떠한 규칙도 없다. 아무리 공부해도 내일의 주가는 맞출 수 없다. 워런 버핏도 그것만은 불가능하다.

②핵심은 지속가능성이다

부자가 되려면 여기서 통찰이 필요하다. 내일의 주가는 알 수 없다. 그러나 장기간 주식에 투자하면 오른다는 사실은 명확하다.

그러나 장기간 투자한다고 해서 모든 주식이 오르는 것은 아니다. 스페인의 대표 지수인 IBEX 35 지수에 2007년부터 투자했다면 계좌는 -30%를 찍고 있을 것이다. 정확히 얘기하자면 미국의 S&P500이나 나스닥100 등과 같은 지수에 장기투자해야만 결국 오른다. 눈을 감고 찍어서 될 일이 아니다.

부자가 되는 방법을 정리해 보자.

①부자는 절대 우연으로는 될 수 없다.

②내 돈을 분산투자가 아닌 올인을 해야 한다.

③올인을 해서 최소한 20년 이상 장기간 투자했을 때 크게 오를 수 있는 곳에 투자해야 한다.

④20년 이상 장기투자하면 반드시 올라야 한다.

⑤누구나 할 수 있는 쉬운 방법이어야 한다.

워런 버핏은 2013년 연례 보고서에 이렇게 썼다.

"유서에, 내가 죽은 뒤 아내에게 남겨진 돈은 국채 매입에 10%를 투자하고, 나머지 90%는 전부 S&P500 인덱스펀드에 투자하라."

일반인은 어떤 투자원칙을 갖기 힘드니 지수 투자 방식을 권유한 것이다. 워런 버핏의 아내는 그렇게 해도 된다. 워런 버핏이 자산의 상당 부분을 기부했는데도 남은 돈이 약 180조가 넘기 때문이다.

S&P500은 매년 10.1%가 오른다. 180조를 넣어두면 다음 해 약 18조의 수익이 발생한다. 그러니 S&P500에 넣어도 된다. 그러나 일반인은 세계 1등에 투자해야 한다. 세계 1등은 25%의 복리로 오르기 때문이다.

결론

투자는 어쩌다 한 번 맞는 것으로는 큰 의미가 없다. 우연이며 재현 가능성이 없기 때문이다. 그래서 일반인은 세계 1등 주식에 투자해야 한다. 재현이 가능하고 올인할 수 있으며 매년 25%의 복리로 오르며 누구나 쉽게 할 수 있기 때문이다.

1,000만 원을 투자하면 10년에 10배, 20년에 100배가 된다. 1,000만 원을 투자해 20년 후가 되면 10억 원의 현금성 자산으로 불어난다. 일반인이 세계 1등에 투자하는 길만이 유일하게 부자가 되는 길이다.

12장

인플레이션 시대에
부자 되는 법

'빚의 늪' 빠진 美…1분당 국채이자 27억원

미 의회예산국(CBO)에 따르면 지난해 말 기준 미 연방정부의 부채 부담은 26조2000억달러(약 3경6000조원)에 달한다. 2년 새 3조9000억달러 늘어난 것으로 미국 GDP의 97.3%다. CBO는 GDP 대비 국가 부채 비율이 올해 99.0%, 내년 101.7% 늘어날 것이라고 예측했다.

_2024년 5월 13일자 한국경제

미국의 부채는 이미 천문학적이며, 불어나는 속도와 양도 천문학적이다. 2023년까지 미국 부채는 26조 2,000억 달러, 한화로 약 3경 6,000조 원에 달한다. 최근 2년 새 무려 3조 9,000억 달러가 늘었다.

2024년 기준 GDP 대비 국가부채 비율은 99%로 예측된다.

미국은 2008년 금융위기를 겪으면서 양적완화로만 3조 달러를 풀었다. 그런데 지금은 금융위기가 없음에도 불구하고 최근 2년 동안 3조 9,000억 달러를 풀었다. 실로 엄청난 속도다.

보통의 국가라면 이렇게 많은 국채를 찍어낼 경우 일찌감치 디폴트에 빠지고 만다. 한국이 미국처럼 빚을 냈다간 외화가 모자라 바로 IMF 행이다.

일반적으로 부채가 과다할 경우 국채금리가 폭등하고 통화가치가 추락하며 물가가 오른다. 영국의 전 총리 리즈 트러스가 감세를 하는 대신 빚을 늘리겠다고 선언했다. 그러자 리즈 트러스 총리는 영국 역사상 최단기 총리라는 불명예를 안고 물러났다.

그러나 미국은 다르다. 미국은 달러 패권을 보유한 기축통화국이다. 미국 국채는 세계에서 가장 안전한 자산이다. 빚을 내기 위해 국채를 발행하면 언제든 사줄 누군가가 있다는 의미다. 우방국 또는 무역 흑자국이 사주거나 연준이 사주면 된다. 미국 입장에서는 부채 한도를 늘려 국채를 발행하고 이자 비용만 투자자들에게 지불하면 그만이다. 따라서 미국이 부도날 이유는 없기에 천문학적인 돈을 찍어내고 있는 중이다.

미국이 천문학적으로 달러를 찍어내는 이유

아무리 미국이라지만 이렇게 엄청난 양의 달러를 찍어내도 괜찮은 걸까? 결론부터 얘기하면 미국은 달러가치를 떨어뜨려 천문학적인 빚을 헤지하려는 것이 아닌가 생각한다.

미국은 기축통화국이다. 기축통화국은 기본적으로 빚을 많이 질 수밖에 없는 구조다. 빚을 많이 진다는 얘기는 돈을 많이 찍어내야 한다는 말과도 같다. 달러가 부족할 때는 세계 공황이 오기 때문이다.

금본위제 시절에는 경제공황이 정기적으로 왔다. 금을 쟁여두고 돈을 찍어내야 하기 때문이다. 금은 한정적인 자원이므로 일정 시점에 도달하면 더 이상 돈을 찍어낼 수 없었다. 금의 가치 이상으로 돈을 찍어내면 은행의 곳간이 비게 된다. 은행에 돈이 없으니 경제가 호황이든 불황이든 관계없이 돈을 빌린 기업에게 대출한 돈을 갚으라고 할 수밖에 없다. 따라서 기업은 물건이 날개 돋친 듯이 팔려 나가는데도 흑자 부도를 낼 수밖에 없었다. 오히려 호황기에 더 많은 부도가 난다. 경기가 호황일수록 돈을 빌려 사업을 하려는 수요가 더 늘어나 은행의 금고가 더 빨리 비기 때문이다.

그러나 미국이 금본위제를 포기하자, 달러가 모자라 흑자부도가 나는 일은 더 이상 발생하지 않았다. 또한 앞으로도 돈이 부족할 일은 없을 것이다.

그럼에도 불구하고 미국이 이렇게 돈을 많이 찍어내면 여기저기서 말이 나온다. 피땀 흘려 만들어낸 제품을 미국은 달러를 찍어내사 가니 종이 장사로 돈을 번다는 얘기 말이다.

그러니 미국은 균형재정을 해야 한다고 말한다. 그러나 미국이 정말 균형재정을 실시하면, 오히려 금본위제 시절처럼 세계 대부분 국가는 흑자부도를 낼 수밖에 없다. 오히려 매년 GDP가 성장하려면 미국이 천문학적인 돈을 찍어 세계에 뿌려야 한다.

달러를 기축통화로 쓰는 한 세계는 인플레이션이 올 수밖에 없다. 한 마디로 달러의 가치가 매년 지속적으로 떨어지는 일이 일어나는 것이다.

독일에서 발생한 하이퍼 인플레이션의 본질

인플레이션의 본질을 알아야 한다. 한 국가에서 인플레이션이 발생하면 어떤 일이 일어나는가? 독일 바이마르 공화국 시절에 하이퍼 인플레이션이 일어났다. 1차 세계대전을 일으킨 패전국 독일은 연합국에게 막대한 배상금을 줘야 했다. 전쟁에 패배해 폐허가 되었는데 막대한 배상금이 있을 리 만무하다. 일부에서는 독일 정부가 돈을 찍어내 하이퍼인플레이션이 일어났다고 하는데 사실이 아니다. 배상금은 독일 마르크가 아닌 달러나 금 등으로 줘야 했기 때문이다. 마르크화를 아무리 많이 찍어내도 배상금과는 관련이 없다.

그렇다면 독일 정부는 왜 이렇게 엄청난 돈을 찍어냈을까? 정부가 돈이 필요하면 두 가지 중 하나를 해야 한다. 국민들에게 세금을 걷거나 돈을 찍어내거나 둘 중 하나다. 당시 독일은 1차 세계대전 이후라 세금을 걷을 수 없었다. 그런데 전쟁터에서 돌아온 군인들, 공무원들에게 지급해야 할 돈은 줘야 했다. 이들에게 월급을 주지 않으면 국가가 마비되고 폭동이 일어날 수 있다. 따라서 하이퍼인플레이션을 각오하고 엄청난 돈을 찍어낼 수밖에 없었다. 결국 독일의 마르크화는 휴지조각이 되었다.

당시 하이퍼인플레이션의 에피소드가 있다. 열심히 일해서 저축한 동생은 파산했고 술만 마시던 알콜중독자 형은 술병을 팔아 부자가 되었다는 웃지 못할 이야기다.

인플레이션 시대의 투자법

인플레이션에 취약한 사람들은 누구일까? 예금, 이자, 연금 등 현금성 자산으로 사는 은퇴자들이다. 이유는, 돈이 휴지가 되기 때문

이다. 즉, 인플레이션 시대에는 실물자산에 투자해야 한다는 의미
가 되겠다.

미국이 엄청난 달러를 찍어내는 이유는 달러가 있어야 세계 경제
가 돌아가고, 달러가 없으면 세계 공황이 오기 때문이다. 그러나 미
국이 달러를 찍어내는 더 본질적인 이유는 달러의 가치를 떨어뜨려
부채를 줄이고 싶기 때문이다. 마치 바이마르 공화국 시절 독일처
럼 예금(현금성 자산)을 가진 사람은 거지가 되는 정책이다.

마찬가지 원리로, 미국이 달러를 찍으면 찍을수록 달러를 가진 나
라는 거지가 된다. 한국의 외환보유고는 약 4,000억 달러다. 대부분
달러자산이다. 엄청난 돈이지만 미국이 계속 달러를 찍어내면 돈의
가치는 상대적으로 희석된다. 결국 한국 외환보유고의 가치는 미국
이 달러를 찍어내는 만큼 매년 빛의 속도로 떨어질 수밖에 없다.

그러나 달러보다 더 떨어지는 돈이 있다. 바로 한국의 원화다.
2020년 코로나 때 달러/원 환율은 약 1,100원이었는데 지금은 1,400
원 이상이다. 달러보다 원화의 가치가 더 많이 떨어졌다.

프랑스, 영국에 '유럽 최대 주식 시장' 왕좌 뺏겨

17일(현지시간) 블룸버그통신이 집계한 데이터에 따르면 프랑스 주식시장
의 시가총액은 3조1300억달러(약 4326조원)로, 영국 3조1800억달러(약

2024년 6월 17일 기사다. 프랑스와 영국의 주식시장 시가총액은 약 3조 달러 정도다. 그런데 미국에는 2025년 10월 28일 현재 3조 달러가 넘는 기업이 3개다. 마이크로소프트, 애플, 엔비디아다. 더 정확히 얘기하면 엔비디아는 4조 달러를 훌쩍 넘고, 애플과 마이크로소프트도 거의 4조 달러에 육박한다.

이것이 의미하는 바가 무엇일까? 정말 마이크로소프트라는 한 기업의 주식가치가 프랑스나 영국이라는 한 국가의 주식시장보다 큰 것이 말이 된다고 생각하는가? 인공지능의 미래가 밝거나 버블이기 때문일까? 그렇지는 않을 것이다. 미국의 달러자산, 특히 그중에서도 주식의 가치가 폭발적으로 상승하고 있기 때문일 것이다.

그리고 달러자산의 가치가 높아지는 이유는, 미국이 달러를 찍어 내 국민들에게 주면 그 국민들이 다른 나라가 아닌 자신의 나라에 투자하기 때문이 아닐까 생각한다.

한국인이 한국 주식시장에 투자하는 비율은 2024년 6월 기준 코스피 거래대금의 약 50%를 차지한다. 미국인이 미국 주식시장에 투자하는 비율은 2022년 미국 가구 기준 약 58%다. 무슨 의미인가?

한국인은 한국 주식시장에, 미국인은 미국 주식시장에 주로 투자하고 있다는 말이다. 그런데 한국의 주식시장은 세계 주식시장의 약 2%에 불과하다.

한국의 주식이 잘 오르는가? 미국주식은 어떤가? 한국인이면 한국시장에, 미국인이면 미국시장에 투자하는 게 당연한 결과라고 생각하는가? 한국인도 얼마든지 미국시장에 투자할 수 있는데, 한국시장만 고집하는 것은 융통성이 부족하다고 생각하지 않는가? 한국인이라도 살아남으려면 미국시장, 달러자산에 투자해야 한다.

이대론 안 된다. 투자의 방향이 어디를 향해야 할지 진지한 고민이 필요하다

"은행 이자론 커피도 못사"…日개미, 올해 5조엔 해외 베팅

오르칸은 특히 신탁보수가 연 0.05% 안팎으로 저렴해 인기를 끌고 있다. 연초부터 지난달 21일까지 순유입액은 1조3000억엔(약 11조2000억원)에 달했다. 잔액은 3조8000억엔 규모로 성장했다. 오르칸을 포함한 1~5월 해외 주식형 투신 순유입액은 5조4284억엔으로, 전년 동기의 약 다섯 배에 이른다. 특히 미국 반도체 대기업 엔비디아 등 해외 성장 기업에 대한 투자가 활발한 모습이다.

_2024년 7월 2일자 한국경제

일본에도 서학개미가 존재한다. 그들이 2024년에만 미국에 5조 엔을 투자한다는 기사다. 원래 자국의 국민은 자국의 주식을 사는 것이 대부분인데 이제 알 사람들은 다 안다. 자국의 주식시장은 오르지 않고, 미국주식만 독야청청 훨씬 더 많이 오른다는 사실을 말이다.

이렇게 반복해서 강조해도 세금 때문에 미국주식이 꺼려진다고 말하는 사람들이 있다. 세금은 언제 내는가? 벌어야 낸다. 돈이 까지는데 어떻게 세금을 내나? 세금이 무서우면 부동산에는 왜 투자하나?

해외주식 양도세는 개별과세다. 얼마를 벌어도 세금은 약 22%다. 반면 부동산 양도세는 종합소득세로 합산까지 된다. 게다가 8,800만 원이 넘으면 양도세로 40% 가까이 낸다. 종합과세는 앞으로 의료보험 등이 오를 수 있고 누진되기 때문에 훨씬 세금을 많이 내는 구조다.

이처럼 부동산은 세금이 훨씬 많은데 투자해도 되고 해외주식은 세금이 훨씬 낮은데도 세금 때문에 못한다니 말이 되는가?

미국이 돈을 푸는 이유는 인플레이션으로 달러 부채의 가치를 떨어뜨리려는 데 있다. 인플레이션을 헤지하려면 미국의 부동산, 주식 등 실물에 투자해야 한다. 미국 부동산에는 투자할 수 없으니 미국 주식에 투자해야 한다. 물론 세계 1등 주식에 가장 많은 돈이 몰린다. 따라서 세계 1등에 투자하면 부자가 된다. 반대로 한국 주식, 부동산에 투자하면, 사람에 따라 성과를 낼 수는 있겠으나 보통의 사람 기준으로 장기간일수록 수익률 차이는 하늘과 땅 차이로 벌어진다. 원화만 고집하며 예금, 이자에 맡겨 놓거나 연금소득만을 바라봤다가는 더 빨리 거지가 될 것이다.

일자리 빼앗아 오는 나라에
투자해야 하는 이유

미국은 칩스법, IRA법으로 무엇을 노리는가?

> **칩스법 효과…美반도체 생산 2032년까지 3배로 증가**
>
> 칩스법'은 반도체 회사들이 미국 땅에 공장을 건설하도록 설득하기 위해 390억 달러의 보조금과 750억 달러의 대출 및 대출 보증, 25%의 세금 공제를 골자로 한 지원법이다. 이 법의 결과로 미국은 세계 최고의 칩 제조업체 5개 모두로부터 미국에 시설을 추가 확충하겠다는 약속을 확보했다. 여기에는 모든 장비의 두뇌 역할을 하는 구성 요소인 첨단 로직 칩을 생산하는 3대 주요업체인 TSMC(미국티커 TSM), 삼성전자 및 인텔(INTC)이 포함된다.
> _2024년 5월 8일자 한국경제

바이든 정부가 추진했던 대표적인 정책은 반도체 칩스법과 IRA법(인플레이션 감축법)이다. 이 법들의 골자는 반도체나 친환경 전기차, 소재 등은 전략물자이기 때문에 중국 견제 차원에서 미국에서 생산을 해야 한다는 취지다. 대신 미국은 한국, 대만 등이 미국 땅에 반도체 공장을 짓는 데 달러를 지원한다는 내용이다. 결국 생겨나는 것은 미국의 일자리다.

사실 달러는 연준이 윤전기를 돌려 찍어내면 되는 종이 아닌가? 문제는 돈을 너무 많이 찍어내면 화폐의 신뢰성이 무너지면서 돈이 휴지가 되는 것이다. 그러나 미국은 천문학적인 돈을 찍어내고 위기를 만들어 내면서 오히려 달러의 위상을 높이는 중이다.

기존에는 미국이 달러를 찍어 한국의 스마트폰, 대만의 반도체, 일본의 자동차 등 공산품을 샀다. 그러나 이제는 일자리까지 사려는 것이 반도체 칩스법, IRA법의 취지다.

이 법을 만들게 된 계기는 일본과의 통상마찰을 통해 미국이 알게 된 중요한 사실 때문이다. 1970년대 석유파동으로 인해 유가가 크게 올랐다. 세계는 스태그플레이션에 빠졌고 경제불황이 왔다. 그러자 일본 자동차들이 미국시장에서 불티나게 팔렸다. 유가가 많이 오른 상태에서 일본차의 연비가 좋았기 때문이다.

미국의 자동차산업은 내리막길을 걸었고 미국은 일본 자동차산업을 견제하기 시작했다. 그렇다고 지금의 트럼프처럼 관세를 때릴 수도 없었다. 미국이 한참 자유무역을 외치던 때라 갑자기 관세를 높여 무역장벽을 만들 수는 불가능했기 때문이다. 그래서 선택한 것이 대미국 자동차 수출 대수 제한이었다.

1981년부터 1994년까지 일본은 미국에 1년에 168만 대까지만 수출할 수 있었다. 그래서 일본은 적은 물량으로 많은 이익을 거두는 데 집중한다. 예를 들어 도요타의 렉서스는 자동차 고급화 전략에서 나온 산물이다.

일본의 물량이 제한되자 한국이 반사이익을 얻었다. 현대자동차는 그 틈새를 노려 미국에 포니를 수출했다.

반도체도 틈새를 노려 반사이익을 얻었다. 삼성전자 D램을 가르쳐준 곳이 현재 메모리 반도체 3등 업체인 마이크론이다. 한국인들은 마이크론이 3위라며 호구 취급하지만 마이크론의 기술이 아니었다면 삼성전자는 반도체를 생산하지도 못했을 것이다.

일본은 미국이 짜놓은 자율규제 때문에 자동차 메이커끼리 곤란한 일이 생겼다. 자율규제가 없었다면 팔리는 만큼 만들면 된다. 그러나 1년에 168만 대만 수출할 수 있으니, 누가 얼마만큼 만들어야 하는지 누가 정할 수 있는가? 결국 출혈경쟁이 불가피했다.

그러다 혼다가 기발한 아이디어를 생각한다. 미국 현지에 공장을 세우는 것이다. 그러면 팔리는 만큼 자동차를 만들 수 있다. 미국이 만들어 놓은 자율규제를 근본적으로 피할 수 있게 되니 말이다.

미국은 수출 물량을 제한했을 뿐, 일본 기업의 자동차 생산을 제한한 건 아니었다. 혼다 이후 일본 자동차 기업이 너도나도 미국에 공장을 지었고 1994년 이후 이 규제는 자연스럽게 없어졌다.

결국 핵심은 자국 내 일자리다

과거에는 한 나라의 발전 정도를 나타내는 지표로 주로 GNP가 사용되었다. 국민총생산(GNP) Gross National Product은 '한 나라 국민이 일정 기간 동안 생산한 모든 최종생산물과 서비스의 시장가치의 합'이다. 핵심은 국민이다.

그러나 요즘은 GNP보다 GDP 개념을 주로 쓴다. 국내총생산(GDP) Gross Domestic Product은 '한 나라 영토 내에서 일정 기간 생산된 모든 최종생산물과 서비스의 시장가치의 합'이다. 핵심은 국내의 일자리다.

GNP보다 GDP를 많이 쓰는 이유는 국민이 외국에서 돈을 버는 것보다는 국내 일자리가 더 중요하기 때문이다. 운동선수가 외국 리그에서 뛰면서 돈을 벌어 거기에서 돈을 펑펑 쓰면 누가 더 좋은

가? 그 나라에 좋다.

반면 한국기업이건 미국기업이건 우리나라에 공장을 많이 지어 일자리를 만들어 내면 우리나라에 좋은 것이다. 즉, 공장을 한국에 짓는 외국 브랜드가 외국에 공장이 있는 한국 브랜드보다 좋다는 뜻이다. 거기에 수출까지 해주면 이보다 좋을 수 없다.

결론

이제는 미국이 달러를 찍어서 상품을 사는 것뿐 아니라 글로벌기업의 일자리까지 빼앗아가고 있다. 트럼프 시대에 접어들면서 이 현상은 더욱 심화되는 분위기다. 따라서 미국에는 양질의 일자리가 많이 생기고, 그로 인해 소비가 활발하게 이어지고 경제가 잘 돌아가는 선순환의 구조가 만들어진다. 그래서 한국보다 GDP의 규모가 큰 미국이 한국을 앞질러 크게 오르고 있다.

반도체칩스법 등이 중국 때문이라고는 하지만 숨은 목표는 세계 초일류 기업의 일자리를 빼앗아 오기 위함이다. 결국 일자리가 늘어나는 미국에 투자해야 한다.

부를 지키는
오직 단 한 가지 방법

스포츠에서 우승은 수비가 결정한다

경제학자들이 아마추어끼리의 테니스 시합 수천 건을 분석했다. 그러자 특이점 하나가 발견되었다. 대부분 누가 더 실수를 안 하느냐에서 승패가 갈렸다는 사실이다.

아마추어 야구 동호회 경기를 보다 보면 내야수가 밥 먹듯이 알 까기를 저지른다. 프로와 아마추어의 차이는 수비력이다. 수비력은 프로팀 간에도 마찬가지다. 농구도 누가 공격을 잘하느냐보다는 누가 수비를 잘하느냐로 우승이 결정된다.

시카고 불스는 전성기 시절, 마이클 조던, 스카티 피펜, 데니스

로드맨 등 최고의 공격수가 주축을 이뤘다. 그런데 시카고 불스는 NBA 퍼스트 수비팀에 뽑혔다. 즉, 최고의 공격수가 최고의 수비수인 셈이다.

데니스 로드맨은 게임당 리바운드가 평균 14.9개로 1위였다. 농구에서는 리바운드 자체가 수비다. 즉, NBA 역사상 최고의 팀인 1995~96년 시카고 불스가 사실은 최고의 수비팀이었다는 얘기다.

"공격은 티켓을 팔고, 수비는 우승을 부른다"는 말이 있다. 대학 미식축구의 전설인 폴 브라이언트 감독이 처음 한 말이다. 모든 스포츠에서 수비가 얼마나 중요한지 이 한 문장으로 알 수 있다.

야구도 타율이 높은 팀보다 방어율 높은 팀이 우승을 거둔다. 항상 그랬다. 물론 한두 번 방망이가 잘 맞아 대승을 거두기도 한다. 그러나 다음날 상대팀의 강력한 에이스를 만나면 맥을 못 춘다. 따라서 장기 레이스를 펼쳐야 하는 프로리그의 특성상 강력한 투수진과 수비력을 갖춘 팀이 주로 우승을 한다는 얘기다.

스포츠만 그럴까? 바둑도 묘수로 이기기보다 실수를 적게 해야 이긴다. 화려한 공격을 갖춘 팀보다는 단단한 수비와 실수를 적게 하는 팀이 항상 우위에 서는 것이 정석이다.

투자의 성패도 수비가 결정한다

투자도 다르지 않다. 대부분의 투자자들은 상방 이익의 극대화는 과대평가하고 하방 리스크의 헤지는 과소평가한다. 스포츠에서 '공격은 티켓을 판다'는 말처럼 투자자들은 상방 이익에 격하게 흥분한다. TQQQ나 SOXL처럼 3배 레버리지 상품이 한국에서 특히 더 잘 팔린다.

오를 때는 3배로 크게 오르지만 떨어질 때도 3배로 떨어진다. 인플레이션이 한창인 2022년 8월부터 10월까지, 반도체를 3배로 추종하는 SOXL은 21달러에서 6달러까지 3개월 만에 약 70%가 빠졌다. 이렇게 하방을 크게 맞으면 이후 많이 오른다 해도 온전한 회복이 불가능하다.

나스닥이 전고점을 돌파하며 사상 최고치를 이어 나가고 있는 와중에도 SOXL은 아직도 2021년 12월 사상 최고치를 돌파하지 못하고 있다.

이유는 간단하다. 100달러인 주식이 50% 떨어져 50달러가 되었는데 50%가 오르면 본전이 아니라 75달러에 머문다. 모수가 작기 때문에 50%가 아닌 100%가 올라야 본전이다.

매뉴얼이 중요한 이유는 이것이다. 나스닥지수에 -3%가 떴다. 대부분의 사람들은 이 신호가 주는 위험성을 알면서도 무시한다. -3%가 떴다고 팔면 손실이 확정되기 때문이다. '금방 오르겠지' 하며 안일하게 생각한다. 폭락이 여기서 멈추면 그나마 다행이지만, 여기서 더 떨어지면 진짜 문제가 생긴다.

시장이 패닉에 빠지며 2024년 8월 5일과 같은 블랙먼데이가 떴다고 가정해 보자. 예를 들어 100달러인 주식이 있다. 이미 5% 떨어진 시점에 -3%가 떴지만 팔지 않는다. 그리고 일본 주식시장이 하루에 13%가 떨어지는 것을 보고 심상치 않음을 깨닫는다. 그런데도 버티고 버티다가 결국 고점대비 15%가 떨어지고 나서야 화들짝 놀라서 판다.

이후 시장이 이성을 회복해 5% 떨어진 지점까지 올라왔지만, 다시 사지 못한다. 왜냐하면 자신은 이미 -15%에 팔았고 지금 -5% 시점에 와 있으니, 지금 산다면 안 팔았을 때보다 앉아서 10%를 손해 봤기 때문이다. 이 사람은 앞으로도 떨어지기만을 기다리며 이 주식을 다시 사지 못할 것이다. 더 최악의 경우는 위기가 지나가고 계속 오르는 경우다. 이때 우리는 '털렸다'는 용어로 떠나보낸 기회를 아쉬워한다.

그런데 더 큰 문제가 하나 더 있다. 개인들이 이 패턴을 반복한다는 것이다.

한국사람의 머리카락 수를 더한 것과 중국사람의 머리카락 수를 곱한 것 중에 어떤 것이 더 많을까? 정답은 한국 사람의 머리카락 수다. 왜냐하면 중국사람의 머리카락 수를 곱하면 숫자는 더한 것보다 커지지만 13억 명 중에 대머리가 끼어 있기 때문이다. 아무리 큰 수도 0을 곱하면 바로 0이 된다.

위기는 어쩌다 갑자기 오며 한 번의 실수가 파멸로 이끈다

나심 탈레브가 강조한 블랙스완의 칠면조가 되지 말자. 1000일 동안 주인이 칠면조에게 매일 먹이를 준다고 해서 좋은 주인이라 생각하지 말자. 오늘이 바로 추수감사절일 수 있으니까 말이다.

레버리지로 흥한 자 레버리지로 망한다. 레버리지는 한 번의 폭락 때 담보 부족으로 강제매매 당하면 되돌릴 수 없다.

부자가 되는 방법은 수십 가지다. 그러나 부를 유지하는 방법은 단 한 가지 '안전'이다. S&P500과 다우존스 지수, 억만장자 리스트가 10년마다 60%가 물갈이된다. 한번 부자도 지키지 못하면 다음번에는 부자 리스트에서 삭제될 수 있다는 것이다.

매뉴얼은 최대한 안전을 추구하는 투자방법이다. 매뉴얼을 따르면 하락장에서 기가 막히게 방어할 수 있다. 우리는 꾸준히 오르는

장에서 자산을 불리면 된다. 다만 예외적으로 2년에 한 번씩 오는 큰 폭락장에서 평소에 조금씩 잃던 돈을 한 번에 만회하는 것은 물론이고 주식 수를 늘릴 절호의 찬스를 얻을 수 있다.

하락장을 완벽하게 방어하는 툴은 내가 알기론 매뉴얼뿐이다. 그동안 발생했던 여러 위기들에 대입해 봐도, 하락 이전에 주식을 팔고 자산을 방어하며 패닉셀을 비켜 가게 만든 것은 매뉴얼이 유일했다. 그리고 앞으로 다가올 더 큰 하락장을 방어할 도구도 지구상에서 매뉴얼이 유일하다.

결론

부자가 되려면 자본운용을 하는 데 있어서 리스크를 최소한으로 줄이고 가능한 가장 높은 수익률로 가져가며 오랫동안 복리로 늘려야 한다. 그러기 위해서 우리가 첫 번째로 해야 할 일은 매뉴얼에 따라 리스크를 최대한 줄이는 것이다. 부자가 되어야 할 이유 앞에 '반드시'를 붙이고 싶다면, 반드시 매뉴얼을 숙지하기 바란다.

더 이상 시장에
휘둘리고 싶지 않다면

통제할 수 있는 것 vs. 통제할 수 없는 것

시장에는 '시장평형 조절장치'가 있다고 한다. 시장평형 조절장치란 주가가 오르면 반드시 떨어지고, 떨어지면 반드시 오른다는 논리다. 따라서 우리는 주가가 떨어지면 오히려 탐욕을 부려야 하고, 주가가 오르면 반대로 공포에 빠져야 한다.

그러나 대부분의 투자자들은 정확히 반대로 움직인다. 주가가 오르면 탐욕을 부리고 떨어지면 공포에 빠진다. 주가가 꼭대기까지 올랐을 때 주식을 사고, 바닥을 칠 때 털어버린다. 개미가 주식투자로 돈을 벌기 어려운 이유다.

도대체 개미들은 왜 반대로 행동할까? 사팔 니베샤크는 『주식시장의 공포 순간에 대처하는 법』에서 투자자의 통제에 관해 말하면서, 시장에는 통제할 수 있는 것과 통제할 수 없는 것이 있다고 강조했다.

먼저 통제할 수 있는 것은 다음과 같다.

①리스크

②비용

③시간

④행동

그리고 통제할 수 없는 것은 단순하다.

'수익률.'

그러나 어떤가. 대부분의 투자자들은 통제할 수 있는 것에는 거의 관심을 두지 않고, 오히려 통제할 수 없는 수익률에만 집중한다. 통제할 수 없는 눈앞의 수익률에만 집중하니 탐욕과 공포로 눈이 멀어버린다.

주가가 바닥에 있을 때는 신경쓰지도 않다가, 주가가 올라 만나는 사람마다 주식 얘기를 할 때가 되어서야 서둘러 주식을 산다. 그리고 주가가 떨어지기 시작할 때 애써 외면하다가 결국 바닥에 도달

해서야 모든 주식을 팔아버린다. 통제할 수 없는 수익률에만 집중하니 이런 일이 일어나는 것이다.

이런 구조 속에서 개미들이 살아남으려면 통제할 수 없는 수익률을 신경쓰지 않으면 된다. 반대로 통제할 수 있는 리스크, 비용, 시간, 행동에 집중해야 한다.

수익률은, 주가가 꾸준히 우상향한다는 믿음만 가지면 된다. 물론 꾸준한 우상향을 믿을 수 있는 대상은 지수와 세계 1등 주식뿐이다. 나머지는 모두 잡주일 뿐이며, 우상향할지 말지는 시간이 지나봐야 안다. 결국 아무도 알 수 없다는 뜻이다.

통제할 수 있는 것을 통제하는 법

①리스크

주가는 오르면 떨어지고 떨어지면 오른다. 어떤 방향이든 끝이 반드시 존재한다. 이 과정에서 리스크를 얼마나 감수할지는 본인의 판단이다.

대책은 매뉴얼이다. 주가가 떨어지면 팔면서 리밸런싱을 하면 된다. V자로 반등하면 팔았던 주식을 사면 된다. 무작정 보유만 외치지 않는다. 매뉴얼에 따라 사고팔면 자연스럽게 리스크가 헤지된다.

②비용

리밸런싱은 사고파는 과정에서 비용이 발생한다. 오른 주식의 양도세가 나갈 수도 있다. 그렇다고 세금과 비용이 싫어서 보유만 외친다면 결국 바닥까지 떨어졌을 때 공포심에 사로잡혀 주식을 팔게 되고, 이런 일이 반복되면서 전 재산을 잃고 만다.

③시간

시간을 통제하려면 레버리지를 쓰지 않아야 한다. 레버리지는 시간을 한정적으로 쓰는 행위와 마찬가지다. 3배 레버리지를 썼다가 주식이 33% 이상 하락하면 재산은 0이 된다. 돌이킬 수 없다. 다음 날 3배가 오른다 한들 강제매매 당하고 나면 결국 빈털터리가 된다. 레버리지를 쓴다면 시간은 통제 영역 밖으로 이탈해 버린다.

④행동

오를 때는 하락에 대비해야 하고 하락할 때는 매수를 준비해야 한다. 그러나 개미들은 반대로 행동한다. 매뉴얼은 손실은 최소화하고 이익은 극대화한다.

조지 소로스는 이렇게 말했다. "중요한 것은 여러분이 옳거나 틀린 것이 아니다. 여러분이 옳았을 때 얼마나 많은 돈을 벌었으며, 여러분이 틀렸을 때 얼마나 많은 돈을 잃었느냐 하는 것이다."

매뉴얼이 당신을 살린다

매뉴얼에 따라 리밸런싱을 했을 경우, 소소하게 돈을 잃을 수는 있다. 그러나 시장이 극단적으로 침몰해 고점대비 30%~50%까지 빠지는 공황을 만났을 때 매뉴얼은 큰 손해를 막아주고 큰 기회를 준다.

예를 들어 고점대비 2.5%가 빠졌다. 나는 10%의 주식을 팔았다. 최악의 경우는 다음날 주식이 5% 올라 10%X5%=0.5%를 손해 보는 것이다. 전체가 아닌 10%만 팔았기 때문에 손실(0.5%)이 크지 않다.

반대로 최선의 경우는, 다음날부터 주식이 빠지기 시작해 고점대비 25%가 떨어지는 경우다. 2.5% 떨어질 때마다 10%씩 팔아 손해를 25%가 아닌 12.5%로 막을 수 있다. 물론 최신 매뉴얼이라면 손해를 6.25%로 막을 수 있다.

내가 틀렸을 때와 맞았을 때의 손해율을 비교해 보니 그 차이가 꽤 크다. 확률로 계산해도 매뉴얼을 지켜야 한다는 결론이 나온다.

그러나 대부분의 사람들은 '막무가내 보유'를 택한다. 소탐대실이다. '막무가내 보유'도 끝까지 하면 그나마 괜찮다. 대부분은 2~3년에 한 번 오는 큰 하락장에서 25% 이상 빠진 시점에 멘탈이 박살나며 주식을 전량 매도하고 큰 손해를 확정 짓는다.

이제 다시는 시장에 휘둘리지 말자

시장에 지배당하거나 휘둘리지 말자. 시장은 끊임없이 주가를 올리며 가장 높은 곳에서 주식을 사게 만들고 한순간에 절벽 끝에서 등을 밀어 버린다. 개미들은 그래서 항상 강세장과 실력을 혼동하며 탐욕을 부린다. 그러다가 약세장에서 자신의 처참한 실력을 알아채고 절망과 좌절, 후회를 반복한다.

나는 그러지 않을 거라고 자신할 수 있는가? 뉴턴의 악몽 그래프다.

뉴턴의 악몽 | 남해 버블사건 1718.12~1721.12

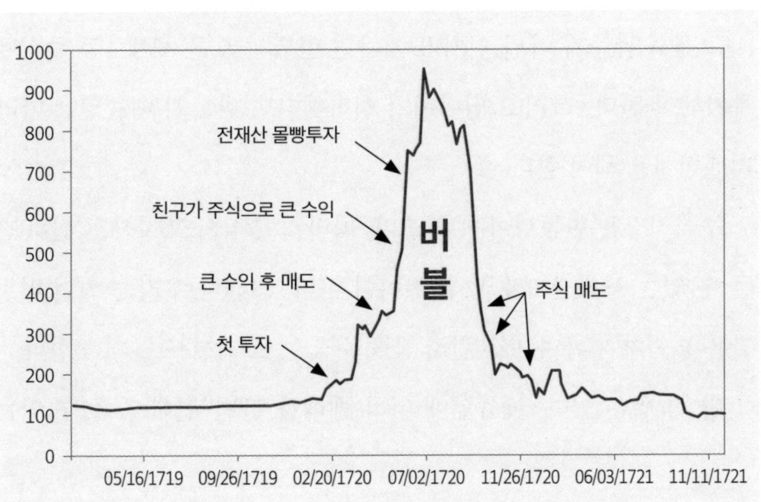

만류인력을 발견했고 수학과 철학에 있어서 세계적인 대학자인 뉴턴도 주식의 하락장에서 모든 재산을 잃고 빈털터리가 되었다. 뉴턴도 초반에는 기세가 좋았다. 수익을 2배나 거두고 잘 빠져나왔다. 그러나 친구가 주식으로 큰 수익을 얻자 모든 재산을 올인했다가 결국 급락장에서 매도하여 전 재산을 잃었다.

당신은 이렇게 큰 버블과 엄청난 하락장에서 뉴턴처럼 행동하지 않을 자신이 있는가? 일개 개미가 천체의 움직임을 아는 천재 물리학자의 머리를 이길 자신이 있다는 말인가? 자신만의 원칙이 있지 않는 한 대부분의 개미들은 버블기에 모든 재산을 날릴 수밖에 없다. 따라서 공포를 이기는 매뉴얼이 필요하다.

결국 남해회사 주식은 아무 가치가 없어 최종 휴지가 되었기에 뉴턴이 어차피 팔지 않고 버텼더라도 파산하고 말았을 것이다.

그래서 잡주가 아닌 위기가 지나면 반드시 오를 세계 1등 주식에 투자해야 한다. 그리고 떨어지기 시작했다면 반드시 매뉴얼에 따라 리밸런싱을 해야 한다.

주식시장은 변동성이 매우 크다. 따라서 주식의 포지션은 '편히 잠들 수 있는 포지션'으로 맞춰 놓아야 한다. 그러나 우리는 워런 버핏 같은 능력자가 아니므로 '편히 잠들 수 있는 포지션'도 알지 못한다.

단, 방법은 있다. 매뉴얼에 따라 매매를 하면 '편히 잠들 수 있는 포지션'을 자동으로 맞춰 준다.

공포는 이겨내는 것이 아니다. 시장이 패닉에 빠졌을 때 공포를 환희로 바꿀 포지션을 구축하는 것이다. 매뉴얼을 따른다면 우리는 시장이 공포에 빠졌을 때 환희에 찬 포지션을 구축할 수 있다.

스트레스는 살인자라고 했다. 주식투자를 하든 말든 일단 잠은 잘 자야 한다. 무작정 보유는 큰 하락장에서 암을 유발한다. 용케 다시 주가가 올라도 스트레스로 인해 우리 몸은 이미 망가질 대로 망가져 있다.

주식투자의 목적은 잘 먹고 잘살자는 데 있다. 몸을 망치면서까지 투자를 해서는 안 된다.

결론

매뉴얼을 따르면 100년에 한 번 오는 큰 하락장에서도 편히 잠들 수 있다. 그리고 큰 하락의 바닥에서 쟁여놓은 현금으로 주식을 늘려 큰 부를 이룰 밑천을 마련할 수 있다.

16장

기업가가 되거나, 투자자가 되거나,
둘 중 하나는 반드시 결정해야 한다

투자자는 자본이 돈을 버는 시스템을 만든 사람이다.

기업가는 기업이 돈을 버는 시스템을 만든 사람이다.

노동자는 자신의 몸으로 돈을 버는 사람이다.

기업가는 사람을 잘 다뤄야 하고, 자신이 할 일을 남이 하도록 만들어야 한다. 그냥 돈만 준다고 남이 열심히 일하진 않는다. 채찍과 당근을 함께 써야 한다.

내가 기업가가 아닌 투자자가 되기로 한 이유

나는 기업가 체질이 아니다. 사람 다룰 줄 모르기 때문이다. 회사에 다닐 때도 팀원에게 시킨 일을 잘하지 못하면 내가 그의 일을 대신하고는 했다. 그런 면에서 나는 관리직도 기업가도 잘 맞지 않는 사람이다.

생각해 보면 군대생활 잘하는 사람이 회사생활도 잘한다. 군대생활 잘하는 사람은 남에게 일을 잘 시키는 사람이다. 회사생활 잘하는 사람도 나의 일을 남에게 잘 시키는 사람이다. 군대생활, 직장생활 모두 공통적으로 조직생활이다.

나의 일을 남이 하거나 자본이 그것을 대신하면 시스템이라 한다. 시스템이 잘 돌아간다는 것은 남이나 자본이 내 일을 대신 잘해줘 내가 먹고산다는 얘기다. 그래서 뛰어난 리더는 이성적이든 감성적이든 남이 나의 일을 성심성의껏 잘하도록 독려하는 사람이다.

자본가는 사실 남의 노동 또는 자본수익에 기대어 기생하는 사람이다. 봉건시대 귀족도 소작농의 노동 또는 토지의 수익에 기생했다. 따라서 과거와 현재, 미래도 남의 노동에 기생하는 계층은 앞으로도 계속될 것이다. 그래서 생산의 3요소가 '토지, 노동, 자본'이다.

기업가는 내 일을 남에게 시키고 무엇을 얻는가? 돈을 주고 남의 시간을 가져온다. 그래서 기업가는 시간이 많다. 남는 시간에 운동도 하고 여가도 즐기고 여행도 가는 것이다.

노동자는 자신의 몸으로 돈을 버는 사람이다. 나의 일뿐 아니라 남의 일까지 해야 한다. 남의 일을 하는 대가로 돈을 받는다. 그리고 나의 시간을 쓴다. 노동자는 근무 시간에는 남의 일을 하느라 시간이 없고 퇴근 후에는 내 일을 하느라 시간이 없다. 그래서 항상 시간이 없다.

돈과 시간 중 중요한 것은 무엇일까? 시간이다. 돈을 버는 이유도 시간을 벌기 위함이다. 시간이 소중한 이유는 돈은 무한하지만 시간은 유한하기 때문이다. 따라서 돈보다 더 귀한 것이 시간이다. 사람은 누구나 죽기 때문이다.

한때 즐겨보는 프로가 있었다. 한식을 세계에 소개하는 프로그램이다. 주방에서 일하는 사람들은 맛있는 음식을 만들지만 정작 그들은 아름다운 장소까지 날아가서 그것을 즐길 여유가 없다. 그래서 나는 인생에서 돈보다 시간이 더 중요하다고 생각한다.

나는 기업가가 될 수 없었기에 투자자가 되기로 했다. 사람을 다루는 기업가보다는 돈을 다루는 투자자가 되는 것이 낫다고 생각했다. 투자자는 사람과 부딪치지 않기 때문에 감정 소모가 없다. 다만 돈에 휘둘리면 감정 소모가 심하다. 따라서 완벽한 시스템은 돈에 휘둘리지 않는 시스템을 구축하는 것이다. 그것이 바로 매뉴얼이다.

나는 상황을 완벽히 지배해야 안심이 된다. 그래서 완벽히 지배할 수 없는 사람을 다루는 일이나 유동성이 떨어지는 부동산을 싫어

한다. 거래량이 적어 위기에 팔리지 않는 잡주도 싫어한다. 결국 나는 유동성이 풍부한 세계 1등 주식과 만날 수밖에 없는 운명이었다.

미래에는 기업가 혹은 투자자가 되겠다고, 누구나 결심해야 한다

토마 피케티의 『21세기 자본』이라는 벽돌책의 결론은 하나다.

노동＜자본

역사적으로 아무리 연구해 봐도 노동으로 번 소득보다 자본으로 번 소득이 크다는 얘기다. 따라서 노동자보다는 투자자 또는 자본가가 되어야 한다. 어쩔 수 없지만 이것이 현실이다. 노동자는 시간이 없고 따라서 여가가 없는 삶을 살아야 한다.

시간이 중요하다는 사실을 알았다면 돈을 버는 데 너무 많은 시간을 쓰면 안 된다. 돈이 얼마나 필요한지 묻는 대답에 多多益善(다다익선)이라 말하면 안 된다. 돈을 벌다가 소중한 내 젊음이 다 날아가기 때문이다. 그래서 돈은 내가 생활비로 쓸 정도의 안정적인 소득만 되어도 그것에 만족하는 자세가 필요하다. 그리고 필요하지도 않은 돈을 더 벌기 위해 노력하기보다는 돈으로 살 수 없는 것에 시간을 써야 한다.

그런데도 대부분의 사람들은 시간보다 돈이 더 소중하다고 생각한다. 대부분의 사람들은 시간을 써서 생활비를 버는 노동자다. 그래서 노동자는 시간의 소중함을 깨닫기 힘들다.

리처드 도킨스의 『이기적 유전자』에 보면 우리가 하는 모든 행동은 유전자가 시키는 짓이다. 내 몸은 결혼해서 애를 낳아 유전자를 후세로 옮기기 위한 수단이다. 그래서 나는 아이를 낳았으면 숙주의 할 일은 끝났다고도 얘기한다.

그러나 유전자를 후세에 물려주는 것보다 더 큰 일이 있다. 바로 생존본능이다. 일단 내가 살아야 결혼도 하고 아이도 낳고 키울 것이 아닌가? 유전자가 가장 신경쓰는 일은 아이를 낳고 다 키울 때까지 내가 죽지 않아야 한다는 것이다.

현대사회에서 내가 죽지 않고 생존하기 위해 필요한 한 가지는, 바로 돈이다. 돈은 생존본능을 대표한다. 그렇기에 우리 대부분은 돈에 집착한다.

현재 내가 소중하다고 생각하는 것이 여가가 아니고 돈이라면, 나는 현재 생활고에 시달리고 있다고 봐야 한다. 내가 생활고를 벗어날 정도로 돈이 있는데도 계속 돈을 모으고 있다면 그것은 시스템을 만들어 놓지 않았기 때문이다. 돈은 모으는 데 그치지 않고 돈이 돈을 벌어 내 최소한의 생활비를 벌 수 있는 시스템을 만들어야 한다. 따라서 노동자는 지금 당장은 힘들더라도 미래에는 기업가 또는 투자자가 되어야 한다. 지금 당장 그렇게 결심하기 바란다.

투자자로서 생활비를 버는 시스템을 만들려면 얼마의 돈을 모아야 할까? 최소 2억이다. 2억을 세계 1등주에 투자해 매년 25%의 복리로 이익을 낸다면 1년에 5,000만 원을 벌 수 있다. 5,000만 원이면 원금을 건드리지 않고 이론상 한 달에 약 400만 원씩 생활비로 쓸 수 있다. 이로써 투자자로서 '생활비 시스템'이 완성되었다고 보면 된다. 그리고 이후에는 돈에 얽매이는 삶이 아닌 여가를 즐기는 삶을 살면 된다.

여가는 어떻게 보내야 하나? 어제보다 나은 내가 되기 위해 시간을 써야 한다. 책을 읽거나 운동을 해서 건강을 지키거나 가족과 시간을 더 보내는 일 등이 있다.

결론

나에게는 죽기 전에 해야 할 일이 하나 있다. 자식에게 돈보다 여유를 물려주는 것이다. 돈을 물려주는 것이 여유라고 생각할 수 있지만 나는 그렇게 생각하지 않는다. 돈을 다룰 줄 모르는 사람이 돈을 갖게 되면 거꾸로 돈에게 지배당한다. 그래서 시스템이 필요하다.

한국인이 열심히
일할 수밖에 없는 이유

결론부터 얘기하자면 한국인이 열심히 일할 수밖에 없는 이유는 노후를 위해 준비한 자산이 부동산뿐이기 때문이다.

韓, 여전한 '아파트 불패신화'…"가계 자산 80% 부동산 몰빵"

우리나라 국민의 자산은 80%가 부동산에 묶여 있다. 세계적으로도 유례가 없는 수준이다. 부동산 비중이 30~40%인 선진국에 비해 두 배 이상 높다. '아파트는 무조건 오른다'는 부동산 불패 신화가 이런 기형 구조를 만들었다. 5060세대 부자들은 대부분 부동산 투자로 성공했다.

_2024년 4월 17일자 한국경제

왜 한국인은 아파트에 올인하는가

욕심과 체면

한국인의 자산은 부동산뿐이라고 해도 과언이 아니다. 자산의 80%가 부동산에 묶여 있기 때문이다. 신문기사에서 볼 수 있듯이 선진국의 부동산 비중은 30~ 40%다. 한국과는 천양지차다.

부동산이 자산으로 묶여 있으면 문제다. 왜 문제인가? 가난할 수밖에 없기 때문이다. 예를 들어 내가 10억 원이 있다면 20억 원짜리 아파트를 산다. 10억 원이 있다고 10억 원짜리 아파트를 사는 경우는 드물다. 5억 원이 있어도 마찬가지다. 10억 원짜리 아파트를 사기 때문이다.

내 돈 5억으로 10억짜리 아파트를 사는 이유는, 우선은 사람의 욕심 때문이다. 특히 한국인은 남과의 비교가 너무도 강한 사회에 살고 있기 때문에 5억으로 5억짜리 아파트를 사지 않는다. 남보다 더 좋고 내 능력 범위를 넘는 아파트를 사야 한다. 그래야 '가오'가 산다. 부동산에서 대출 50%는 많은 것도 아니다.

레버리지 효과

다음으로는 레버리지 효과 때문이다. 5억 원으로 10억 원짜리 아파트를 샀는데 5억 원이 올랐다면 몇 %가 오른 것인가? 2배인 100%다. 10억 원을 주고 10억 원짜리 아파트를 샀다면 50%밖에 되지 않는다.

대출이자와 사교육비에 일을 멈출 수 없다

이자 갚으려면

대출이 문제인 이유는 대출이자 때문이다. 5억 대출을 받아 10억짜리 아파트를 샀다고 하자. 대출이자는 5%만 잡아도 1년에 2,500만 원, 한 달에 약 200만 원이다. 우리나라 평균 연봉이 4,000만 원인 점을 감안하면 절대 적은 금액이 아니다.

연봉이 4000만 원이면 한 달에 약 300만 원 정도를 받는다. 연봉 4천짜리가 10억짜리 아파트를 사면 이자를 내고 100만 원이 남는다. 이것도 이자만 그렇다는 것이다. 원금까지 갚아 나간다면 외벌이로는 도무지 생활비를 감당할 수 없다.

따라서 맞벌이는 필수다. 그런데 아이라도 생기면 외벌이가 되기 때문에 허리띠를 있는 힘껏 졸라매야 한다. 한 사람은 아이를 키우고 한 사람은 투잡, 쓰리잡을 뛰어야 한다. 그래야 겨우 살 수 있다.

외국 여행을 해보면 상가는 대부분 9시면 문을 닫는다. 그런데 한국은 12시까지는 기본이고 심지어 밤샘영업을 하는 곳도 있다. 그리고 아침 11시면 다시 문을 연다.

한국인들은 왜 이렇게 열심히 살까? 타고난 유전자 때문일까. 그렇지 않다. 부동산에 자산이 올인되어 있기에 아파트 대출이자를 갚으려면 열심히 일하지 않을 수 없다. 다이나믹 코리아다.

사교육비 마련하려면

그뿐 아니다. 사교육비도 엄청나게 들어간다.

> **[사실은] "사교육비 41만? 기본이 1백만인데?" 조사 방식 살펴보니…**
>
> 그런데, 일부 학부모들이 '비현실적인 수치'라며 발끈했습니다. "기본만 해도 월 100만 원이다", "한 과목에 40만 원인데 무슨 소리냐", 심지어 "그 동네 어디인지 이사 가고 싶다"는 비아냥거림도 나왔습니다. 사교육비 월평균 41만 원이라는 통계는 학부모들이 체감하는 액수와 너무 동떨어졌다는 겁니다.
> _2023년 3월 15일자 SBS

통계는 41만 원이라고 하나 어림없는 소리다. 월 100만 원은 들어간다. 따라서 한 사람의 월급을 몽땅 대출이자와 사교육비로 갈아 넣어야 된다.

한국인이 부동산 상승에 목맬 수밖에 없는 이유

이렇게 자산이 부동산에 편중된 나라는 어떤 문제점이 있을까? 가처분소득이 거의 없으니 소비가 죽을 수밖에 없다. 꼭 써야 할 돈을 빼면 거의 남는 돈이 없다. 워라밸은 빚을 지는 순간 포기해야 한다. 미국은 어떨까?

> **美 연금부자 역대 최대라는데…한국은 '쥐꼬리' 못 벗어나는 이유[송승섭의 금융라이트]**
>
> 피델리티자산운용사에 따르면 지난 1분기 미국에서 401K 잔액이 100만달러가 넘는 사람이 무려 48만5000명으로 역대 최대를 기록했다고 합니다. 401K는 미국 직장에서 제공하는 일종의 퇴직연금을 말합니다. 100만달러 계좌 보유자는 연말보다 15%, 1년 전과 비교하면 43%나 늘었습니다. 그렇다 보니 미국에서는 대졸자가 성실하게 일하면 연금 백만장자는 손쉽게 될 수 있다는 말까지 나옵니다.
> _2024년 8월 25일자 아시아경제

미국은 100만 달러 이상의 잔액을 가진 401k 연금소득자가 무려 485,000명이다. 그리고 매년 45%씩 늘고 있다. 401k는 한국으로 따지면 국민연금이다. 미국의 401k는 주로 S&P500과 같은 지수에 투자한다. S&P500은 매년 10.1%씩 성장한다. 따라서 100만 달러가 연금 잔액이라면 매년 약 1억 3,000만 원씩 복리로 늘어난다는 소리다. 5천만 원을 생활비로 쓴다고 가정해도 무려 8천만 원이 복리로 늘어난다. 미국뿐 아니라 호주도 연금부자가 많다.

그런데 한국의 연금은 턱없이 부족하다. 통계청이 공개한 2022년 자료를 보면, 65세 이상 고령층이 받는 국민연금, 기초연금, 개인연금은 월평균 65만 원에 불과하다. 수급자 10명 중 6명은 채 50만 원도 되지 않는다.

한국의 연금이 부족한 이유는, 첫째 연금을 붓는 기간이 짧았기 때문이고, 더 큰 이유인 둘째는 한국은 주로 원금보장이 되는 채권에 투자하고 미국은 매년 10%씩 성장하는 S&P500에 투자하기 때문이다.

그러니 한국은 연금보다는 안정적으로 오르는 부동산에 투자해 아파트가 오르길 바랄 수밖에 없고, 가격이 떨어지면 큰일이 난다.

한국은 아파트 가격이 떨어질라치면 정부에서 보금자리 주택, 신혼부부 주택 등 각종 부양책을 내놓는다. 부동산이 너무 올라도 안 되지만 떨어지면 더더욱 안 된다. 그러니 아파트 가격이 올라가긴 하는데, 그나마 서울의 역세권이나 강남 등 일부 지역만 오른다. 수도권이나 지방은 오히려 가격이 떨어지고 미분양이 증가하고 있다.

자산비중 차이가 만들어 내는 현상

자산비중의 차이는 소비에서 극명하게 나타난다. 미국은 소비가 늘어나는데 일본, 한국, 중국은 줄고 있다. 소비가 줄어드는 이유는 부동산에 자산이 묶여 있어 쓸 돈이 없기 때문이다. 소비는 갈수록 떨어져 내수시장은 쪼그라드는데 은퇴는 일찍 한다. 은퇴를 해도 평균수명이 늘어나 자영업에 뛰어들 수밖에 없다. 결국 이러한 악순환 때문에 한국인은 좋든 싫든 열심히 일해야만 한다.

미국과 한국, 일본, 중국의 자산비중 차이는 어디에서 기인한 것일까? 서양은 유목민의 근성, 동양은 농민의 근성 때문이 아닐까 생각한다.

유목민은 땅에 큰 가치를 두지 않는다. 양이 풀을 다 뜯어 먹으면 그 땅은 다시 풀이 자라기까지 쓸모없는 땅이 된다. 따라서 땅을 버리고 이동한다.

그러나 농민은 다르다. 농사 짓는 땅을 떠날 수 없다. 따라서 절대권력자가 토지에 세금을 매기면 전 국민은 토지의 노예가 된다. 그래서 농사를 많이 짓는 동양이 서양보다 더 철저한 계급사회가 된다.

게다가 쌀은 밀보다 단위면적당 수확량이 많다. 그런 이유로 밀을 재배하는 서양보다 벼를 재배하는 동양의 인구가 압도적으로 많다. 중국, 인도는 말할 것도 없고, 인도네시아, 일본도 1억 명이 넘는다. 반면 유럽은 단위면적당 인구가 훨씬 적다.

벼농사를 짓는 동양이 자식을 훨씬 많이 낳으며 그들을 부양할 토지에 대한 집착도 훨씬 크다. 이것이 오늘날 동양의 부동산 집착으로 연결되지 않았나 생각한다.

그러나 토지는 주식과 달리 버블이 꺼지면 소비침체에 빠진다는 데 문제가 있다. 주식은 2000년 닷컴버블 때처럼, 버블이 꺼지면 순식간에 모든 주식이 휴지가 되면서 다시 제로베이스에서 시작한다. 망할 기업은 실제로 망해서 퇴출되고, 그래도 가치가 있는 기업은 싼 값에 저가 매수가 일어난다. 물론 파산한 사람도 있지만 저가에 매수해 다시 돈 버는 사람이 생긴다.

그러나 토지는 버블이 꺼지면 전 국민이 소비침체에 빠진다. 마치 일본의 버블 붕괴, 중국의 부동산 침체와 같은 상황이다. 전 국민의 전 재산이 부동산에 묶여 있는 상황에서 부동산 가격이 크게 빠지면 자산가격이 빠지는 데 그치지 않는다.

원금과 이자를 갚아야 하는 대차대조표 불황으로 가게 되는데, 예를 들어 7억 대출을 받아 10억짜리 아파트를 샀다고 하자. 그런데 아파트가 갑자기 떨어져 5억 원이 되었다면, 7억에 대한 이자는 물론이고, 담보가치가 5억이 되었기 때문에 빠진 2억에 대한 원금까지 갚아야 한다.

가계는 파산한다. 파산을 피하더라도 월급의 대부분을 원금과 이자 갚는 데 써야 한다. 따라서 극심한 경기침체에 들어간다.

그래서 주식 버블 붕괴보다 부동산 가격 하락이 더 큰 문제다. 부동산 자산이 대부분인 나라에서 정부가 정책을 잘못 세워 부동산 가격을 폭락시키면 일본과 같은 잃어버린 30년이 올 수 있다. 지금 중국이 그 꼴이다.

중국은 극심한 내수침체에 진입하는 중이다. 그렇다고 다시 부동산을 부양할 수도 없다. 이후에 부동산 거품이 빠지면 그때 오는 경기침체는 정말로 걷잡을 수 없기 때문이다.

사회불안 요소를 중산층으로 변모시킨 미국의 사례

빚이 많으면 열심히 일할 수밖에 없다. 미국이 이미 했던 정책이다. 2차 세계대전이 끝났다. 미국은 1,400만 명의 미군 중 200만 명을 빼고 1,200만 명을 미국으로 돌려보냈다. 그런데 이들은 사회불안 요소다. 젊고 혈기왕성한 실업자들이기 때문이다.

미국은 국가 GDP를 올리고 사회불안 요소를 없애기 위해 어떤 정책을 폈을까? 이들을 결혼시키고 중산층을 만들어주었다. 결혼을 하려면 주택이 필요하니 30년 모기지 주택을 주었다. 돈이 없어도 대출을 통해 주택을 마련할 수 있게 한 것이다. 게다가 장기할부로 차도 살 수 있게 해주었다.

1,200만 명의 미군은 가정을 꾸리고 애를 낳았고 미국의 중산층으로 변모했다. 미국은 제대군인이라는 사회불안 요소를 책임감 있는 중산층 시민으로 거듭나도록 만들었다. 결국 빚과 가정 때문에 미국의 중산층은 국가의 GDP를 올리는 윤활유로 작용한다.

부동산 정책을 펼 수밖에 없는 한국

부동산을 사는 순간 빚의 노예가 된다. 빚을 갚기 위해 꼭두새벽부터 밤늦게까지 일해야 한다. 한국, 일본, 중국은 부동산에 몰빵을 시킴으로써 국민을 빚의 노예로 만들었고 그들을 쥐어짜내 GDP를 올리도록 만들고 있다.

미국은 이미 자산의 대부분을 주식으로 바꿔 소비를 진작시키고 여유 있는 노후를 만들었는데, 한국, 일본, 중국은 전 국민의 부동산 노예화가 진행 중이다. 한국에 놀러 온 외국인들이 가끔 하는 말이 있다.

"한국은 밤늦게까지 놀 수 있어 너무 좋아요!"

그러나 한국인의 자랑, 밤샘 영업은 자영업자가 자신의 시간과 뼈를 갈아 넣어 죽을 때까지 일할 수밖에 없는 구조 때문에 탄생한 문화다. 그 구조는 부동산에 자산이 몰빵되었기 때문에 생성되었다.

따라서 한국의 부동산은 가격이 떨어질 수 없고 그래서 정부는 부동산이 오르도록 정책을 조정할 수밖에 없다.

결론

자산을 미국처럼 부동산이 아닌 주식으로 바꿔야 한다. 다만 주식은 한국의 주식, 박스피가 아닌 미국의 세계 1등 주식이어야 한다.

이것은 개인 차원의 일이다. 그래야 이 지긋지긋한 빚의 노예 생활에서 벗어날 수 있다. 생각 잘하자. 지금 당신의 선택이 당신의 노후를 바꿀 것이다. 빚의 노예로 살지, 삶의 주인으로 살지 입장을 분명히 해야 한다.

강달러는
언제까지 지속될까?

미국의 달러는 다른 나라의 통화에 비해 지속적으로 강해지고 있다. 일본 엔화는 2004년에 달러/엔 환율이 달러당 104엔이었지만 2025년 3월 기준 약 148엔으로 올랐다. 대한민국 원화는 동기간 동안 달러/원 환율이 달러당 1,150원이었지만 지금은 약 1450원이다.

엔과 원뿐만 아니라 유로화, 파운드화, 위안화 등에도 동일한 일이 일어나고 있다. 즉 달러화가 세계 어떤 통화보다 시간이 지날수록 더 강해지는 현상이다.

그런데 문제는 미국이 세계 최대의 무역 적자국이라는 데 있다. 미국의 대일본 적자는 무려 50년 간 지속되었고, 중국 또한 시장을 개방한 이후 수십 년 동안 미국에 흑자를 보아왔다. 한국 상대로도 적자긴 마찬가지다.

이 정도라면 미국이 망하지 않고 존속하는 이유부터 궁금하다. 적자가 수십 년 동안 쌓였는데, 달러의 가치는 오히려 계속 올라가기만 하니 선뜻 이해되지 않는다.

금본위제 시절만 하더라도 하나의 통화가 지속적으로 강해지기란 불가능했다. 무역적자가 지속되면 한 나라의 금이 바닥난다. 따라서 대규모 무역적자를 기록한 나라는 통화 가치가 낮아질 수밖에 없다. 그러니 다른 나라에서 수입은 어렵고 수출은 쉬워진다. 이렇게 통화 약세가 무역의 불균형을 잡아준다. 그런데 미국은 수십 년 동안 대외 무역적자를 기록하고 있는데 오히려 달러의 가치는 반대로 올라가는 중이다.

지속적인 대규모 적자에도 달러 가치가 올라가는 이유

환율 조작

미국으로 수출하는 나라들의 환율 조작 때문이다. 한국, 일본, 중국 등이 모두 해당된다. 미국으로 수출을 하기 위해 고의로 조작해

자국 통화의 가치를 떨어뜨렸다.

수출로 인해 미국으로부터 한국으로 막대한 달러가 들어오면 원화의 가치는 올라간다. 원화가 올라갈수록 한국은 수출경쟁국인 일본, 중국 등과의 가격경쟁에서 밀리게 된다. 따라서 대규모 달러가 들어오면 한국의 기재부 장관은 외평채를 찍어 달러가 시중에 풀리지 않도록 막는다. 그리고 대부분의 달러로 미국 국채를 사서 외환보유고를 늘린다.

따라서 달러가 분명 들어왔지만 들어온 게 아닌 게 되고, 오히려 미국 국채를 사면서 미국 국채의 가격이 올라간다. 이런 조작을 통해 원화의 가치가 급격히 올라가는 것을 막는다. 한국뿐 아니라 일본, 중국 등 미국에 수출하는 나라들은 하나같이 이런 조작을 한다. 요즘 중국은 주로 금을 산다.

안전 통화

미국의 달러는 세계의 통화 중 가장 안전하다. 유로화, 엔화, 파운드화, 스위스프랑 등 국제통화가 있다고는 하지만, 달러화는 규모와 안정성에 있어서 다른 통화를 압도한다.

'달러 스마일 이론'이 있다. 세계에 정치, 경제적 위기가 발생하면 오히려 달러의 가치가 올라간다. 또한 미국이 호황이어도 달러의 가치가 올라간다.

달러가 약해지려면 그 중간이어야 하는데 그런 기간은 짧다. 왜냐하면 지구상에는 사건, 사고가 끊이지 않기 때문이다. 최근 5년만 보더라도 코로나 위기가 끝나고 러시아, 우크라이나 전쟁이 발발하고, 인플레이션 위기가 왔고 연준이 금리를 올렸다. 이 모든 것이 매년 일어나고 있으며 달러 강세의 요인으로 작용한다. 그러니 달러가 약해질 겨를이 없고, 항상 강하기만 한 것이다.

강한 달러는 어떤 문제를 일으키나?

버블

강한 달러는 미국 자산의 버블을 만든다. 미국이 적자여도 달러의 가치가 올라가는 이유는 달러가 다시 미국으로 돌아오기 때문이다.

미국으로부터 흑자를 본 국가들은 달러를 다시 미국 자산에 투자한다. 2000년 닷컴버블 당시에는 닷컴기업에, 2008년 금융위기에는 미국의 부동산에, 2025년 현재는 빅테크에 투자한다. 이처럼 전 세계가 미국 자산에 투자함으로써 버블을 일으킨다. 그때그때 투자하는 자산은 다르지만 확실히 미국의 자산은 버블이 일어나고 다시 버블이 꺼지기를 반복한다.

일부만 이득을 보는 구조

무역 흑자국이 환율을 낮게 조작해 장기간 계속되면 누가 이득을 보고 누가 손해를 볼까? 수출하는 쪽은 이득을 보고 수입하는 쪽은 손해를 본다. 미국으로 수출을 하는 기업은 이득을 보지만 수입업자는 손해를 본다. 당연히 환율 때문이다.

크게 보자면 수출기업은 이득을 보지만, 수입물건을 써야 하는 국민은 손해를 본다. 미국으로 자동차를 수출하는 기업은 확실히 이득을 본다. 그러나 대부분의 생필품을 수입으로 사다 쓰는 국민은 손해를 본다. 원화 가치가 매년 낮아지니 석유, 밀, 커피, 육류 등의 물가가 올라 국민들만 고통을 받는다. 또한 기업에서 일하는 직원들도 매년 낮아지는 원화 가치의 희생양이다.

국가는 이득을 보는데 국민은 손해를 보는 구조 속에서 해외를 나가기 전까지는 국민들도 이 사실을 체감하지 못한다.

최근 가장 큰 손해를 보는 국민은 일본이다. 엔화 가치가 낮아지기도 했지만 원화보다 더 낮아졌기 때문에 한국에서 일본여행 열풍이 불고 있다. 즉, 무역 흑자국 중에서도 상대적으로 임금이 더 낮아진 국민은 자국 돈의 가치가 낮아 해외에 나가지도 못하고 해외 여행객 서빙을 해야 하는 처지가 된다.

강달러는 앞으로도 지속될까?

이러한 강달러의 가치는 바뀔 수 있을까? 그럴 수 없다. 미국으로 수출해 무역흑자를 보는 나라 중 자국 통화의 가치를 조작하지 않으면 그 나라는 바로 나락으로 떨어진다.

한국이 환율조작을 하지 않아 원화가 극단적으로 올라가면 어떻게 되는가? 수입이 크게 늘고 수출은 줄어들게 된다. 이렇게 되면 반드시 버블이 끼게 된다. 80년대 일본처럼 말이다. 미국이 아닌 한국에 버블이 낀다는 의미인데, 전 세계에서 주체할 수 없는 돈이 몰려들어 한국의 부동산 가치를 천정부지로 높여 놓을 것이다.

기업도 수출보다 부동산이 더 손쉽고 안전하다는 생각에 부동산으로 눈을 돌린다.

원화 가치가 낮았을 때도 부동산에 돈이 몰리는데 원화 가치가 높아지면 얼마나 많은 돈이 몰릴지 어렵지 않게 짐작할 수 있다.

원화 가치가 높아지는 와중에 제조업은 완전히 붕괴되고, 회복의 길은 까마득해진다. 몇 년만 지속되도 수출 제조업은 버틸 수 없다. 높은 인건비로 인해 해외로 제조업 일자리를 옮길 것이고 그마저도 안 되면 폐업이 속출한다. 결국 한국의 제조업은 국제적인 경쟁력을 잃게 된다. 한국의 버블은 곧 꺼질 것이고 자산가치 폭락이 이어지면 국가 폭망의 길로 가게 된다. 그러니 한국에서는 원화 가치를 낮추는 부자 나라, 가난한 국민의 공식이 지속되어야 한다.

미국만이 이 문제를 고칠 수 있지만 미국이 굳이 그럴 이유가 없다. 달러화를 무기로 패권국의 지위를 누릴 수 있기 때문이다. 일본이 대들면 미국은 일본 제품의 수입을 안 하면 된다. 중국이 대들면 중국에 엄청난 수입관세를 때리면 된다. 1980년대 일본에 관세를 때리지 않은 것은 냉전이라는 특수상황 때문이었다. 만약 일본에 엄청난 수입관세를 때리고 일본이 소련에 붙었다면 미국은 정치, 경제적으로 큰 손해를 보았을 것이다.

그러나 지금은 중국에 엄청난 수입관세를 때릴 수 있다. 중국에 기업을 둔 미국기업도 손해를 볼 수 있겠지만, 인건비가 더 싼 인도 등으로 공장을 옮기면 된다. 물론 시간이 걸린다. 그래도 미국은 해야 한다. 중국이 미국의 패권에 도전하고 있기 때문이다.

중국에 관세를 때리면 물가가 올라 미국 국민이 손해를 본다고 하지만 그렇지 않다. 일부 품목에 관해서만 관세를 때릴 것이기 때문이다. 전기차, 배터리, 태양광, 풍력 등 친환경 산업과 연관된 미래 성장동력이 되는 물건들 말이다.

미국의 목표는 중국의 장기적인 경쟁력을 떨어뜨리는 것이다. 그리고 자국민과 기업이 손해를 본다면 달러를 풀어 손해를 메우면 된다. 이를 눈치챈 글로벌 제조기업은 발 빠르게 중국을 손절하고 인도, 동남아 등으로 생산기지를 옮기고 있다.

게다가 미국이 물가가 오를 정도의 생필품은 관세를 때릴 이유가 없다. 어차피 노예노동으로 세계와 경쟁하는 중국은 미국의 고율 관세를 맞으면 가격을 더 낮출 수밖에 없다. 결국 중국 국민들만 더 손해를 보는 것이다. 알리, 테무의 상황이 그렇다.

가난한 국민이 부자가 되려면

국가가 돈을 벌어도 가난할 수밖에 없는 한국인의 입장에서 과연 부자가 될 길이 있을까? 당연히 있다. 미국 자산에 투자하면 된다. 달러화 가치가 높아지고 미국의 주식, 부동산 등 달러자산은 계속 올라가고 있다.

그러나 미국 자산이라고 굴곡 없이 꾸준히 오르기만 하지는 않는다. 버블을 만나 급하게 꺾이는 구간이 온다. 달러의 가치가 유지되는 한 버블은 필연적이다. 그러나 버블이 꺼져도 미국은 쓸 수 있는 카드가 있다. 바로 양적완화다. 돈을 풀어 버블로 손해 본 기업과 국민들의 빈 주머니를 채워준다.

일례로 2008년 금융위기로 막대한 손해를 본 미국의 월가에 천문학적인 돈을 지원했다. 2020년 코로나 때도 손해를 본 자영업자의 손에 천문학적인 돈을 꽂아줬다. 반대로 한국은 코로나 때 막대한 돈을 자영업자에게 대출을 해 줬다. 결국 자영업자는 그 돈을 갚아야 하기 때문에 자영업자 부실로 이어졌다.

미국이 1년 매출을 계산해 조건 없이 그냥 준 것과 큰 차이가 있다. 2020년 미국 정부가 국민과 기업에게 퍼부은 돈이 무려 3조 달러다. 그로 인해 미국에 엄청난 돈이 풀렸고 이 돈이 인플레이션을 일으켰으며 연준은 금리를 올렸고 달러 가치는 다시 올랐다. 그러자 미국인들의 해외여행 러시가 이어졌다. 유럽으로 여행 가고 유럽의 서비스를 받았으며 유럽의 부동산을 샀다.

미국에 살면 좋은 것 하나, 자국의 서비스 가격이 너무도 비싸서 해외에 나가면 모든 것이 싸게 느껴진다.

부자 나라, 가난한 국민의 투자 수칙

그러니 한국처럼 부자 나라의 가난한 국민이 해야 할 일은 미국 자산에 투자하는 것이다. 당연히 부동산보다 주식이다. 부동산은 큰돈이 들어가기도 하지만 대출도 어렵고 달러 반출도 힘들다. 그래서 주식이다.

다만 미국 자산에 버블이 수시로 끼니 반드시 위험에 대한 헤지를 해야 한다. 헤지는 매뉴얼만이 할 수 있다. 매뉴얼을 지키면 모든 공황을 비켜 갈 수 있으며 공황 중에 오히려 자산을 크게 늘릴 기회도 생긴다.

결론

달러의 가치는 미국이 망하기 전까지 원화에 비해 지속적으로 높아질 것이다. 한국의 국민은 부자 나라, 가난한 국민이 맞다. 가난한 국민은 미국주식에 투자하되 매뉴얼로 헤지를 하면 부자가 된다. 가난한 국민이 부자가 될 수 있는 유일한 길이다.

위기와 공포를
기회로 바꾸려면?

"군중은 진실을 갈망한 적이 없다. 구미에 맞지 않으면 증거를 외면해 버리고 자신들을 부추겨 주면 오류라도 신처럼 받드는 것이 군중이다. 그들에게 환상을 주면 누구든 지배자가 될 수 있고 누구든 환상을 깨려 들면 희생의 제물이 된다."

『군중심리학』의 저자 귀스타브 르봉의 말이다. 르봉은 군중의 특징으로 충동성, 변덕, 예민함, 무의식 등이 있다고 얘기한다. 그리고 욕구에 따라 움직이며 누군가의 메시지에 조종받기 쉽다고 지적한다.

군중은 주식시장에 주가로 대변된다. 사람 하나하나가 모여 군중이 되듯이 투자자 하나하나가 모여 주가가 결정된다. 개미는 PER,

ROE 등과 같은 주식의 실제 가치를 갈망한 적이 없다. 그래서 개미들은 고평가되었다는 증거는 외면한다.

미래가치가 높으니 더 사야 한다고 부추기는 사람이 있다고 가정해 보자. 그는 해당 주식을 산 개미들로부터 신이 된다. 만약 주가가 고평가되어 매도해야 한다는 애널리스트가 있다면 현실에서 테러를 각오해야 한다. 그래서 군중심리와 같은 주가는 과학적 방법으로는 도저히 예측할 수 없다.

주식시장에는 고요와 폭풍이 반복된다. 폭풍이 몰아칠 때는 세상이 망할 것 같으면서도 지나가고 난 이후에는 언제 그랬냐는 듯이 고요하다. 문제는 폭풍이 몰아칠 때는 가짜 뉴스가 판을 치고 내가 산 주식이 한낱 휴지가 될 것 같은 기분에 휩싸이게 한다는 것이다. 이러한 공포심리가 극단으로 나타나는 때가 바로 공황 같은 위기상황이다.

위기상황 극복법

공황과 같은 위기상황은 어떻게 극복해야 하는가? 여느 군중들처럼 휘둘려서는 함께 침몰하고 만다. 자신만의 견고한 확신이 있어야 버틸 수 있다. 자기확신은 그냥 만들어지지 않는다. 쏟아져 나오는 비관적인 뉴스를 외면할 수 있을 정도로 이론적 공부가 되어 있어야 한다. 언론에서 떠들고, 주변에서 속삭여도 내 확신과 신념으로 굳건히 앞을 바라볼 수 있어야 한다. 그래서 자기확신이 있는 사람은 철저히 전문가여야 한다.

끈질기게 버티기

첫 번째 방법은 끈질기게 버티기다. 아무리 나쁜 뉴스가 나오고, 누가 뭐라고 해도 눈 감고 귀 닫으면서 현실을 외면하면 된다. 주가가 많이 떨어지면 떨어질수록 들어오는 정보의 양을 최대한 줄여야 한다. 심지어 주가도 확인하지 않아야 한다. 위기가 지나면 확실히 올라갈 것을 알기에 최대한 정보의 양을 줄이면서 폭풍이 지나가길 기다린다. 그것이 바로 버티기 자세다.

우리는 내가 산 주식의 전문가도 아니고 자기확신도 없다. 매일 떨어지는 주가를 보면서 오늘 팔까 내일 팔까를 고민한다. 매일 나오는 뉴스는 왜 주식이 떨어질 수밖에 없는지를 열심히 설명한다. 원래 주가가 떨어질 때는 암울한 뉴스로 도배된다.

게다가 원래 뉴스는 선동적이다. 뉴스는 공포에 더 잘 팔리기 때문이다. 유튜브도 주가가 떨어지는 날 조회 수가 잘 나오고 라이브 동시접속자 수도 늘어난다. 언론에서 굳이 주가가 떨어지는데 오를 수 있다는 희망적인 뉴스를 내보낼 이유가 없다. 그래서 일개 개미가 버티기란 여간해서는 쉽지 않다. 전문가라는 사람들도 공황이 닥치면 바닥에서 주식을 던지기 일쑤다. 그러다가 개미가 주식을 팔면 기가 막히게 알고 다음 날부터 주가가 오른다.

주가가 떨어지면 보통의 날에도 쉽지 않은데 공황처럼 지수가 30% 이상 떨어지는 상황에서 개미는 더 견디기 힘들다. 주식은 곧 돈이다. 자본주의에서 돈은 생존과 직결된다. 그러니 주식이 떨어지면 개미들은 공포 분위기에 더 휘둘릴 수밖에 없다. 주식에 나와 내 가족의 미래가 달려 있다고 생각하는 순간 잠도 오지 않는다. 따라서 자기확신만으로는 도저히 이 상황을 극복할 수 없다.

그리고 또 하나의 문제는 공황이 지난 후 주가가 다시 회복될 수 있는가에 대한 의문이다. 아무리 좋은 주식도 공황을 거치며 얼마든지 쓸려 내려갈 수 있다. 회복이 안 될 수도 있다는 뜻이다. 따라서 무작정 버티기가 정답은 아니다.

시스템과 포지션

시스템과 포지션은 떨어지는 시장에서 자산을 지키게 하는 힘이다. 충격적으로 떨어지는 공황에서 어떻게 나를 구할 수 있을까?

공포심에 휩싸이는 이유는 계좌가 롱포지션으로 가득 차 있기 때문이다. 대부분 주식이다. 만약 주가가 떨어지는 상황에서 숏포지션이거나 현금을 보유하고 있다면, 오히려 떨어지기를 바랄 것이다. 주식이 떨어질수록 수익이 나거나(숏포지션), 주식을 염가에 살 수 있는데(현금) 공포심은커녕 환희로 들뜨기 마련이다. 포지션에 따라 마음도 달라진다. 숏이나 현금을 들고 있다면 떨어지는 주식시장에서 공포 대신 희망이 샘솟는다.

공황에서 숏포지션이나 현금을 가져가려면 매뉴얼로 무장해야 한다. 매뉴얼은 포지션을 바꿔주는 시스템이다. 평소에는 2.5% 떨어질 때마다 10%씩 팔면서 리밸런싱을 하면 자연스럽게 숏포지션이나 현금 비중이 늘어난다. 그리고 공황의 전조증상인 나스닥지수 -3%가 뜨면 숏포지션과 현금 비중이 극도로 높아지며 대부분의 개미들과는 반대 포지션으로 바뀐다. 공황을 버티기로 일관하는 것이 아니라 시스템과 포지션을 바꿈으로써 오히려 즐기게 되는 것이다.

만약 생각보다 빨리 공황이 끝나 V자 반등이 일어났다 해도 최악의 상황은 면하게 된다. 억울해 할 필요도 없다. 주식으로 조금 덜 번 것뿐이다. 매뉴얼을 따른다면 내 전 재산이 30% 이상 빠지는 최악의 경험은 하려야 할 수조차 없다.

결론

주가는 군중과 같다. 종잡을 수 없고 예측 불가하다. 혁명과 같은 공황을 만나면 군중과 같은 개미는 개돼지가 된다. 그러나 매뉴얼을 지키면 공황과 같은 위기의 상황에서 현자가 될 수 있고 공포를 기회로 바꿀 수 있다. 부자가 소수인 이유는, 대부분이 공황을 만나 나락으로 갈 때 공포를 기회로 바꿀 시스템과 포지션을 갖춘 사람이 소수이기 때문이다.

한국, 미국, 일본, 중국 중
투자하기 가장 좋은 나라는?

투자하기 좋은 나라란 투자하기 쉬워야 하고 투자한 자산이 올라야
한다.

가능해야 하고 쉬워야 한다

대표적인 투자자산은 부동산과 주식이다. 주식은 이미 글로벌화
되어 세계 어느 나라나 쉽게 투자가 가능하다. MTS를 깔면 클릭 한
번으로 세계 어느 나라 주식도 사고팔 수 있다. 물론 아직도 인도,
호주 등은 직접투자가 힘들지만, 대부분 투자자들의 관심이 집중된
한국, 미국, 일본, 중국은 투자 접근성이 매우 용이하다.

반면 부동산은 현실적으로 해외투자가 쉽지 않다. 외화를 바꿔 해외로 나가야 하고 현지에서 부동산을 구매해야 한다. 자칫 외환관리법 위반으로 법의 제재를 받을 수도 있고 세무조사를 받을 수도 있다.

중간 결론

한국, 미국, 일본, 중국은 주식투자가 쉽다. 반면 부동산은 한국을 빼고 투자하기 어렵다.

자산 상승

①비중

자산이 꾸준히 오르려면 대부분의 국민이 주식, 부동산 중 한 곳에 몰려 있어야 한다. 그래야 정부에서 목적을 가지고 집중적으로 부양한다.

미국은 주식 비중이 높고 한국, 일본, 중국은 부동산 비중이 높다. 다만 일본은 현금 비중이 54%로 높고 부동산 비중은 34%로 낮다. 주식은 더 낮다.

일본의 주식과 부동산 비중이 낮은 이유는, 버블이 꺼지면서 가격이 추락했기 때문으로 보인다. 일본은 주가 부양을 위해 중앙은행에서 꾸준히 일본 주식을 매입해 왔다. 그러나 엔캐리트레이드로 워런 버핏을 비롯한 외국인들만 최근의 일본 주가 상승 수혜를 입었을 뿐이다.

중국은 78%, 한국은 거의 85%에 가까울 정도로 부동산의 비중이 극도로 높다. 반면 미국은 주식 비중이 약 40.2%로 높고 부동산 비중은 28.5%로 낮다. 따라서 미국은 주가를 부양하려고 노력하고 중국, 한국은 부동산을 올리려고 노력한다.

중국은 부동산 정책에 있어서 일본, 한국, 미국의 예에서 교훈을 찾으려고 하고 있다. 일본의 버블 붕괴, 한국의 가계자산 부동산 편중, 미국의 2008년 금융위기의 원인 등에서 알 수 있듯이 부동산이 오르면 반드시 버블이 꺼지게 되어 있다. 그래서 중국은 중앙정부가 더 이상 부동산 부양을 하지 않고 있다. 이유는 지방정부의 부실이 도를 넘었기 때문이고, 부동산 부양으로 경기를 살리는 것에 대한 한계를 알기 때문이다.

한국은 부동산 비중이 극도로 올라가 있으며 꽤 위험한 상태다. 만약 중국, 일본, 미국처럼 부동산이 일시에 급락하는 사태가 온다면 중국처럼 내수소비가 급격히 위축되며 디플레이션에 빠질 수 있으며, 어쩌면 일본처럼 잃어버린 30년에 돌입할 수도 있다.

미국도 2008년 부동산 버블이 한 번에 꺼지는 서브프라임 모기지 사태가 있었다. 그 충격은 전 세계로 퍼져나갔고, 미 연준은 무제한 양적완화와 제로금리로 은행들을 살렸다. 미국이 아니었다면 일본 처럼 장기 불황에 들어갔을 것이다. 미국이니까 돈을 무제한 풀어서 강제로 경기를 살릴 수 있었다.

덕분에 미국은 천문학적인 부채를 지게 되었다. 그럼에도 불구하고 미국의 달러는 기축통화이므로 문제가 없다. 달러를 더 찍어내면 되니 말이다. 만약 미국의 달러가 기축통화에서 밀려나면 미국의 국가부채가 문제가 되겠지만, 현 시점 세계 어느 나라도 미국을 대체할 나라는 보이지 않는다. 중국, 유럽, 일본 등을 떠올릴 수 있으나, 사실 이 나라들은 하나같이 경제적으로 힘든 상황에 빠져 있다. 미국이 가장 잘나가고 있기에 미국의 부채는 큰 문제가 되지 않는다.

그러나 한국은 다르다. 부동산의 가계자산 비중이 약 85%로 역대 최고를 찍고 있고, 거기에 더 높아지고 있다. 중국, 일본, 미국처럼 부동산 가격이 빠지면 바로 일본의 잃어버린 30년, 중국의 디플레이션 이상의 충격을 받을 것이다. 그래서 대한민국 정부는 부동산 가격이 빠지지 않도록 부양책을 계속해서 써왔다.

그러나 부동산 부양책을 쓰면 부동산 가격이 지속적으로 올라 위험이 더욱 증가한다. 그러다 부동산 가격이 감당할 수 없는 수준까지 올라가면 그때는 버블이 꺼지는 것이다.

②환율

환율이란 한 마디로 돈의 가치다. 돈의 가치가 높으면 내수가 살고 디플레이션에 빠지지 않는다. 그러나 수출이 어렵다는 단점이 있다.

미국 이외에 한국, 일본, 중국은 모두 고환율 정책을 쓴다. 미국 빼고 모두 돈의 가치가 떨어진다는 얘기다. 모두 미국에 수출해야 먹고살 수 있는 나라들이다.

환율이 올라가는(돈의 가치가 떨어지는) 나라는 투자할 필요가 없다. 지속적으로 돈의 가치가 높아져야 투자한 돈이 불어난다. 그런데 돈의 가치가 지속적으로 낮아지고 있다면 투자하는 기간이 늘어나면 늘어날수록 오히려 손해를 본다. 돈의 가치로만 볼 때 꾸준히 올라가는 미국에 투자하는 편이 가장 유리하다.

투자하기 좋은 나라는?

중국

중국은 부동산 가격의 하락으로 내수가 완전히 망가졌다. 알리바바의 주가는 한때 300달러를 넘었으나, 지금은 바닥에서 100% 넘게 올랐는데도 170달러대에서 움직인다. 이것이 중국 내수의 현실이다. 중국인들은 부동산 가격 급락으로 인해 아파트 대출 원금과 이자를 내는 데 급급해서 소비 여력 자체가 없다.

중국은 먹고살려면 수출을 해야 한다. 그래서 국가전략으로 과잉 생산 밀어내기를 택한 것으로 보인다. 즉, 부진한 내수를 덮을 정도로 저가의 노동력으로 과잉 생산한 공산품을 만들어 낸다. 그리고 저가에 세계로 수출을 한다면 GDP를 끌어올릴 수 있다고 생각한 것이다.

그러나 중국의 수출은 미국, EU, 캐나다 등 서방국가들에 의해 막히고 있다. 물론 저급한 알리, 테무가 아닌, 태양광, 전기차, 배터리 등 중국이 밀고 있는 신성장 동력의 수출품들이 타깃이다.

신성장 동력의 수출길이 막히면 중국은 중진국 함정에 빠지게 된다. 즉, 1만 달러에서 성장이 멈추거나 후퇴할 수 있다. 마치 아르헨

티나처럼 말이다. 중국은 내수 부진에 수출 규제라는 이중고에 시달리고 있다.

중간 결론

중국 부동산은 하락 중이고, 내수 주식은 디플레이션으로 망가졌으며, 수출 주식은 서방에 막혀 있다. 따라서 굳이 투자할 이유가 없다.

한국

한국의 부동산은 이미 너무 올랐다. 그렇다고 향후 오르지 않는다는 의미는 아니다. 그러나 부동산은 주식과 달리 한번 거품이 꺼지면 후유증이 크다. 부동산 투자 비중이 높아질수록, 부동산 가격이 높아질수록 위험도 동시에 증가한다는 사실을 반드시 알고 있어야 한다.

한국은 부동산 가격이 높아지면서 양극화되고 있다. 서울의 일부 지역은 신고가를 경신하며 크게 오르는데, 수도권과 지방은 미분양이 쌓이는 구조다. 그러니 서울 요지의 부동산을 사야 하는데 돈이 부족한 서민들은 외곽의 갭투자 가능한 물건만 사다가 팔리지 않아 낭패를 본다. 영끌로 서울 아파트를 사도 월급으로 원금과 이자를 도저히 감당할 수 없어 삶이 피폐해진다. 1가구 1주택으로 양도세 비과세 혜택 보면서 싸게 사서 비싸게 파는 것이 그나마 가장 나은 전략이다.

주식은 미국에 비해 장기투자할 종목이 너무 없다. 세계를 선도할 우량 주식이 전무하다. 삼성전자, SK하이닉스, 현대차 등은 모두 미국의 매그니피센트7처럼 세계를 선도하는 기업들이 아니다.

게다가 오너들에 대한 믿음도 가지 않는다. 대기업과 중소기업을 가리지 않고, 주가가 오르면 유상증자, 분할상장으로 개미들의 피를 빨아먹는 데만 혈안이 되어 있다.

중간 결론

부동산은 1가구 1주택으로 싸게 사서 비싸게 파는 전략을 취한다.

일본

일본은 부동산과 주식 모두 정책에 의해 움직인다. 아베 전 총리는 디플레이션에서 벗어나기 위해 무제한 양적완화를 실시했고, 이것이 엔캐리트레이드를 일으켰다. 양적완화와 엔캐리트레이드로 인해 일본의 주식과 부동산이 모두 오르고 있다.

그러나 얼마 전 일본 중앙은행이 금리를 올리자, 주식이 하루에 13%가 빠지는 약한 체력을 보여주었다. 엔캐리트레이드가 청산되면 엔화를 빌려 산 미국주식, 채권이 떨어져야 정상인데 오히려 일본주식이 직격탄을 맞은 것이다. 그만큼 미국의 펀더멘털은 일본에 비해 튼튼하고 일본의 자산은 사상누각이라는 뜻이다.

다만 도쿄의 부동산은 중국에서 머니무브가 있는 듯하다. 중국에서 몰래 빼돌린 자금이 도쿄 부동산으로 흘러들고 있다. 거기에 금리도 거의 제로에 가깝고, 한국에 비해서도 비싸지 않은 만큼 더 올라갈 여력은 있어 보인다.

중간 결론

일본은 주식보다는 부동산이 낫다. 다만 해외 부동산은 주식에 비해 투자가 매우 까다롭다.

미국

주가는 생산성 향상에 따라 상승한다. 그런 면에서 가장 기대되는 분야는 바로 AI다. 세계는 지금 AI를 향해 거대한 패러다임 전환을 시도 중이다. AI의 선두주자인 엔비디아를 비롯해 마이크로소프트, 애플, 구글, 아마존, 메타, 테슬라 등 선두권에 있는 AI 기업 대부분이 미국 기업이다. 대만의 TSMC, 네덜란드의 ASML 등이 있지만, 이 기업들도 모두 미국 주식시장에서 살 수 있다. 미국이 부채가 많은 것이 약점이지만, 미국을 대체할 나라가 없기 때문에 아직은 큰 문제가 아니다.

중간 결론

미국은 환율이 꾸준히 오르며, 세계에서 미래가치가 가장 높은 기업들이 있고, 정부 또한 주가 부양을 위해 힘쓰고 있다.

최종 결론

미국주식에 투자하자. 그것이 가장 쉽게 자산 증식을 할 수 있는 길이다.

재화를
불리는 법

우리가 흔히 아는 재화財貨(영어: Goods)는 경제학에서 사용 또는 소비 등을 통해 사람(소비자)들의 효용을 증가시킬 수 있는 형태를 가진 모든 것을 의미한다. 예를 들어 공산품과 부동산, 서비스 등이다. 그러나 고대의 철학자들은 재화를 조금 다른 개념으로 해석한 듯하다.

크세노폰의 『경영론, 향연』에는 소크라테스와 크리토불로스의 대화가 나온다. 그들은 재화란 무엇인지에 대해 논쟁한다. 재화는 단순히 공산품과 부동산, 서비스 등이 아니다. 재화에 여러 정의가 존재한다.

나에게 이로움을 주면 재화다

예를 들어 말을 샀는데 말을 탈 줄 모른다면 말은 재화가 아니다. 게다가 말을 타다 떨어져 다치기라도 한다면 더더욱 재화가 아니다. 현재 우리의 개념과 다르다. 말은 반드시 재화다. 그런데 그것을 이용하지 못하고 이용을 하다가 손해를 본다면 재화가 아니라니 이게 무슨 말인가?

그러나 말을 탈 줄 모르는 사람도 말을 재화로 만들 수 있다고 한다. 말을 팔아 버리면 된다. 즉, 쓸모없는 말을 쓸모 있는 돈으로 바꾸었으니 재화가 되었다는 뜻이다. 생각해 보면 맞는 말이다.

카푸어를 생각해 보자. 카푸어란 무리하게 빚을 내서 외제차를 산 사람을 가리키는 말이다. 카푸어에게 차는 재화일까? 아니다. 유지비가 장난이 아니기 때문이다. 매월 200만 원 정도의 대출에, 기름값에, 보험료에 추가로 나가는 돈이 매우 많다. 게다가 친구나 후배라도 만나면 외제차 타는 체면에 술값 계산을 안 할 수 없다. 그리고 주말이면 외제차를 샀으니 여자친구라도 태우고 드라이브를 가야 한다.

돈을 모아도 시원찮을 판에 오히려 신용대출까지 일으켜 차 유지비 대다가 신용불량자가 되었다. 그리고 부동산과 달리 차는 사는 순간부터 가격이 떨어지기 때문에 무조건 손해다. 다시 생각해 보자. 카푸어에게 외제차는 재화인가? 아니다. 카푸어처럼 재산이 박살나는 경우 재화가 아니다. 그 차를 팔아 돈으로 바꾸어야만 재화가 된다.

반대로 차가 재화가 되려면 차를 써서 이익을 얻어야 한다. 택시 기사의 차, 혹은 택배기사의 택배용 차량은 재화가 된다.

①부동산은 재화일까?

그렇다면 부동산은 재화일까? 부동산이 오른다는 소식에 대부분의 사람들은 마음이 급하다. 그래서 부동산 카페에 가입해 강의도 듣고 임장도 다니면서 공부를 했다.

카페 주인장이 추천해 주는 부동산이 있었다. 지방의 허름한 아파트인데 갭투자 물건이었다. 내가 가진 돈 몇 천으로는 서울의 웬만한 아파트는 도저히 살 수 없다. 그래서 추천 받은 지방 아파트를 샀다.

나중에 알고 보니 부동산 카페 주인장이 자신의 부동산을 회원들에게 떠넘긴 것이었다. 부동산 가격이 떨어지면서 전세금도 덩달아 떨어져 전세금 몇 천을 오히려 물어줘야 할 판이다. 팔려고 내놨지만 지방이고 오래된 아파트라 집 보러 오는 사람조차 없다.

매년 재산세를 내야 하고, 전세금마저 떨어지는 지방의 이 아파

트는 재화일까? 아니다. 손해를 보는 재화는 재화가 아니다. 팔아서
돈으로 바꿔야 재화가 된다.

②카푸어와 갭투자자 중 누가 더 쓸모없는 재화를 샀나?

'카푸어'와 '갭투자자' 중 누가 더 쓸모없는 재화를 샀다고 할 수 있
을까? 정답은 갭투자자다. 왜냐하면 카푸어는 손해를 감수하고 중고
차로 팔 수 있지만, 갭투자자의 아파트는 팔리지 않기 때문이다.

둘 다 팔기 전까지는 무조건 손해다. 이렇게 재화의 개념을 이해
하면 쓸모없는 물건을 사면서 인생을 망칠 일이 없을 것이다.

③주식은 재화인가?

주식도 마찬가지다. 김 대리가 주식으로 돈을 벌었다는 소문을
들은 나는 김 대리에게 소스를 받아 주식을 매수했다. 초반에는 주
가가 올라 김 대리에게 술도 사고 밥도 샀다. 그러나 어쩐 일인지 주
식이 떨어지기 시작하더니 순식간에 반토막이 났다.

하도 속상해서 김 대리에게 어떻게 해야 하느냐고 전화했다. 그
러자 김 대리가 "아직도 안 팔았어?" 하며 오히려 되묻는다. 자신은
진즉에 다 팔았다는 것이다. 왜 팔 때 말하지 않았느냐고 따지니, 김
대리는 어떻게 사고팔 때마다 일일이 말하느냐고 한다.

여기서 또 질문이다. 내가 산 주식은 재화일까? 아니다. 주식을 사기 전, 그러니까 현금이 더 나은 상황이었다. 주식으로 손해를 봤으니 내게 주식은 재화가 아니다. 50% 손해 난 주식을 팔아 현금을 확보해야 재화라 할 수 있다.

④돈은 재화인가?

그렇다면 돈은 어떤가? 재화일까? 소크라테스는 돈도 가진 사람이 사용할 줄 모르면 재화가 아니라고 했다. 재화란 처음의 정의와 같이 나에게 이득을 주어야 한다. 만약 돈을 불릴 수 없다면 그리고 그 돈을 투자하거나 소비해서 오히려 손해 보고 있다면 재화가 아니다.

돈을 은행에 맡겨 이자를 받으면 재화인가? 원금은 그대로고 매달 이자가 쌓이니 재화가 맞다. 그러나 만약 은행이자가 물가상승률보다 떨어진다면 재화가 아니다. 예를 들어 은행이자는 3%인데 물가상승률이 5%라면 나는 가만히 앉아서 2% 손해다. 따라서 돈을 쓰지 않고 은행에 넣어 두어도 재화가 아니다.

사람이나 상황도 재화다

소크라테스는 친구도 재화가 될 수 있다고 말한다. 예를 들어 친구가 돈을 불리는 데 전문가다. 친구의 말을 듣고 투자해 돈을 벌었다면 친구도 재화가 된다. 전쟁과 같은 상황도 재화가 된다. 왕들은 전쟁을 통해 부자가 된다고 말한다. 따라서 전쟁도 재화라 할 수 있다.

즉, 소크라테스는 내 재산을 불려 줄 수 있다면 재화고, 불려 줄 수 없다면 재화가 아니라고 일관되게 말하는 것이다.

지식도 재화가 될 수 있다. 대학 졸업 후 전공과 관련된 회사에서 일해 돈을 벌고 있다면 대학 전공이 재화가 된다는 말이다. 그러나 대학을 졸업하고 실업자로 남아 있다면 대학은 재화가 아니다. 오히려 4년 동안 등록금과 시간을 까먹은 것이다.

즉, 재화는 우리가 흔히 알고 있는 공산품이나 부동산뿐 아니라, 돈을 불려줄 수 있다면 어떤 것도 재화가 될 수 있다는 뜻이다.

재화를 불리는 데 가장 방해가 되는 것

재화를 불리는 데 있어서 가장 방해가 되는 것은 무엇일까? 소크라테스는 욕망의 노예가 되지 말 것을 당부한다. 욕망의 노예란 예를 들어 '탐욕의 노예', '술의 노예', '명예욕의 노예' 등이다. 이런 노예들은 자신의 욕망을 채우기 위해 재산을 결국 탕진하고 만다.

카푸어는 과시욕에 눈이 멀어 자신을 파멸로 이끌었다. 한마디로 '탐욕의 노예'다. 주식으로 망하거나 부동산 갭투자로 망한 사람도 지식이나 실력도 없으면서 남의 말만 듣고 투자했다가 결국 망한 탐욕의 노예들이다. 결국 우리는 이런 탐욕과 맞서 싸워야 한다.

'탐욕'이 무엇인가? 실력도 없으면서 욕심만 많으면 탐욕이다. 어려운 것은 딱 질색이고 손쉽게 돈 버는 방법만 추구하는 것이다. 오랫동안 투자하기는 싫고 짧게 단타로 크게 돈을 벌 수 있는 방법만을 쫓아다니는 것이다. 이와 같은 탐욕의 노예는 결국 자신의 탐욕에 걸려 넘어진다. 그래서 욕망과 맞서 싸워야 한다.

이처럼 욕망과 맞서 자유를 쟁취해야 한다. 부자가 되면 '경제적 자유'를 쟁취할 수 있다.

결론

경제적 자유를 쟁취하기 위한 싸움은 곧, 재화를 불리기 위해 욕망을 누르고 지식을 쌓고 투자 잘하는 좋은 친구를 곁에 두는 일이다.

당신의 투자인생,
감정적인가, 시스템적인가?

감정과 동물적인 감각에 의존하는 투자는 필패의 공식이다

나는 감정이 아닌 매뉴얼에 따라 주식에 투자하고 있다. 감정이 즉흥적이라면 매뉴얼은 시스템적이다. 감정대로 투자해서는 안 되는 이유는 투자인생에 발전이 없기 때문이다. 발전이 없다면, 향후 투자인생이 10년일지 100년일지 모르겠으나 영원히 초보를 벗어날 수 없다.

감정적인 투자는 수십만 년 전 원시인의 두뇌로 투자하는 것과 마찬가지다. 원시인의 두뇌가 진화를 하려면 무수한 시간을 거쳐야 한다. 그래야 유전자가 변한다. 그러나 우리가 현대인으로 살아온 시간은 극히 짧다.

호모 사피엔스가 등장한 시기는 약 60만~70만 년 전으로 추정된다. 우리는 대부분의 시간 동안 원시인으로 살아왔고 현대인이라 할 수 있는 시간은 기껏해야 최근 100년에 불과하다. 그러니 현대인은 수트를 입은 원시인이다.

원시인은 생존본능을 최우선으로 한다. 반면 자본주의 사회에서는 돈이다. 자본주의의 돈은 원시인의 사냥감과 같아서, 돈을 잃는 것은 곧 사냥감을 놓친 것과 같다. 원시인이 사냥감을 놓치고 빈손으로 돌아오면 가족들이 굶어죽는다. 마찬가지로 현대인이 돈을 잃으면 죽음의 공포를 느낀다. 그러니 주가가 떨어지면 극도의 공포감에 휩싸인다. 심지어 공포를 이기지 못해 스스로 목숨을 끊는 경우도 있다.

반대로 주가가 오르면 사냥감을 잡은 원시인마냥 도파민이 분출된다. 나아가 위험을 감지하지 못하고 더 큰 위험을 감수한다. 오를 때 사고 떨어질 때 팔면서 동물적인 감각에 의존한다. 그리고 역시나 예상대로 망하는 길로 들어선다.

결국 이처럼 동물적인 감각에 의존하는 투자도 발전이 없다. 앞서 말했듯이 원시인의 두뇌는 아주 느리게 발전하기 때문이다. 원시인의 두뇌가 투자 두뇌로 완전히 탈바꿈하려면 앞으로 70만 년이 지나야 한다. 원시인의 두뇌로 오를 때 팔고 떨어질 때 팔아서 어떻게 수익을 낼 수 있다는 말인가.

매뉴얼(시스템) 투자는 필승의 공식이다

그렇다면 매뉴얼 투자에는 발전이 있는가? 당연히 있다. 그것도 매일 발전하는 중이다.

예를 들어 나의 책 『내일의 부』는 2020년 2월 코로나 직전에 출간되어 큰 주목을 받았다. 사실 매뉴얼을 만든 때는 2018년 10월 이 자율 위기를 겪고 나서다. 당시 매뉴얼은 단순했다. 나스닥 지수에 -3%가 뜨면 전량 매도하고 한 달+1일을 기다리고 더 이상 -3%가 뜨지 않으면 올인이었다. 공황은 한 달에 4번의 -3%가 뜨면 두 달+1일을 기다리고 더 이상 -3%가 뜨지 않으면 올인이었다. 그러나 2020년 공황은 3월에 -30%까지 떨어졌지만 한 달 만에 끝이 났고 이후 주가는 날아갔다.

매뉴얼에 발전이 있다는 얘기는 무엇인가? 감각은 고칠 수 없지만 시스템은 얼마든지 고칠 수 있다는 의미다. 시스템 수정은 통계 데이터의 시계열을 검토하는 일로 시작한다. 일단 40년 간의 나스닥 데이터와 세계 1등 데이터를 다운 받아 기존의 룰보다 이익인 쪽으로 발전할 수 있는 통계를 찾는다. 그리고 현재의 매뉴얼보다 더 큰 이익이 있으면서 손해가 적은 사례가 있다면 시뮬레이션을 돌려보고 매뉴얼에 집어넣는다.

예를 들면 8거래일 상승, V자 반등, 사상 최고치 돌파 등과 같은 것들을 찾아 매뉴얼에 새로 넣는다. 그리고 실전에 그러한 일이 벌어졌을 때 새로운 매뉴얼을 사용하며 맞는지 살펴본다. 이렇게 매뉴얼을 하나하나 수정해 나간다. 이것이 감정투자와 매뉴얼투자의 차이점이다.

일단 매뉴얼이 수정되면 감정은 배제하고 매뉴얼대로 집행한다. 아무리 오를 것 같아도 매뉴얼이 팔라고 하면 팔고 아무리 떨어질 것 같아도 매뉴얼이 들어가라고 하면 들어간다. 물론 매뉴얼이 틀렸다고 생각하면 다시 40년 간의 시계열을 검토하고 잘못된 점을 찾아 시뮬레이션을 돌려보고 수정하는 작업을 거친다.

매뉴얼대로 투자하면 감정을 배제하니 마음이 편안하다. 예를 들어 나스닥 -3%가 떠서 자산 대부분을 팔았다고 하자. 앞으로 떨어지면 싸게 살 수 있어서 좋다. 그러나 오르더라도 V자 반등하면 들어가면 된다. 떨어질 때 하방이 막혀 있으니 심적으로 편하고, 올랐을 때는 손해가 아니라 덜 번 것이기에 손해가 적다. 그러니 매뉴얼을 지키면 편안히 주식에 투자할 수 있다.

인간은 본래 잃을 때 심적 데미지를 더 크게 입는다. 감정대로 투자하면 떨어질 때 공포에 팔게 되고, 오르면 탐욕에 사면서 군중과 함께 움직이다 망하게 된다. 주가는 일직선으로 떨어지지 않는다. 떨어지면 반드시 오르게 되어 있다. 그러니 본전 욕심에 다시 사면 다음 날 꼭 떨어진다.

투자를 오래 했다면 이미 겪어봤을 일이고, 이제 막 투자를 시작했다면 앞으로 겪을 일이다. 그 상황은 마치 지옥과 같다.

결론

감정으로 투자하면 망한다. 투자가 그렇다. 그러나 감정은 고칠 수 없기에 연속적인 패배를 벗어날 방법이 없다. 실패하고 실패하고 또 실패한다. 절치부심해서 다시 시작해도 또 실패한다. 그 어떤 방법을 다 써봐도 결과는 항상 실패다. 근본적인 원인이 바뀌지 않았기 때문이다.

그러나 매뉴얼대로 투자하면 크게 망할 일이 절대 없다. 마음도 편하다. 그래서 오랫동안 투자자로서 남을 수 있고, 결국 시간이 해결해 준다. 오랜 시간 투자할수록 더 큰 부자가 될 수 있다.

환율이 1200원으로
절대 갈 수 없는 이유

정모(정기모임) 때 있었던 일이다. 회원님들 중 한 분이 미국주식에 투자해 이익이 나고 있지만, 한국주식 손해가 더 커서 결국 마이너스라고 푸념했다. "왜 한국주식을 팔아 미국주식으로 옮기지 않느냐?"고 물었다. 답변은 "현재는 환율이 너무 높아 떨어지면 옮기겠다"는 것이었다. 나는 "환율은 앞으로 떨어지지 않을 것이다. 그러니 지금 손해를 보더라도 미국주식으로 가는 게 맞다"고 조언했다.

환율이 지속적으로 오를 수밖에 없는 이유

왜 한국의 환율은 지속적으로 오를 수밖에 없을까? 이 문제는 한국이 수출 드라이브로 정책을 바꾼 이후 일어난 근본적인 딜레마라 할 수 있다. 한국이 이 정책을 꾸준히 밀고 있는 한 원화 환율 하락은 없다.

1961년 당시 박정희정부는 환율을 올리지 않기로 마음먹었다. 1961년 5월 16일 기준 달러/원 환율은 130원이었다(박정희정부에서 한 차례 화폐개혁을 했기에 지금의 원화와는 다르다). 이 환율은 1964년 5월 4일까지 유지되었다.

그런데 결과는 수출 부진이었다. 무역업계는 수출이 부진하자 의욕마저 꺾였고 외환보유고, 당시에는 외환보유달러(KFX)마저 줄어들며 이중고를 겪었다(KFX는 5.16 당시 2억 520만 달러였으나 1963년 9월에는 1억 달러로 줄었다).

외환보유고 1억 달러는 곧 한국의 파산을 의미했다. 이에 따라 정부는 생필품 수입을 극도로 줄였지만, 외환위기에 빠지고 말았다. 국민들은 패닉에 빠졌다. 미국의 원조가 줄어 가뜩이나 불안하던 마당에 외환보유고 감소로 생필품 수입까지 못한다는 소문이 퍼지기 시작했기 때문이다. 그러자 물가가 치솟기 시작했다. 정부는 근본적인 대책을 강구해야만 했다. 근본적인 대책이란 결국 외환보유고 늘리기였다.

1964년 5월 4일, 달러/원 환율을 130:1에서 255:1로 대폭 인상했다. 환율을 2배 가까이 올리자, 한국의 환율 환산노임이 8.2센트로 뚝 떨어졌다. 일본, 동남아 국가보다 훨씬 저렴해진 것이다. 이후 한국은 수출로 벌어들인 달러 때문에 외환보유고가 늘었고 외환위기도 벗어날 수 있었다.

트럼프정부는 모든 나라에 보편관세를 때리겠다며 엄포를 놓고, 이를 실행 중이다. 중국은 더 높은 고율관세를 때리겠다고 한다. 중국은 멕시코, 동남아 등을 통한 우회수출을 시도할 것이다. 그러나 근본적으로 중국은 환율을 올려 보편관세를 상쇄하려고 할 것이다.

즉, 관세보다 달러/위안 환율을 더 올리는 것이 가장 손쉬운 방법이다. 물론 중국은 환율뿐 아니라 정부보조금을 주거나, 수출업체에 부가세 환급을 통해 손실분을 보전해 줄 것이다. 그러나 중국이 환율을 고정시키면 한국, 일본, 동남아보다 환율 환산노임 자체가 올라가 수출을 할 수가 없다. 따라서 중국이 환율을 고정시키면 1960년대 한국의 박정희 정부 때처럼 수출이 줄고 외환보유고가 줄어들어 파산할 수밖에 없다.

이렇게 된 모든 이유는 미국에 있다. 모든 나라가 미국으로 상품을 수출하기 때문이다. 미국으로 상품을 수출하는 모든 나라는 서로 경쟁자다. 즉, 미국이라는 손님 하나를 두고 중국집, 한식집, 일식집이 경쟁하는 구도다. 맛과 품질 차이가 없다면 미국 손님은 더 싼 집으로 갈 게 분명하다.

따라서 경쟁국보다 획기적인 레시피 개발을 해내지 못하면 망할 수밖에 없다. 획기적인 레시피란 인공지능, HBM과 같은 특화된 상품이다. 그러나 한국에서 모든 기업이 혁신제품을 내놓을 수는 없다.

한국이 미국이 되지 않는 한 현재 구도를 바꿀 수는 없다. 미국이 된다는 얘기는 우리나라가 기축통화국이 되고 순수입국이 된다는 의미다. 딱 봐도 불가능하지 않은가? 결국 한국은 환율을 지속적으로 올릴 수밖에 없다.

환율이 오르면 어디에 투자해야 하는가?

이처럼 환율이 올라가면 어디에 투자해야 할까? 당연히 미국주식이다.

강남부동산은 지난 20년간 2배도 오르지 못했다. 은마아파트는 2006년 14억 원을 찍었고 지금은 24억 원이다. 약 72%가 올랐다. 당시 환율이 약 955원 정도였고, 지금은 넓게 봐서 약 1400원 정도니, 계산하면 46%가 올랐다. 환율로 상쇄하면 72%-46%=26%밖에 오르지 못했다.

사실 이자는 계산에 넣지도 않았다. 은마아파트를 사면서 10억 원 대출을 받고 5% 이자를 냈다면 1년 이자비용은 5천만 원이다. 19년이면 무려 9억 5,000만 원이다. 법인이 아니면 깎아주지도 않는다. 결국 마이너스다. 반면 세계 1등인 애플에만 투자했어도 지난 10년간 1,000%, 10배가 올랐다.

한국은 수출 지향의 나라니 환율이 지속적으로 올라갈 수밖에 없다. 다른 나라와의 치열한 수출 경쟁 때문에 이 기조를 바꿀 수 없다. 그렇다고 한국의 부동산, 주식이 미국주식 수익률보다 높지도 않다. 아니 오히려 터무니없이 낮다.

그런데도 한국에 투자하는 게 맞나? 환율이 떨어질 것 같아서인가? 꿈같은 이야기다. 한국이 기축통화국이 되지 않는 한 절대 불가능한 일이다.

한국이 환율을 내리지는 않았지만 고정시킨 적은 있었다. 김영삼정부 시절이다. 당시 김영삼정부는 달러/원 환율을 800원으로 고정시켰다. 그러자 한국의 수출경쟁력이 떨어지기 시작했다. 1995년 86.7억 달러 적자, 1996년 231.2억 달러 적자, 1997년 82.9억 달러 적자로 3년간 총 400.8억 달러 적자가 생겼다. 이것이 외환보유고를 고갈시켜 IMF 체제로 간 것이다.

물론 직접적인 원인은 종금사의 무리한 달러, 엔화 대출이었다.

그러나 외환보유고가 넉넉했다면 막을 수 있었던 국난이었다.

그런데 김영삼정부는 왜 달러/원 환율을 800원에 고정시켰을까? 김영삼은 임기 내 1인당 국민소득 1만 달러 달성과 OCED 가입을 공약으로 내세웠다. 만약 환율을 올리면 이 꿈은 물 건너가고 만다.

그렇다면 한국은 어떻게 IMF 체제를 그렇게 빨리 빠져나올 수 있었을까? 한국은 한때 달러/원 환율이 2000원까지 치솟은 적이 있었다. 그로 인해 수출경쟁력이 회복되었고 경상수지도 적자에서 흑자로 돌아섰다. 즉, 환율이 한국을 살린 것이다.

지금도 그때와 다르지 않다. 한국은 중국, 일본, 동남아, EU 등과 미국 수출을 놓고 치열하게 경쟁중이다. 환율이 다시 1200원대로 갈 수 있을까? 그럴 수 없을 것이다. 트럼프가 중국에 관세를 때리면 중국은 환율을 높여 관세를 무력화시킬 것이다. 그런데 한국만 환율을 낮춘다고? 미친 짓이다.

한국에서 제2의 일론 머스크, 스티브 잡스가 수십 명 나오지 않는 한 생산성 향상은 요원하다. 따라서 한국이 국제경쟁력을 높일 수 있는 가능하고도 가장 쉬우며 유일한 방법은 환율을 올리는 길뿐이다. 그런데도 한국이 환율을 낮춘다면 한국은 제품경쟁력을 잃고 제2의 IMF를 맞을 것이다.

결론

한국 돈을 꾸준히 미국 돈으로 바꾸라. 그러면 자연스럽게 부자가 될 것이고 한국 돈을 갖고 있으면 앉아서 거지가 될 것이다. 이것이 한국에서 부자가 되는 부의 법칙이다. 이 사실을 알고도 한국 주식이나 부동산에 계속 투자한다면 정말 답이 없다.

우리가 움켜쥘 수 있는
안정적인 것은 없다

세상은 변한다

도교道教(영어: Taoism, Daoism)에서 핵심을 관통하는 통찰은 '우리가 움켜쥘 수 있는 안정적인 것은 없다'는 것이다. 세상은 끊임없이 변한다. 이 변화무쌍한 세상에서 잘 대응하는 방법은 무엇인가? 변화에 역행하지 않고 잘 순응하며 흐름을 따라가는 것이다.

주식도 도교의 가르침과 마찬가지다. 주가는 끊임없이 변동한다. 주도주도 끊임없이 바뀐다. 그러나 그러한 변화에 순응하며 흐름을 따라가면 이 바닥에서 살아남을 수 있다.

세계 1등 주식도 역사의 긴 흐름으로 봤을 때는 끊임없이 바뀐다. 그러나 한참 지나고 나서 역사를 되짚어 보면 세계 1등 주식이 되었을 때가 가장 전성기였었다. 2000년대 초반 GE, 2000년대 중반 마이크로소프트, 2000년대 후반 엑손모빌, 2010년대 애플, 최근 엔비디아가 가장 전성기였다.

한계수익이 줄어들면 균형에 다다른다

경제학이 우리에게 주는 핵심적인 내용은, 한계수익이 줄어들면 균형에 다다른다는 점이다. 우리가 쓰는 무엇인가를 더는 쓸 수 없거나 얻기 힘들다면 우리는 새로운 것을 찾거나 대체한다. 예를 들어 석탄을 캐내기 위해 점점 더 깊이 파고들어야 해서 채굴비용이 비싸진다면, 인간은 석탄보다 캐내기 쉽고 에너지에 있어 더 효율적인 석유로 에너지원을 대체한다.

기업도 에너지원과 크게 다르지 않다. 세계 1위로 올라오는 기업은 경이적인 영업이익률과 주당순이익과 혁신성으로 우리를 놀라게 만든다. 그러나 그 기업이 한계에 다다르면 곧 혁신의 강도가 옅어지며 성장성이 떨어지고 이익이 깎이기 시작한다. 그러다 결국 더 성장하며 더 이익을 내며 혁신적인 기업으로 1등 자리가 바뀐다. 세계 1등 주식을 추종하는 전략이 가장 혁신적인 기업을 찾아내는 도구이다.

세상은 우연의 연속이다

인간은 인과관계에 집착하지만 세상은 우연의 연속이다. 주식이 오르거나 떨어지면 왜 그랬는지 뉴스와 기사에서 분석한다. 그러나 그것은 주가가 오르거나 떨어진 후 인과관계를 때려 맞추는 것일 뿐이다.

만약 그러한 분석 방법이 맞다면 왜 내일의 주가는 못 맞추는가? 주식은 오른다 떨어진다 단 두 경우밖에 없는데 말이다. 따라서 우연이 끊임없이 연속되는 것이 바로 세상이다.

인공지능이 세상을 바꿀 것이라 우리는 알지 못했다. 더구나 게임그래픽 카드로나 쓰이던 GPU칩을 만들던 엔비디아가 최강의 CPU를 만들던 인텔을 시가총액에서 뛰어넘을 것이라고 누가 상상이나 했을까? 엔비디아의 GPU칩이 인공지능에 최적화한 도구로 쓰이면서 가능해진 일이다.

AI 프로그래머는 컴퓨터가 최적화한 결과값을 뽑아낼 때 왜 GPU칩을 쓸까? 인공지능은 어떠한 일정 패턴보다는 모든 파라미터 Parameter를 다 때려넣고 딥러닝을 하면 더 효과가 좋다는 사실을 발견했다.

인공지능 컴퓨터가 사람처럼 말할 수 있는 이유는 무엇인가? 예를 들어 컴퓨터가 언어를 말할 때 주어+동사+서술어와 같은 문법적인 패턴이 아니라, 인간이 사용하는 모든 경우의 말뭉치를 집어넣고 딥러닝하고 결과값을 뽑아내면 더 효과적이다. 이렇게 수십억 개의 파라미터를 분석하는 데 인텔의 CPU보다는 엔비디아의 GPU가 최적화된 툴이라는 사실을 발견한 것은 우연이다. 이러한 우연에 의해 엔비디아는 세계 시총 1등 자리에 오를 수 있었다.

따라서 세계 1등 주식을 추종하는 전략이 우연이 수없이 충돌하는 이 세계에서 가장 운 좋은 기업을 찾아내는 도구이다.

결론

세상은 변한다. 한계수익이 줄어들면 새로운 균형으로 대체된다. 세상은 우연의 연속이다. 이 세 가지를 모두 만족하는 투자법은 세계 1등을 추종하는 것이다. 세계 1등 주식을 추종하면 우리의 투자 인생은 절대 망할 리 없고 반드시 부자가 된다.

미래를 알 수는 없지만
반드시 오를 종목

금융위기와 같은 위기상황에서 연준이 달러의 유동성을 풀었고 이 자금이 증시로 들어가 유럽과 미국의 격차를 벌렸다.

그러나 오로지 돈의 힘 하나만으로 그런 격차가 발생한다면, 중국의 경우처럼 돈을 퍼부으면 안 될 일이 없어 보인다. 중국은 일본과 한국 따라가기 전략으로 1만 달러를 넘었다. 그러나 그 전략으로 모든 것을 설명하기는 힘들다.

다시 한 번 말하지만 일본, 대한민국, 중국 등은 남을 따라 하는 전략을 쓴다. 인건비가 낮은 나라에서 베끼기를 통해 선진국의 기술을 훔쳐오거나 도입해 격차를 좁히는 전략이지 새로운 기술을 창조하는 전략은 아니란 얘기다.

19세기에 이미 열강 반열에 올랐고, 1980년대 미국을 따라잡겠다던 '경제동물' 일본이 20세기 들어와 인류를 발전시킨 발명품이 하나라도 있던가? 일본의 발명품으로 알고 있던 워크맨도 사실은 독일 과학자가 만든 것을 베낀 것에 불과하다. 이미 만들어진 과학기술을 융합해 개선은 잘해도 창조를 한 적은 없었다.

대한민국이나 중국 또한 마찬가지다. 20세기 모든 과학기술은 서양에서 나왔다.

미국과 유럽 및 동아시아의 격차가 벌어진 이유

왜 2009년부터 2024년까지 미국과 유럽의 GDP 격차가 확연히 벌어졌을까? 미국의 양적완화 때문도 있지만 또 다른 이유는 스티브 잡스의 애플 아이폰 때문이다. 아이폰은 가히 혁명적으로 세상을 바꾸어 놓았다.

아이폰으로 바뀐 세상을 보자. 인터넷 쇼핑의 아마존이 오프라인 매장 월마트의 시가총액을 추월했다. 메타가 페이스북, 인스타그램 등의 SNS를 만들며 기존의 레거시 미디어인 방송국, 신문사 등의 광고시장을 독식했다. 불특정 다수인 대중들에게 뿌리는 광고보다는 개인 맞춤형 광고가 대세가 되었기 때문이다.

넷플릭스, 유튜브, 틱톡 등의 영상매체는 지상파 방송국과 영화관을 몰락시켰다. 게임은 PC, 콘솔게임보다 모바일게임이 대세가 되었다. 우버는 뉴욕 옐로캡 택시의 몰락을 불러왔고, 우버 잇츠와 딜리버리 히어로는 배달음식의 전성시대를 열었다. 은행 업무, 예약 등의 서비스도 스마트폰이 획기적으로 바꾸었다.

이것이 바로 스마트폰 혁명이다. 그리고 이 혁신의 중심에 있는 기업은 애플이다. 애플은 2012년 세계 시총 1등에 오른 이후 2025년 4월까지도 시총 1위를 유지했다.

삼성전자가 한국의 GDP에서 차지하는 비중은 2022년 기준 약 15% 정도다. 그러나 이 수치는 직접기여 몫이고, 하청업체 등을 비롯해 파생되는 수치까지 따지면 그 이상이라 할 수 있다.

대만의 TSMC가 대만의 GDP에서 차지하는 비중도 삼성전자와 비슷하다. 그런데 그런 삼성전자를 시가총액으로 누르는 미국기업이 무려 30개가 넘는다. 삼성전자는 시가총액 38위일 뿐이다.

애플은 2022년 12월 17일 기준 삼성전자의 시가총액 약 2,600억 달러보다 10배 이상인 약 3조 7천 940억 달러에 달한다.

혁신은 생산성 향상으로 이루어진다. 그런 기업은 미국에 많다. 유럽에서 삼성전자 시총을 뛰어넘는 기업은 덴마크의 비만치료제로 유명한 노보노디스크, 프랑스의 명품기업 LVMH, 네덜란드 광

학장비회사 ASML, 독일의 SAP 정도가 있을 뿐이다. 그러니 유럽의 몰락은 당연하다.

GDP는 한 나라에 혁신기업이 얼마나 많은가에 따라 결정된다. 엔비디아의 시총은 5조 달러, 애플은 4조 1천 억, 마이크로소프트는 3조 9천 억 달러로 각각의 기업이 프랑스와 한국의 GDP를 가뿐히 넘어선다. 그러니 미국이 잘살 수밖에 없지 않을까.

앞으로 미국과 유럽, 동아시아의 격차는 더 벌어질까?

미국은 그동안 세계에서 가장 잘나가는 나라였다. 앞으로도 그럴까? 당연히 앞으로도 잘나가는 나라일 것이다. 기존의 스마트폰, 인터넷 서비스도 미국이 거의 독식하고 있다. 게다가 앞으로 인공지능 등 미래기술마저 미국이 선도할 것으로 보인다.

AI 분야의 선두기업인 오픈AI와 구글, 마이크로소프트, 메타, 아마존, xAI 등이 있다. 자율주행, 로봇택시의 테슬라가 있고 우주기업인 스페이스X도 있다. 얼마 전 구글은 양자컴퓨터에서 획기적인 성과를 냈다고 발표하기도 했다.

GDP의 지속적인 상승은 정부지출이 아니라 혁신적인 민간기업에 의해 결정된다. 그런 면에서 미국은 앞으로도 GDP를 획기적으로 끌어올릴 것이다. 그에 반해 유럽, 동아시아에는 미국과 같은 혁신적인 기업이 거의 없다. 따라서 앞으로도 계속해서 그 격차는 더 벌어질 것으로 보인다.

결론

미래는 아무도 모른다. 단지 과거를 분석할 뿐이다. 미래에 부자가 되려면 반드시 오를 기업에 투자해야 한다. 이것이 우리의 딜레마다. 딜레마는 미세조정으로 겨우 풀어낼 수 있다. 즉 현재 세계 1등 기업에 투자하는 것이다. 미세조정은 세계 1등 기업이 바뀔 때마다 갈아타는 것이다. 세계 1등 기업에 지속적으로 투자하면 미래의 1등에 투자하는 것과 같다.

비트코인이 오르는 이유와
미국의 전략

비트코인은 2024년 말 1억 6천만 원을 넘으면서 신고가를 작성했다. 이후 조정과 상승을 반복하며 오르고 있으며, 그 상승세가 심상치 않다. 비트코인이 이렇게까지 많이 오른 첫 번째 이유는 트럼프 때문이다.

트럼프는 비트코인을 미국의 전략자산으로 키우겠다고 했다. 형사사건으로 압수된 비트코인을 비축하는 한편 비트코인의 약 10%를 전략자산으로 비축하겠다는 것이다. 트럼프는 대통령 산하 비트코인 자문위원회를 설치하고 중앙은행 주도로 디지털화폐 발행을 하지 않겠다고 했다. 트럼프의 이 정책이 발표된 후 비트코인이 오르기 시작했다.

여기서 주목할 단어는 '전략자산'이다. 전략자산Strategic Assets은 경영학에서 자주 사용하는 용어로 기업이 미래에도 높은 성과를 달성하기 위해서 필요로 하는 자산을 의미한다. 예를 들어 애플의 iOS 생태계, 코카콜라의 브랜드 파워, 구글의 사용자 빅데이터 등이다. 기업의 핵심가치가 곧 전략자산이다.

전략자산은 군사적으로도 사용되는데, 이때는 전략적 군사자산 Strategic Military Assets이라고 한다. 예를 들면 미국의 핵무기, 핵추진 항공모함, F-22랩터 스텔스 전투기, B-1B 스텔스 폭격기 등이다. 현대전에서 적을 크게 압도할 수 있는 미국의 군사무기가 전략자산이라 할 수 있다.

트럼프가 비트코인을 전략자산이라 부르는 이유는 무엇을 깨트리기 위한 수단이라는 뜻이다. 즉, 비트코인의 가치를 높여 죽여야 할 대상이 있다는 의미인데, 그것은 바로 금이다.

트럼프는 왜 비트코인을 전략자산으로 띄우려고 마음먹었나?

트럼프가 비트코인을 전략자산으로 띄우려고 한 이유는 우크라이나 전쟁 때문이다. 미국은 우크라이나 전쟁 때문에 러시아를 달러의 국제결제망인 SWIFT에서 퇴출시켰다. 러시아는 더 이상 미국의 달러화를 국제결제에서 쓸 수 없다.

이를 본 국제사회는 경악했다. 특히 미국에 적대적인 중국은 더더욱 그랬다. 미국에게 밉보이면 러시아와 같은 일을 당할 것이 뻔하기 때문이다. 중국은 미국과 무역전쟁을 치르고 있는 중이므로 미국달러로 외환보유고를 쌓아 놓는 것은 위험한 일이었다. 따라서 우크라이나 전쟁 이후 미국의 국채를 매도하고 대신 금을 샀다.

중국의 이러한 조치에 금은 2022년 우크라이나 전쟁이 터지고 무려 약 35%가 올랐다. 그러나 트럼프 당선이 확실시 된 2024년 10월 30일 이후에는 약 5%가 떨어졌다. 반면 비트코인은 10월 30일 이후 2024년 12월 19일까지 약 44%가 올랐다. 비트코인과 금은 트럼프 당선과 함께 정반대의 상황이 벌어진 것이다.

미 연준 의장인 파월은 인터뷰에서 '비트코인은 가상의 금의 경쟁자'라고 말했다. 또한 "사람들은 비트코인을 지불수단이나 가치저장의 수단으로 사용하지 않는다. 비트코인은 변동성이 크기 때문에 달러를 대체할 수는 없지만 금을 대체할 수는 있다"고 콕 집어서 언급했다. 즉, 트럼프의 전략은 비트코인의 가치를 끌어올려 금의 가치를 떨어뜨리는 것이다.

그렇다면 왜 비트코인은 트럼프 말 한 마디에 그렇게 급하게 치솟았는가? 화폐의 존립 근거는 금과 은과 같은 물질이 아닌 국가 주권에 있다. 과거 화폐는 금이나 은처럼 가치 있는 물질로 찍어냈다. 예를 들어 로마의 금화, 알렉산더 금화 등이 있다.

그러나 지금은 금이나 은으로 화폐를 찍지 않는다. 종이로 찍기도 하지만, 요즘은 인터넷 발달로 인해 중앙은행에서 전자화폐를 찍는다. 연준에서 키보드로 숫자를 찍으면 그것이 바로 돈이 된다. 즉 달러는 얼마든지 찍어낼 수 있어 발행 비용이 0에 가깝다. 그런데도 달러가 휴지가 되지 않는 이유는, 그 돈의 가치를 바로 세계 최강국 미국이 보증하기 때문이다.

이것이 '화권재상' 사상이다. 국가가 이것을 돈이라고 규정하는 순간 돈이 된다는 뜻이다. 즉, 미국이 비트코인을 돈이라고 규정하는 순간 달러와 맞먹는 돈이 된 것이다.

비트코인이 올라가면 어떤 효과가 있는가? 비트코인의 가치가 더 오르면 투기적인 수요는 금보다는 비트코인에 몰리게 될 것이고 그로 인해 상대적으로 금의 가치는 떨어지게 된다. 예를 들어 현재 온스당 약 4,000달러인 금이 2,000달러로 반토막이 난다면 중국, 러시아, 인도 등 금을 비축해 두었던 나라는 그만큼 자산이 줄어드는 효과가 나타난다. 즉, 금을 비축한 나라는 거지가 되는 것이다.

만약 그때 미국이 달러를 찍어 금을 사면 어떻게 될까? 반값에 금을 줍는 효과가 발생한다.

반대로 중국, 러시아, 인도가 금을 버리고 비트코인을 산다면 미국은 어떻게 할 것인가? 그때 미국은 막대한 비트코인을 풀어 비트코인 가격을 떨어뜨리고 그 나라를 거지로 만들 수 있다. 그리고 미국은 비트코인으로 막대한 이익을 얻을 수 있다.

미국이 이와 같은 정책을 쓰려면, 미국이 비트코인 국제시세를 조종할 수 있을 정도로 많이 보유해야 한다. 그 비율을 10%로 보고 있다. 이후 미국은 얼마든지 비트코인의 국제시세를 결정할 수 있게 된다. 이것이 미국이 말하는 비트코인에 숨은 전략자산의 뜻이다.

반대로 중국은 얼마 전까지만 해도 가장 많은 비트코인을 보유한 국가였다. 그런데 중국이 비트코인을 불법으로 규정했다. 알리바바의 마윈이 한순간에 중국 공산당에 의해 무너지는 모습을 본 중국 부자들이 해외로 자산을 빼돌렸기 때문이다.

위안화, 달러화는 해외로 자산을 빼돌리기 힘들다. 일단 단위가 작고 지폐로 옮기기에는 부피가 너무 크다. 그래서 선택한 것이 바로 비트코인이다.

지금 중국에는 합법적으로 비트코인이 하나도 없다. 그런데 중국이 비트코인을 모두 팔아 없애자 미국이 비트코인의 가격을 끌어올리기 시작한 것이다.

미국은 비트코인을 이용해 금도 죽이려고 하는데, 미국은 이런 일에 능수능란하다. 미국의 헌트 형제는 베트남 전쟁과 오일쇼크로 달러 약세가 나타나자 은을 사재기하기 시작했다. 은은 인플레이션 헤지 수단이면서 가격이 낮아 시세조종이 쉬웠기 때문이다. 헌트 형제의 베팅은 2.5달러짜리 은 선물가격을 6년 동안 20배나 상승시켰다.

그러나 은 가격이 치솟자 연준이 개입해 은의 담보가치 비율을 낮춰버렸다. 돈을 빌려 은에 투자하던 헌트 형제는 결국 담보 부족과 미국정부의 세금으로 파산하고 말았다. 그리고 막대한 양의 은이 풀리면서 25년간 10달러 밑을 맴돌았다.

미국이 비트코인의 폭등을 원한다면, 레버리지로 비트코인을 사도록 방치할 것이다. 그리고 연준이 갑자기 레버리지 비율을 축소하면서 비트코인의 국제시세를 폭락시킬 수도 있다.

결론

미국은 비트코인을 이용해 금을 죽이려 하고 있다. 금을 죽여야 헌트 형제처럼 중국, 인도, 러시아의 비축자산인 금의 가치를 떨어뜨려 국고를 거덜 낼 수 있기 때문이다. 미국의 비트코인 매집도 미중전쟁의 일환이다.

27장

우리 모두는 누군가의 노예다. 오직 주주만이 노예가 아니다

이번 생을 살아가면서 우리의 목표는 무엇일까? 물론 자아실현, 명예, 권력 등도 있지만, 결국 목표는 하나, 내 한몸 편하게 사는 것이다. 왜냐하면 이것으로 신분사회에 대한 설명이 가능하기 때문이다.

신분사회는 고대 노예제부터 현재 자본주의까지 남을 지배하는 것이 핵심이다. 왜 남을 지배해야 할까? 이유는 내 한 몸 편히 살고 싶기 때문이다.

고대 노예제 사회에서 노예는, 내가 먹을 양식을 구하고, 입을 옷을 만들며, 나를 위해 따뜻하게 불을 피우고, 내가 가고 싶은 곳으로 나를 이동시켜주는 일을 했다. 노예란, 나를 편히 살게 해주는 남이었다. 지배층은 소수였고 대부분은 누군가의 노예였다.

현대의 자본주의 사회도 크게 다르지 않다. 현대는 남 대신 기계가 노예노동으로 대체되었다. 현대인이 18세기 왕보다 훨씬 좋은 환경에서 산다는 말이 있다. 목욕하고 싶으면 온수를 틀면 되고, 몸이 추우면 보일러를 돌리면 된다. 자동차나 비행기로 먼 길을 편히 갈 수도 있다.

그렇다고 대부분의 사람이 노예가 아니라는 소리는 아니다. 현대도 대부분의 사람은 노예 상태다. 예를 들어 과거의 농부는 자신의 힘이나 가축의 힘에 의존했다. 그러나 지금은 농기계인 콤바인, 트랙터 등이 그 일을 대신한다.

그렇다고 농부가 없는 것은 아니다. 그 기계를 운전하는 것은 농부 아닌가? 비록 농업 현대화로 줄어들기는 했지만 여전히 농부는 필요하다. 농부가 줄어든 대신 농업과 관련된 기계와 에너지와 관련된 일에 종사하는 사람은 늘었다는 의미다. 기계를 만드는 공장에서 일하는 노동자, 에너지와 관련된 일에 종사하는 노동자도 따지고 보면 노예다. 즉, 노예의 비율은 그다지 줄지 않았다.

따지고 보면 대기업 CEO도 노예이기는 마찬가지다. 대기업 회장도 여러 자회사와 수많은 직원을 거느리고 있지만, 고객을 위해 일을 해야 하므로 노예라는 사실은 변함이 없다.

대기업 CEO가 일을 안 하는 것 같은가? 아니다. 누구보다 치열하게 일한다. 미국의 경우 전문경영인 CEO가 일을 잘하지 못하면 이사회에 의해 쫓겨나는 일이 흔하게 일어난다. 그래서 미국의 CEO는 기업의 주식가치를 올리기 위해 밤낮 일하는 워커홀릭이 많다.

과거 농부는 해가 떠 있는 동안만 일을 했다. 그러나 현대에 와서는 전기가 발명되면서 밤에도 일을 하게 되었다. 현재의 노예는 예전보다 더 가혹한 노동환경에서 일하고 있다. 게다가 CEO는 많은 직원을 거느리고 있다는 막중한 책임감 때문에 심지어 잠을 자는 동안에도 일한다. 그만큼 현대에 이르러 일을 하는 시간이 많아졌다는 얘기다.

그런데 어째서 CEO가 일을 안 한다고 생각하는가? 대기업 회장도 밤낮없이 일하거늘 CEO는 오죽할까. CEO도 노예다.

그렇다면 노예가 아닌 사람이 있기나 할까? 스웨덴의 발렌베리 가문이 자본주의에서 자유인이 누구인지를 희미하게나마 보여준다. 발렌베리 가문의 가훈은 이와 같다. "존재하되 드러내지 않는다." 발렌베리 가문은 스웨덴 상장기업의 약 40%를 지배하고 있지만 가문의 일원이 CEO가 되는 일은 드물다. 발렌베리 가문의 후손은 주주나 이사회를 장악하고는 있지만 CEO는 아니다.

미국이나 유럽 기업은 전문경영인 체제다. 즉, 경영은 전문경영인에게 맡기고 진짜 주인은 그것을 평가하는 것이다.

중국에서는 도道를 통해 황제가 국가를 다스렸다. 굉장히 철학적으로 들리지만 그 논리는 무척 단순하다. 예를 들어 북방에서 유목민족이 쳐들어오면, 황제는 대신들을 모아 회의를 개최한다. 회의의 목적은 '북방의 유목민족을 어떻게 막을 것인가?'이다. 대신들은 황제에게 여러 가지 의견을 낼 것이다. 맞서 싸우자, 곡식을 주고 돌려보내자, 잠시 지켜보자 등등.

그러면 황제는 맞서 싸우자는 대신에게 이길 수 있는지를 되묻는다. 그리고 그 대신이 싸워서 이긴다고 장담하면 군사를 주어 싸우게 한다. 만약 그 대신이 싸워서 이기면 상을 내리고 지면 죽인다. 도道의 경영이란, 이처럼 남의 의견을 듣고 지도자인 자신이 판단하되 책임은 남에게 돌리는 것이다.

미국이나 유럽의 전문경영인 체제는 이런 중국의 도道 경영과 같다. 주주는 전문경영인에게 회사의 경영을 맡기고 주가에 따라 그를 계속 기용할지 해고할지 여부를 판단한다.

자본주의 사회에서 우리 대부분은 노예다. 쓸모가 있을 때만 쓰고 쓸모없으면 버려진다. 자본주의에서 진짜 주인은 바로 주주다. 주주는 경영은 남에게 맡기고 자신은 판단만 하면 된다. 그러나 개미인 우리는 대주주가 아니기에 경영진을 쫓아낼 수 없다. 따라서 떨어지는 주식은 팔아야 마땅하다. 맹목적으로 들고 있다가는 소위 물리고 만다.

그러나 주가가 떨어졌다는 표현은 참으로 모호하다. 주가는 떨어졌다가도 언제든 다시 오를 수 있기 때문이다.

그런 면에서 세계 1등 주식 투자는 꽤 쉽다. 주가가 떨어지면 1등 주식의 순위가 바뀌기 때문이다. 1등이 바뀌었는데도 그대로 들고 있다는 것은 제대로 된 주주권 행사의 기본을 모르는 멍청이와 같다.

가끔 주주가 노예가 되기도 한다. 어떤 주주는 떨어지는 주식을 들고 있으면서 팔지도 못한다. 오히려 전문경영인 또는 대주주의 노예가 되어 그들에게 지배당한다. 그들이 주가를 올려줄 것이라 맹목적으로 믿고 따른다.

그래서는 안 된다. 주주는 그와 반대여야 한다. 경영진을 갈아치울 수 없다면 주식을 팔아야 한다. 그것이 주주가 가지는 진정한 주인의 도리다.

결론

자본주의에서 주주를 제외한 모든 사람은 누군가의 노예다. 노예는 남에게 나의 목숨을 맡긴 사람이다. 주주는 남에게 책임을 지우고, 주주권 행사로 그들의 목숨을 살릴지 죽일지 판단하는 사람이다.

주식을 사고파는 판단은 주가로 하되 냉정하고 단호해야 한다. 그래야 냉혹한 자본주의에서 완벽한 주인으로 살 수 있다. 주식이 한 주도 없거나 주주의 권리를 포기한 대부분의 사람들은 자본주의의 노예다.

달러 투자가
애국이다

미국주식 투자는 곧 달러자산 투자다. 그런데 가끔 달러자산 투자에 죄책감을 느끼는 사람들이 있다. 한국이 아닌 미국주식에 투자해 돈을 버는 것에 양심의 가책을 느낀다는 내용이다. 하지만 결론부터 얘기하면 미국 주식시장에 투자하는 것이 애국이다.

제조업 중심의 한국 주식시장은 성장동력을 잃었다

우리나라의 주식시장은 제조업 중심이다. 그 이유는 한국이 선진국이 되면서 패스트팔로어Fast Follower 전략을 사용했기 때문이다. 패스트팔로어란 새로운 제품, 기술을 빠르게 쫓아가는 전략 혹은 기업을 의미한다. 반대말은 퍼스트무버First Mover, 트렌드세터Trend Setter가 있다.

한국은 선진국 기술을 모방하고 빠르게 베껴 대량생산으로 가격을 낮춰 세계시장을 공략해 왔다. 이처럼 패스트팔로어는 기초 과학기술이 없고 자본이 부족해 한국이 사용할 수 있는 최고의 전략이었다.

그러나 이 전략은 인건비가 올라가면 쓸모없어지고 만다. 대부분의 제조업 제품의 생산성은 인건비에서 나오기 때문이다. 중국, 인도와 같은 패스트팔로어가 등장하면 국제시장에서 경쟁력을 잃는다.

다행히 미중 무역전쟁의 여파로 한국의 핵심기술인 반도체 등은 보호를 받고 있다. 중국이 제재를 받고 있기 때문이다. 그러나 대부분의 전통산업은 중국과의 경쟁 때문에 망하기 일보 직전이다.

일례로 조선업은 전통산업이지만 미국의 군함건조 능력이 떨어져 미국으로부터 군함 수주를 받을 가능성이 크다. 그러나 석유화학, 철강, 건설 등 대부분의 산업은 가격경쟁력에서 밀려 점점 어려워지고 있다. 국민소득은 계속 올라가는데 인건비를 낮출 수 없으면 당연히 기업의 경쟁력은 떨어지게 되어 있다.

그러나 미국은 다르다. 미국은 애초부터 퍼스트무버다. 대부분의 20세기 발명품은 미국에서 나왔다. 게다가 2007년 스티브 잡스가 아이폰을 만들고 나서 세상은 혁신적으로 바뀌었다.

퍼스트무버의 장점은 독점이라는 데 있다. 엔비디아의 영업이익률은 무려 64.9%다. 이렇게 높은 영업이익률을 기록한 원동력은 바로 부르는 게 값이기 때문이다. 아무도 엔비디아의 GPU와 같은 칩 성능을 낼 수 없다. 따라서 대부분 제조업 기업의 영업이익률이 5%에 머무는 데 비해 엔비디아는 10배가 넘는 엄청난 영업이익률을 기록할 수 있었던 것이다. 퍼스트무버만 이룰 수 있는 혁신이다.

스마트폰이 지금까지 세상을 이끌어왔다면 앞으로는 인공지능의 시대가 열릴 것이다. 그런데 인공지능의 데이터센터를 짓는 비용이 천문학적이다. 그리고 인공지능 분야 천재들이 있어야 한다. 이 두 가지 모두 한국은 미국에 비해 절대적으로 불리하다.

미국이 이렇게 인공지능에 투자하는 이유는 바로 인건비 때문이다. 앞으로도 저렴한 인건비와 국가보조금을 이용해 미국을 따라잡으려는 국가가 있을 것이다. 그러나 인공지능으로 인건비를 획기적으로 낮출 수 있다면 제2의 중국은 나오지 못한다.

결국 인공지능이 미래의 패권전쟁 중심의 핵이다. 그러니 한국보다는 미국에 투자해야 한다. 개인은 물론 국민연금과 같은 국가자산도 마찬가지다.

원화 가치는 앞으로도 낮아질 수밖에 없다

한국은 제조업 중심 기업이 대부분이라고 했다. 그런데 제조업은 특성상 혁신이 일어나기 힘들다. 그리고 소프트웨어 기업보다 영업이익률이 낮을 수밖에 없다.

예를 들어보자. 선박을 만든다면 철강을 사오고 인력을 붙여서 배를 만들어 수출한다. 배를 만드는 기술은 그리 어렵지 않다. 따라서 중국이 국가보조금을 통해 단가를 낮추고 저렴한 인건비로 한국보다 더 싸게 만들 수 있다. 결국 배를 만드는 기업은 가격경쟁이 붙을 수밖에 없고 저가에 수주를 받을 수밖에 없다. 그러니 영업이익률이 5% 남짓에 불과하다.

그렇다면 한국이 중국과 가격경쟁력에서 앞서려면 어떻게 해야 하는가? 결국 한국은 환율을 높일 수밖에 없다. 한국은 원화 가치가 낮아져야 국제시장에서 제품경쟁력이 생기는 구조다. 따라서 한국인이 원화 자산을 들고 있으면 원화 가치가 낮아져 가난해진다.

반면 달러자산에 더 많이 투자할수록 국가의 자산도 커진다. 달러자산에 투자하지 않을 이유가 없다.

해외자산이 많아야 선진국이다

일본 상반기 경상흑자 119조원…17개월 연속 흑자(종합)

재무성이 이날 발표한 국제수지 통계(속보치)에 따르면 상반기 경상수지 흑자
규모는 작년 같은 기간의 7조9천668억엔보다 59.2% 증가했다.
_2024년 8월 8일자 연합뉴스

일본이 17개월 연속 경상수지 흑자를 기록하고 있다는 뉴스다.
그러나 일본의 무역수지는 규모가 적지만 적자다.

韓수출 역대 8월 최고치 경신…무역수지 15개월 연속 흑자

올해 8월 한국의 수출액이 579억달러로 8월 기준 역대 최대 실적을 기록했
다. 주력 산업인 반도체 수출이 월별 기준 사상 최대 실적을 내며 전체 수출 실
적을 끌어올렸다. 수출 호조 속에 무역수지도 15개월 연속 흑자를 이어갔다.
_2024년 9월 1일자 한국경제

한국이 15개월 연속 무역수지 흑자를 기록했다는 기사다. 두 개
의 기사를 비교해 보자. 무엇이 다른가? 그렇다. 일본은 무역수지가
적자인데도 경상수지는 흑자다. 한국은 무역수지도 흑자고 경상수
지도 흑자다. 그러나 일본의 경상수지를 따라가지 못한다.

일본은 중국이 뜨기 전까지 미국에 이어 세계 2위의 경제대국이

었다. 일본이 한창 잘나갈 때는 무역수지도 흑자였다. 그러나 선진국이 되면 인건비가 올라갈 수밖에 없다. 따라서 일본은 높은 인건비를 감당하기 위해 저금리 정책을 써야 한다. 일본의 버블경제가 꺼지면서 저금리 정책을 쓴 것도 사실이다.

그러나 인건비가 높은데 엔화마저 높다면 국제시장에서 타국에 비해 가격경쟁력이 떨어진다. 따라서 저금리 정책으로 외국 자본이 일본에 들어오지 못하게 하고, 일본 자본이 해외로 빠져나가게 해야 한다.

예를 들어 미국의 금리가 5%인데 일본의 금리가 0.25%라면 일본 사람들은 달러로 환전해서 미국채에 투자할 것이다. 이와 같은 저금리 정책은 엔화가 싸지는 효과를 발생시키고, 엔화가 싸야 높은 일본의 인건비를 상쇄할 수 있다. 그러면 일본 제품의 가격경쟁력이 높아진다.

그렇다면 해외로 나간 일본의 엔화는 어디로 갈까? 당연히 대부분의 투자처는 미국 자산이었다. 미국의 국채를 매입하고 부동산을 사고 미국주식을 샀을 것이다.

국채는 이자를 주고 부동산은 월세를 주고 주식은 배당을 한다. 이렇게 몇십 년 동안 꾸준히 투자한 일본의 자산은 일본이 무역수지 적자인데도 경상수지를 흑자로 만든 원동력이었다.

한국도 인건비가 높아지는 선진국이 되었다. 지금 한국의 기준금리는 미국보다도 낮다. 한국의 이자가 미국보다 싸야 외국 자금이 빠져나가고 한국의 자금도 해외로 빠져나간다. 그래야 원화 가치가 낮아져 한국에서 만든 제품의 국제경쟁력이 생긴다. 이는 선진국이 되면 일어나는 자연스러운 현상이다.

그리고 달러/원 환율은 자연스럽게 높아질 수밖에 없다. 향후 몇 십 년이 지나면 한국은 일본처럼 무역수지 적자, 경상수지 흑자가 될 것이다. 한국이 앞으로도 무역수지 흑자, 경상수지 흑자를 달성하려면 미국처럼 퍼스트무버가 되는 수밖에 없다. 그러나 미국과 이스라엘 정도를 제외하면 세계 어느 나라도 퍼스트무버가 되기는 힘들다. 이스라엘에는 미국의 실리콘밸리 자금이 들어가 이스라엘의 스타트업을 키우고 있다.

결론

달러자산에 투자하는 것이 애국이다. IMF 같은 위기상황에 처했을 때 해외에 있던 달러자산을 팔아 한국에 들여오면 위기를 진화할 수 있기 때문이다. 달러자산에 투자하는 것은 거스를 수 없는 흐름이다. 개인과 국가에게 모두 이익이다.

가장 어리석은 투자는
예측 투자다

친구 중에 바람둥이가 하나 있다. 이 녀석이 미팅을 나가면 꼭 써먹는 멘트가 있었다. 자신이 마음에 드는 여성에게 이렇게 말을 건넨다.

"우리가 여기서 이렇게 만난 것이 얼마나 대단한 인연인 줄 아세요?"

이 말에 궁금증이 든 상대방 여성은 "우리가 어떤 인연인데요?"라고 되묻는다.

그러면 그 친구는 이렇게 얘기한다. '불교에서 이승에서 스치는 인연이란 이런 것이다. 태평양처럼 넓은 바다에 통나무 하나가 둥둥 떠다니고 있다. 그런데 천 년에 한 번 바닷속에서 올라오는 거북이가 하나 있다. 그 거북이가 그 넓은 바다에서 마침 지나가던 통나무를 잡고 숨을 한 번 쉬면 바로 이승에서 스치는 인연이다. 그런데 우리가 이렇게 서로 만나서 얘기하고 있으니 우리는 얼마나 대단한 인연인가?'라고 말이다.

여기서 내가 하고 싶은 말은, 세상에서 일어나는 모든 일은 우연과 우연이 겹친 결과라는 뜻이다. 우유는 가공을 통해 버터, 치즈, 요구르트 등으로 변한다. 불교 관점에서 우유는 원인 즉 인(因)이다. 그러나 원인은 특정 결과만 가져오지 않는다. 어떠한 조건과 결합하느냐에 따라 결과가 달라진다. 여기서 어떠한 조건이란 연(然)이다. 즉 우유는 우연히 어떠한 조건을 만났을 때 버터, 치즈, 요구르트로 변한다.

연(然)이라는 조건은 우리가 알 수 없는 미래의 어떤 사건이다. 미래의 사건을 알 수 없기에 우리는 절대 예측이 불가능하다는 결론에 이르게 된다. 따라서 현재를 살고 있는 우리는 미래를 절대 예측할 수 없다.

여기에 딱 들어맞는 것이 바로 주식시장이다. 연초만 되면 증권사나 주식 유튜버들이 올해를 전망한다. 그러나 그들의 전망은 90% 틀린다. 왜냐하면 현재의 사건, 사고로 미래를 예측하기 때문이다.

주식이 오르고 떨어지고는 미래의 조건(然)과 결합하여 형성된다. 그러니 당연히 틀릴 수밖에 없다. 미래의 조건을 알 수 없기 때문이다. 미래의 조건이란 무엇인가? 갑작스러운 전쟁, 예상치 못한 관세

폭탄, 팬데믹, 물가의 변동 등이다. 우리는 이들의 미래를 전혀 알
수 없다.

결론

최선은 주가가 조건과 결합하여 주가로 나타날 때 실시간
으로 대응하는 것이다. 미래의 조건과 결합하면 주가는
반드시 변동한다. 그 변동이 미세하더라도 매뉴얼에 따라
주식 수를 조정하면, 미래에 어떤 일이 일어날지 우리는
알 수 없어도 피 같은 자산이 반토막 나는 엄청난 손실은
절대 입지 않는다.

2부

인생

○

10대에 공부를 해야 20대에 원하는 학과에 들어간다. 대한민국에서 학벌은 재산 형성뿐 아니라 사회적 지위와 사회적 관계를 형성하고 자존감을 높일 수 있기 때문에 매우 중요하다.

돈은 투자로 벌면 된다. 중소기업에 들어갔어도 투자 시기만 빠르다면 50대에 남들 명퇴당해서 자영업 할지 대리할지 배달할지 걱정할 때, 나는 돈이 주는 생활의 여유를 누릴 수 있다.

80대는 말한다. 건강이 제일 중요하다고.

우리가 불안한 이유는 미래가 막연하기 때문이다. 그러나 20대 학벌, 50대 재산, 80대 건강이라는 계획을 세우고 실천하면 불안하지 않다. 미리미리 준비하고 실천하자.

대한민국
의대 열풍의 원인은?

대한민국의 의대 열풍은 대단하다. IMF 이전까지만 해도 대학 중 탑은 단연 서울대였으나, 지금은 그 서울대가 지방 의대에도 밀린다. 그 원인은, 탈산업사회가 되면서 모든 국민의 미래가 불안해졌기 때문이다.

사실 나는 이런 현상이 일어날 줄을 이미 오래전부터 알고 있었다. 나는 학력고사 1등이 왜 서울대 물리학과에 가는지 이해할 수 없었다. 서울대 물리학과를 나와 잘되면 교수, 못되면 고등학교 물리 선생인데 말이다. 지방대라도 의대를 나오면 똑같은 의사다. 의사는 평생 면허증을 부여받기 때문에 먹고사는 데 지장을 받지 않는다. 결국 내 예상대로 요즘 공부 잘한다는 아이들은 의대에 진학한다.

산업사회에서는 대기업에 입사하는 것이 곧 기회였다. 그래야 돈을 많이 벌고 사회적으로 성공도 할 수 있었다. 1970년대에 대학을 나와 기업에 들어갔다면 사장까지 되었을 것이고, 사장이 되지 못하면 퇴직해서 계열사 등에 사장으로 영전이 가능했다. 반면 당시 의사는 안정적인 직업이었지만 지금처럼 돈을 많이 벌지는 못했다.

지금의 베트남은 1970년대 한국과 판박이다. 베트남에서 가장 인기 있는 과가 한국어과다. 베트남 근로자의 평균 월급이 약 30만 원쯤인데, 한국어를 할 줄 알면 월 200만 원은 충분히 번다. 현실이 이렇다 보니 대학에서 한국어과가 점수가 가장 높은 과가 되었다.

베트남도 탈산업사회가 진행되어 인건비가 올라가면 그때는 의사 같은 서비스업 중 전문직이 돈을 더 많이 벌게 될 것이다. 결국 대학 전공의 인기는 곧 돈이라는 사실을 알 수 있다.

산업사회는 일자리가 넘쳐나기 때문에 많은 인재가 필요하다. 이에 따라 학교가 우후죽순처럼 마구 늘어난다. 특성화 고등학교, 인문계 고등학교, 전문대, 대학교 할 것 없이 폭발적으로 늘어난다. 그러나 탈산업사회가 되면 많아진 학교에서 배출된 인원들이 갈 데가 없어진다. 인건비가 올라가면서 제조업 일자리가 해외로 빠져나가기 때문이다. 따라서 의사, 변호사처럼 수가 제한된 전문직 일자리와 대기업과 같은 양질의 일자리는 산업사회보다 1/10 정도로 격감

한다.

탈산업사회가 되고 실용학문이 인기를 얻게 되었다. 실용학문이 란 '의치한약수'와 같은 메디컬 계열이나 대기업에 들어갈 수 있는 공학계열, 혹은 교대 등이다. 다만 교대는 저출산의 영향으로 급격히 인기가 떨어지고 있다. 반면 어문계열, 사회계열과 같은 문과는 인기가 없다.

실용학문에 몰리는 이유는 취업이 잘 되고 직업으로써 권위가 있으며 망할 염려가 없기 때문이다. 학생과 학부모는 공부에 들인 시간과 노력, 돈을 생각하면 나중에 직업과 연봉으로 보상을 받기 원한다. 실용학문은 당연히 학생과 학부모의 기대를 충족시킨다.

그러나 그 외의 학문은 취업 장수생만을 양산한다. 그러다 끝내 취업하지 못하면 비정규직이 되거나 공시생, 취준생으로 남는다. 냉정히 말하지만, 요즘 같은 시기에 취업이 안 되는 과나 대학은 갈 필요가 없다. 돈 버리고 시간 버리는 일이다.

2022년 기준 대한민국의 대학진학률은 약 73.3%로 매우 높다. 대학을 못가면 사람 취급 못 받는 사회 분위기와 대학에 일단 들어가면 뭐라도 되겠지 하는 막연한 기대 때문이다. 결국 대학은 졸업했지만, 취업에는 성공하지 못하는 학력 공급과잉의 시대가 된 것이다. 학력이 공급과잉된 상태에서 양질의 일자리를 얻지 못한 이들이 갈 일자리는 파견직, 알바 같은 비정규직 일자리뿐이다.

이때 '남녀고용평등법'처럼 고용에서 남녀를 차별하면 안 된다는 법이 생긴다. 한국도 2007년 이 법이 생겼다. 일본의 경우도 1985년 한국의 남녀고용평등법과 비슷한 '남녀고용기회균등법'이 생겼다. 물론 유럽, 미국 등은 일본보다 먼저였다.

미국에는 '남성 및 여성평등급여법(Equal Pay Act of 1963)'이 있다. 같은 일에 대해 남녀에게 동일한 임금을 보장하는 법이다. 유럽연합에는 '남녀평등지침(Directive on Equal Treatment in Employment and Occupation)'이 있다. 동일한 일에 대해 남녀에게 동일한 임금 보장, 성별에 기반한 직업 차별 금지법이다.

당연히 이러한 법이 생기면 여성계는 환영한다. 그러나 이 법의 취지는 단순히 여성의 고용을 더 늘리자는 데 있지 않다. 결론부터 얘기하자면 탈산업사회에서 재계가 1/10로 줄어든 양질의 일자리 경쟁을 심화시켜 몸값을 후려치기 위한 수단이다.

남녀평등고용법이 실시되면 남자만 채용하던 직책에 여자도 지원한다. 산술적으로 지원자 수가 두 배로 늘어난다. 남자와 여자가 일자리를 두고 서로 경쟁하게 되는 것이다. 지원자가 늘어나면 고용조건은 더 열악해진다.

탈산업사회에서는 일부 혁신적인 기업을 제외하면 대부분의 기업들이 생산성을 올릴 방법을 찾지 못한다. 일반기업이 생산성을 향상시키고자 할 때 가장 손쉽게 꺼내드는 방법이 바로 인건비 절감이다.

서울에는 여성이 더 많다. 2023년 12월 기준 서울의 남녀 비율은 100명의 남자당 109명의 여자로 여성이 약간 더 많은 여초 도시다. 세부적인 비율은 다음과 같다.

남성: 5,324,724명 (49.7%)

여성: 5,368,124명 (50.3%)

서울에 여성이 더 많은 이유는 제조업보다 서비스업이 더 많기 때문이다. 여성은 제조업보다 서비스업을 더 선호한다. 여성은 지방에서 대학을 졸업했더라도 취직을 위해서는 서울로 올라올 수밖에 없다. 서울로 올라온 여성은 1인 가구가 된다. 1인 가구의 여성은 소비활동이 활발하다. 4인 가족이 생활할 때에 비해 여성 혼자 생활할 때 제약이 덜하기 때문이다. 즉 자신의 소비를 지적하는 가족이 없기 때문에 훨씬 자유롭게 소비한다. 그 외에도 SNS를 통한 과시 문화, 경제관념을 심어주지 않고 '오냐 오냐' 키웠던 586세대의 책임도 있다 하겠다.

현재 우리나라의 1인 가구는 여전히 증가 추세다. 제조업이 해외로 떠나 중산층이 붕괴된 시점에서 가구의 소비가 줄어 내수는 당연히 쪼그라들 수밖에 없다. 그러나 재계는 4인 중산층 가구가 덜 쓰는 소비를 대신해 1인 가구를 늘려 소비를 더 하도록 만들었다. 이것이 '남녀고용평등법'의 취지다. 즉 남녀고용평등법은 생산성이 떨어진 탈산업사회에서 재계가 고용을 경쟁시키고 소비를 진작하기 위해 만들어낸 법이라 할 수 있다.

탈산업사회는 산업사회에 비해 양질의 일자리가 현저히 적어진다. 그러나 산업사회 시절 과잉공급된 교육시스템은 양극화가 된다. 이것을 야마다 마스히로는 『희망격차사회』에서 교육 파이프라인의 누락이라고 표현했다. 청년은 어느 파이프라인에 들어갔느냐에 따라 자신의 미래가 결정된다. 의약계열이나 명문대에 들어간 청년은 그나마 파이프라인의 누락이 덜하다. 그러나 지방대나 전문대에 들어간 청년은 파이프라인의 누락으로 비정규직으로 전락한다.

파이프라인의 누락이 생기는 이유는 양극화다. 탈산업사회에서 핵심노동자가 되지 못하면 단순노동자가 될 수밖에 없다. 이러한 일자리 양극화의 시대에 핵심노동자가 되려면 유명대학이나 과에 들어가야 한다. 그렇기에 전 국민이 사교육에 올인하고 있는 것이다.

부모는 아이의 사교육비로 노후에 쓸 돈까지 쏟아붓는다. 그러나 이렇게 쏟아부은 사교육비는 부모의 등골을 휘게 만들고 부모의 노후를 위태롭게 만든다. 그 결과 파이프라인에서 누수된 청년들은 비정규직이 되고 빈곤으로 인한 청년, 노인의 자살 증가, 범죄율 증가 등이 일어난다.

결론

대한민국은 탈산업사회가 되어 선진국이 되었다. 참 좋은 일이다. 그런데 어찌된 일인지 오히려 삶은 더 힘들어졌다. 예전의 산업사회가 더 좋았다는 생각마저 든다. 그때는 이런 치열한 경쟁이 없었고, 가슴에는 꿈과 희망이 있었다. 누구나 취업이 되고 누구나 중산층이 되는 사회였기 때문이다. 탈산업사회가 된 지금, 경쟁에서 이기지 못한다면 산업사회를 통과 중인 나라로 이민을 가는 편이 나을지도 모르겠다. 현재 대한민국은 생존을 위해 의대 열풍을 넘어 광풍이 불고 있다.

31장

자존심 강한 사람이 성공하기 힘든 이유

자존심이란 자신의 가치를 존중하고 인정하는 마음이다. 그러나 자존심이 내포하고 있는 진정한 의미는 남과의 비교를 통해서 나를 비춰보는 데 있다. 그래서 자존심이 강하다는 뜻은 열등감이 강하다는 의미로 치환이 가능하다.

드라마의 주인공 중엔 대체로 이런 자존심 강한 스타일이 많다. 드라마 주인공은 없는 집안에서 자라 도움을 주겠다고 하는 재벌이 있는데 굳이 뿌리치고 자신의 힘으로 해보겠다며 고집을 피운다. 때로 드라마를 보는 동안 도움을 거절한 주인공을 바보라고 생각하며 조마조마한 감정을 느낄 것이다.

그러나 드라마니까 주인공은 온갖 역경과 고난을 물리치고 결국 성공한다. 그러나 냉혹한 현실 세계에서는 그런 기회가 오지도 않을뿐더러, 언제 다시 올지 모를 기회를 뿌리쳤다가는 실패한 인생이 되기 십상이다.

자존심이 강한 사람은 주로 하류계층이 많다. 없이 자랐기에 가지지 못한 것에 대한 트라우마가 지배한다. 그래서 물질적인 욕망과 가진 자에 대한 질투심이 매우 크다.

자존심이 강한 사람은 나를 끊임없이 남과 비교한다. 남과의 비교를 통해 나의 행복을 찾는다. 행복이 내가 아닌 남이 되니 행복할 수가 없다.

자존심이 강한 사람은 감정의 기복이 심하다. 남과의 비교를 통해 나의 기분이 결정되기 때문이다. 나보다 못한 사람을 만나면 거만해지고 나보다 잘난 사람을 만나면 비참해진다. 그러니 내 기분이 좋아지려면 어떤 사람을 만나든 나의 학력, 재산, 집안, 직업, 외모 등이 모두 좋아야 한다. 그러나 그것은 현실적으로는 불가능하다. 세상에 나보다 잘난 사람이 얼마나 많은가? 그러니 자존심 강한 사람은 남을 만날 때마다 감정이 조울증 환자와 같이 휙휙 바뀐다.

자존심이 강한 사람은 남과 만났을 때 다섯 가지 특징이 나타난다. 나보다 못난 사람을 만났을 때는 오만과 자만이 나온다. 오만은 자신의 능력이나 가치를 과대평가하고 남을 무시하는 태도이고, 자만은 자신의 성취에 만족하고 발전을 멈추는 태도이다. 얄팍하고 어린 감정이다.

남과의 토론에서 자신이 틀렸는데도 옳다고 고집을 부린다. 고집은 자신의 의견을 유지하고 남의 의견을 듣지 않는 태도이다. 무엇보다 자신의 무지를 남이 알아채는 것이 너무 싫다. 나보다 잘난 사람을 만났을 때는 기죽지 않기 위해 허세와 예민함이 나온다. 허세는 실제보다 자신의 능력이나 가치를 과장하는 태도, 예민함은 남의 평가에 지나치게 민감하게 반응하는 태도이다.

이 다섯 가지 감정은 나를 후퇴시키는 감정이다. 모르는 것을 인정하고 배우거나 잘난 사람과 친해져야 한 단계 발전할 수 있는데, 자존심이라는 방패가 이런 기회를 스스로 막아 버린다.

자존심이 강한 사람을 만나면 '내가 뭐 잘못한 것은 없을까?' '내가 뭐 실수한 것은 없을까?' 하는 생각들이 꼬리에 꼬리를 문다. 자존심이 강한 사람과는 가까워지기 전에 애초부터 멀리하는 것이 좋다. 친해지면 만날 때마다 그의 감정 기복에 내가 휘둘리게 되어 마치 야근을 한 것 같이 피곤해진다. 혹시 누군가를 처음 만났는데 만남 후에 감정 소모가 크고 피곤하다면 다시 만나도 될지 진지하게 고민해 보라.

성공으로 가는 길에서 왜 자존심이 방해꾼 역할을 할까? '성공=

자존심이지 않았나?' 우치다 타츠루에 의하면 자존심이 강한 사람은 '자기 결정, 자기 책임 이데올로기'가 강한 사람이다. '다른 사람에게 고개 숙이지 마라', '다른 사람에게 뭘 묻지 마라', '다른 사람에게 뭘 배우지 마라', '다른 사람에게 도움 받지 마라' 등이 자기 결정, 자기 책임 이데올로기다.

겉으로 보기에는 자립심 강한 사람처럼 보일 수 있지만 사실은 있는 것도 없고 아는 것도 없으면서 자존심만 강한 사람이다. 그래서 자존심이 강한 사람일수록 소심하고 뻣뻣하고 신경질적이고 예민하다.

사실 이런 '자기 결정, 자기 책임 이데올로기'는 상류 계층에서 하류 계층으로 교묘하게 세뇌되어진다. 우리가 흔히 보는 드라마도 세뇌의 일종이다. 드라마의 주인공은 온갖 고생을 자처하지만 그 모든 역경을 딛고 성공의 정점에 도착한다. 시청자는 이 모습에 감동한다. 자존심을 부리는 드라마 주인공의 열정은 나도 모르게 내 안에 주입되며, 자존심을 부리는 것이 쿨하다는 생각들이 내 안에 정착한다.

그러나 사회적 계층의 상승을 위해서는 반드시 자신의 무지와 무능력을 인정하고 받아들여야 한다. 내가 모든 것을 다 잘할 수도 없고 다 알 수도 없지 않은가? 나는 서두에서 가진 것이 없는 사람, 하류계층이 자존심이 강하다고 했다. 그런데 현실세계에서 가진 것이 없는 사람이 남의 도움 없이 나 혼자서 성공할 수 있는가? 남의 도움은 필수적이다. 하류계층은 인맥, 지식, 학력, 자본 등이 모두 절대적으로 부족하기 때문이다. 남에게 배우고 가르침을 받고 도움을 받아야 단단한 계층사회에서 효율적으로 상류계층으로 오를 수 있다.

그러나 자존심이 강한 사람은 남에게 가르침을 받거나 도움 받기를 거절한다. 남에게 도움 받는 일을 패배라고 생각한다. 없어도 있는 척 허세를 부리고 몰라도 아는 척 고집을 피운다. 그러나 성공을 위해서는 무릎이라도 꿇고 빌어서라도 성공의 비법을 전수 받아야 한다. 그렇게 해서라도 성공을 해야 한다.

소크라테스도 배움의 시작은 나의 무지를 아는 것에서부터 시작한다고 했다. 내가 모르는 것을 알아야 비로소 모르는 것을 알기 위해 배움을 시작할 수 있기 때문이다. 내가 모른다는 사실을 모른다면 배움을 시작조차 할 수 없다. 결국 이런 사람은 자신의 인생에 어떠한 배움도 가르침도 깨달음도 없을 것이다. 그리고 평생 하류계층에 고착된다.

비교를 하려면 어제의 나와 오늘의 나를 비교하자. 어제보다 오늘 내가 나아지려면 오늘은 더 많이 배워야 한다. 혹시 위대한 스승이나 멘토나 은인을 만난다면 반드시 도움을 받자. 그것이 쉽게 성공하는 길이다.

결론

사실 평범한 이들에게 배움의 통로는 책보다 좋은 것이 없
다. 위대한 스승이나 멘토를 현실에서는 만나기 힘들기 때
문이다. 매일 책을 읽지 않는 사람은 하류계층에서 벗어날
수 없다. 반드시 성공해서 아무것도 없이 자존심만 강한
사람보다는 가진 것이 많은 자존감 높은 사람이 되자.

한국에서
직장생활 잘하는 법

한국은 권위주의 사회여서 인간관계가 수직적이다. 위아래의 구별이 확실하여 동기를 빼고는 모두 위아래가 있다. 아랫사람은 윗사람에게 복종해야 한다는 것이 불문율이다. 스타트업을 포함한 일부 조직은 문화가 바뀌었다고 하지만, 여전히 대부분의 조직은 크게 바뀌지 않았다.

우리가 권위주의 사회인 이유는, 21세기 한국이 자유민주주의인 것은 맞지만 인간관계는 조선시대에 머물고 있기 때문이다. 조선시대에는 유교가 지배했다. 유교는 권위주의다. 권위주의는 인적자원을 수직적으로 서열화하고 명령에 따라 일사분란하게 움직이는 조직을 만든다. 유교의 기본 강령인 삼강오륜에서 오륜이 대표적이다. 오륜은 부자유친父子有親, 군신유의君臣有義, 부부유별夫婦有別, 장유유서長幼有序, 붕우유신朋友有信이다. 붕우유신을 빼고 나머지는 모두 수직관계를 뜻하며, 아랫사람으로 하여금 윗사람에게 복종하기를 강요한다.

한국의 조직은 대부분 유교적인 권위주의 조직이라 보면 된다. 여기에는 개인주의가 없다. 한국인이 조직에서 성공하려면 권위주의 조직에서 살아남은 법을 알아야 한다.

한국은 저맥락 사회인 서양과 달리 고맥락 사회다. 예를 들어 서양에서는 집에 온 손님에게 식사를 하겠냐고 물어봐서 "NO"라고 대답하면 밥을 주지 않는다. 그러나 동양에서는 식사를 했다고 하는 사람에게도 여러 번 먹기를 권한다. 집주인 입장에서 여러 번의 권고는 '배려'이고, 이런 주인의 배려를 통해 손님은 '눈치'를 배운다.

이렇게 고맥락 사회가 된 원인은 동양이 서양보다 가난했기 때문은 아닐까 생각한다. 동양은 벼농사를 짓고 서양은 밀농사를 짓는다. 벼농사는 밀농사에 비해 이웃의 협력이 더 필요하다. 따라서 이성보다는 감성이 논리보다는 정이 벼농사를 짓는 문화에 우선이다.

벼농사는 밀농사보다 단위면적당 훨씬 많은 인구를 부양할 수 있다. 인구가 많은 만큼 빈부의 격차도 심했다. 부자는 엄청난 부자였고 반대로 하층민은 무척 가난했다. 따라서 지배계층은 하층민에게 유교를 통해 겸손과 체면이라는 것을 교육시켰다.

빈부격차가 심해지면 폭동이나 혁명이 일어난다. 지배계층은 모든 백성에게 부를 골고루 분배해 줄 수 없었다. 따라서 유교라는 정치이념으로 겸손과 체면이라는 것을 백성들에게 주입시켜 불만을 잠재운 것이다. 그러니 동양에서 자신의 마음을 대놓고 드러내는 행위는 유교의 질서에 반하는 것이다.

유교에서 의사소통은 행동보다 마음이 중요하다. 의사소통을 할 때 직접적이고 명확하게 얘기하는 것을 금기로 여긴다. 체면을 차리고 돌려 말하며 상대방이 알아서 배려해 줄 것을 기대한다. 그렇기에 나는 체면을 차리는 중인데 남이 몰라주면 섭섭해진다.

윗사람도 마찬가지로 체면을 차리고 아랫사람이 알아주기를 바란다. 아랫사람이 몰라주면 원활한 사회활동을 할 수 없다. 상사는 이런 종류의 아랫사람을 눈치가 없다고 치부한다. 따라서 한국의 조직에서 성공하려면 눈치가 빠르고 상사의 명령에 절대 복종할 수 있어야 한다.

게다가 윗사람과 아랫사람을 구별하지 못하고 자신의 자리에서 처신을 제대로 못하면 버릇없는 놈으로 찍힌다. 예를 들면 윗사람이 퇴근하지 않았는데 아랫사람이 먼저 퇴근을 한다거나 회식에 불참하는 등의 사소한 행위만으로도 조직에서 찍히기 딱 좋다. 버릇

없는 놈으로 찍히면 향후 거래, 정보공유, 취직, 승진, 이익분배 과정에서 동료와 윗사람들에 의해 철저히 배제된다.

갈등 상황일 때도 마찬가지다. 유교는 세상을 조화와 화해로 본다. 그러니 갈등은 악이므로 부하가 상사에게 의견 차이를 대놓고 드러내는 행위는 안 될 일이다. 부하는 상사에게 자신의 뜻을 돌리고 돌려서 말해야 한다. 부하가 옳고 상사가 그르다 해도 마찬가지다.

대놓고 부하가 상사에게 반항과 저항을 했다가는 하극상으로 인식된다. 그럴 경우 상사뿐 아니라 다른 팀원에게도 문제아로 찍힌다. 당사자는 회사생활이 힘들어진다. 그러니 부하직원은 상사에게 웬만하면 간접적으로 우회하는 방식으로 의사소통을 해야 한다. 그래야 원만한 사람이라는 평가를 들어 조직생활이 편해진다. 유교는 갈등을 악으로 보니 갈등을 최소화해야 하고, 토론을 통해 이견을 좁히는 방식보다는 문제 상황을 덮기 원한다.

한국의 직장 관계는 공적인 영역뿐 아니라 사적인 영역에서도 계속된다. 상사의 취미가 골프라면 주말에 라운딩을 잡거나 낚시라면 같이 바다낚시라도 가야 한다. 회식 자리에서 2차가 끝나서 헤어질 때 이 대리는 김 부장에게 택시를 잡아준다. 그리고 상사의 집 근처 포장마차에서 술 한잔 같이하며 김 부장의 고충을 들어줘야 직장생활 잘하는 것이다. 다음날 이 대리는 김 부장의 배려로 사우나에서 쉬고 있는 동안 어제 회식에 불참한 박 대리가 이 대리의 업무를 대신한다.

요즘에는 그런 일은 없으며 업무만 잘하면 그만이라고 생각하겠지만 사실은 그렇지 않다. 회사가 항상 잘나갈 수만은 없다. 경기에 따라 호황과 불황을 반복한다. 호황일 때야 이 대리, 박 대리 모두 업무만 잘하면 관계없다. 그렇지만 불황일 때는 이야기가 달라진다. 사장은 김 부장에게 부서에서 필요 없는 인력을 구조조정하라는 지시를 내린다. 김 부장에게 살생부 칼이 주어진 것이다. 김 부장은 과연 자신과 친한 이 대리와 업무 잘하는 박 대리 중 누구를 자를까? 당연히 박 대리다.

박 대리와 비슷한 처지가 여성이다. 여성들은 회식 참여가 직장생활의 연장이라고 생각하지 않는다. 하지만 칼퇴근이나 회식 불참여는 눈치 없는 행동이다. 그래서 눈치 없는 여성이 연봉을 많이 받는 40대가 되고 승진을 못하면 구조조정 1순위가 된다. 여성 중에서도 아주 가끔 임원까지 올라가는 경우가 있다. 이렇게 성공한 여성은 웬만한 남성보다 더 한국적인 직장생활을 열심히 한 케이스다.

한국에서 직장생활을 잘하는 사람은 원칙을 잘 지키는 사람이 아니라 눈치가 빠른 사람이라 하겠다. 눈치가 빠른 사람이란 말하지 않아도 상대방의 마음을 헤아려 그에 맞게 행동하는 사람이다. 눈치가 빠른 사람은 절대주의적 가치관이 아닌 상대주의적 가치관을 가진 사람이다. 상대주의적 가치관이란 정해진 원칙을 따르는 것이 아닌 상대에 따라서 상황에 따라서 변하는 것을 말한다. 이는 유교의 영향이 크다.

왜 우리에겐 도덕성이 결여되어 있나?

아버지가 도둑질하면 아들은 신고해야 할까

섭공(葉公·초나라 대부)이 공자에게 말했다. "우리 마을에 몸가짐이 바른 자가 있으니, 그 아버지가 양을 훔치자 아들이 그것을 고발했습니다." 공자가 말했다. "우리 마을의 정직한 사람은 그와 다릅니다. 아버지는 아들을 위해 숨기고 아들은 아버지를 위해 숨겨주지만 정직은 그 가운데 있습니다."
_2013년 9월 6일자 주간조선

섭공이 공자에게 정직에 관해 물었다. 아버지가 양을 훔친 사람을 고발한 아들이 있는데 이것이 정직한 것이냐? 그러자 공자는 아들은 정직한 사람이 아니다. 오히려 도둑질한 아버지를 아들은 숨겨주어야 한다고 말한다. 유교에서 말하는 도덕이란, 법을 어기면서까지 아들은 아버지에게 도리를 다해야 한다는 것이다.

그래서 우리나라는 원리원칙대로 행동하는 원칙주의자는 도덕

선생 취급을 당한다. 이것은 결코 좋은 얘기가 아니다. 반대로 한국에서는 때와 장소에 따라 얼마든지 자신의 신념과 뜻을 바꿀 수 있는 사람이 환영받는다. 조직의 논리에 따라 상급자의 명령에 따라 얼마든지 규칙을 어길 수 있어야 한다. 그래야 유연성이 있고 임기응변이 뛰어나며 일 잘한다는 소리를 듣는다.

이처럼 도덕성이 결여된 인간의 가치관은 한국의 전통종교인 무교에서 나왔다. 지금은 무교를 믿는 사람은 별로 없을 것이다. 그러나 무교는 우리의 생활 속에 아주 깊이 자리잡고 있다. 조상의 무덤을 쓸 때 풍수지리를 보고 안 좋은 일 있을 때 점을 보는 문화가 무교의 문화다.

원래 세계 4대 종교인 기독교, 불교, 이슬람교, 천주교 등은 모두 물질적 욕망을 절제하는 사람을 이상적 인간형으로 가르친다. 그러나 한국의 무교는 세계적인 종교처럼 도덕적인 발전을 하지 못했다. 그래서 무교의 영향을 받아 삶의 목표가 매우 현실적이다. 개인과 가족의 건강, 일류대학이나 의대 합격, 좋은 직장 입사와 승진, 좋은 가문과 결혼, 물질적 풍요, 무병장수 등이다. 그래서 한국인의 가치관은 현실적, 물질적, 황금만능주의적이다.

개인의 삶에서도 도덕성이 결여되어 있다. 수단과 방법을 가리지 않고 삶의 목표를 이루려는 한국인의 특성은 무교의 영향을 받았다고 할 수 있다. 예를 들면 우리 고모들이 믿는 종교는 기독교다. 그런데 교회에서 아들 명문대 합격하게 해달라고 새벽기도하고, 재수하자 다음에는 절에서 탑돌이 하고 시주하고 약발이 안 먹히자 성당도 가서 미사도 드리고 원서 쓸 때는 무당에게 어느 대학을 써야 붙는지 신점을 친다.

나는 기독교에서는 자신 이외의 신을 믿지 말라고 했는데 교회 다니는 사람이 제사 때 찬송가 부르고 기도하는 모습을 이해할 수 없었다. 예전에 교회에서 목사님이 학력고사를 앞두고 기도할 때 우리 교회 사람들 시험 보면 다 합격시켜 달라고 했던 기억이 있다. 이처럼 자신의 개인적인 성공을 위해서는 수단과 방법을 가리지 않는다.

획일주의일 수밖에 없는 이유

권위주의는 획일주의를 낳는다. 획일주의에서는 보스의 명령에 따라 일사불란하게 움직여야 한다. 언제나 힘센 사람의 뒤에 줄을 서서 그 사람의 생각을 맹목적으로 추종해야 한다. 예를 들어 똑똑하던 사람이 정치권에 가서 보스의 거수기 역할을 하는 것을 보면 알 수 있다. 물론 한국에서 똑똑함이란 학벌이 좋다는 것이다. 그러나 학벌은 창의적인 것보다는 배운 것을 잘 외운 사람이니 똑똑한 것이 꼭 아닐 수도 있겠다는 생각은 든다.

한국에서 이러한 획일주의의 또 하나의 현상이 바로 유행이다. 한국인은 남들과 다르면 불안해서 참지 못한다. 롱패딩이 유행이면 무리에서 떨어지지 않기 위해 롱패딩을 입어야 한다. 호텔에서의 결혼식이 유행이면 형편이 안 되도 호텔에서 해야 한다. 남들이 본 영화 나만 안 보면 안 되니 5천만 명의 한국에서 천만 영화는 우습게 나온다.

이런 현상은 한국의 오랜 전통문화다. 조선시대에는 동네에서 누군가를 멍석말이를 하면 이유도 묻지 않고 덮어놓고 일단 패고 본다고 했다. 한국인은 무리와 반대되는 행동을 하려 하지 않고 남들이 하는 행동을 적극적으로 따라 하는 경향이 있다.

직장에서 성공하려면 학벌이 좋아야 한다. 연말 연초 대기업 임원 승진 명단을 보면 안다. 대기업에서 임원으로 승진하는 대부분의 사람들은 소위 SKY 대학을 나왔다.

왜 SKY를 나와야 임원 이상 승진을 할까? 그래야 정재계에 인맥이 많아 기업이 어려운 일에 처했을 때 줄을 댈 수 있기 때문이다. 그러니 일단 내가 직장에서 성공하려면 좋은 대학을 나와야 한다. 아니면 고향 선후배라도 많이 알아야 한다. 그래서 서울보다는 지방의 명문고 동문회가 더 끈끈하다. 골프채널에서 하는 고교 동창 골프 프로그램을 보면 지방 명문고가 상위권을 휩쓴다.

조직에서 누구보다 뛰어난 성과를 거둔다면 예외가 될 것이다. 고졸로 대기업 사장까지 올라 신화를 쓴 사람도 있다. 그러니까 신문에도 나고 나 같은 사람도 알고 있다. 그러나 그런 사람은 채 1%도 되지 않고 99%는 명문대를 나와 조직에 잘 적응한 사람이다. 대부분의 직장인들은 능력이 고만고만하다. 따라서 권위주의 조직에 잘 적응하는 자가 직장생활을 잘하는 사람이다.

결론

한국의 조직에서 성공하려면 위아래 구분을 잘해야 한다. 그리고 눈치가 빨라야 한다. 조직 내에서 어떤 사람이 힘과 재력이 있는지 빠르게 판단해서 줄을 타야 한다. 일단 줄을 섰다면 보스의 눈에 들어야 하고 무조건 그의 말에 맹목적으로 따라야 한다. 학교에서 모범생이 사회에서도 모범생이 되는 건 아니다. 차라리 군대에서 적응 잘하는 눈치 빠른 스타일이 직장에서도 끝까지 살아남을 가능성이 크다.

결혼은
현실이다?

대한민국의 저출산은 매우 심각하다. 정부에서 지속적으로 저출산 대책을 내놓고 있지만 백약이 무효다. 우리나라처럼 황금만능주의가 팽배한 국가는 저출산이 당연하기 때문이다. 황금만능주의는 결혼, 출산에 관한 모든 것을 비용과 수익으로 계산하기 때문에 자신에게 손해면 결혼도 하지 않고 아이도 낳지 않는다.

국민

국민들은 아이를 낳지 않으려 한다. 아이를 낳으면 대학까지 보내야 하고, 대학도 메디컬이나 명문대를 보내야 한다. 그러므로 엄청난 사교육비가 발생한다.

대부분의 국민들이 자산을 아이들 사교육비로 쓴다면 결국 자신의 노후는 대비하지 못할 수 있다. 그러니 수익보다 비용이 큰 상황이다. 결론이 나온다. 아이를 낳지 않는 편이 이득이다. 만약 아이를 낳으려는 사람이 있다면 사교육비를 쓰고도 노후준비가 충분히 가능한 일부 고소득층에서 가능하다.

국가

아이를 낳으라 한다. 비용은 대부분 국민이 지불하지만 수익은 국가가 보기 때문이다. 국민연금은 적게 내고 많이 가져가는 구조다. 따라서 베이비붐 세대와 X세대 등 우리나라에서 인구비중이 높은 연령대가 은퇴하면 국민연금은 고갈될 수 있다. 그런데 아이를 많이 낳으면 아이들이 커서 국민연금에 가입할 테니 국민연금의 고갈을 늦출 수 있다. 그 외에도 아이를 적게 낳으면 국방력 저하, 내수소비 감소 등으로 국가경쟁력이 저하될 수 있다.

결국 국가는 국민이 아이를 더 많이 낳아야 이득이다. 그래서 아이를 낳으라는 대책을 매일 내놓는 중이다.

개인은 왜 결혼을 하지 않을까? 결혼은 현실이라는 말이 있다. 주로 여자들이 많이 하는 말이다. 연애 따로 결혼 따로라는 말로 치환

할 수 있다. 사랑하는 사람이 아닌 조건에 맞춰 사랑 없이 결혼한다는 얘기다. 물론 모든 여성이 그렇다는 뜻은 아니다. 하지만 '결혼이 현실'이라는 사람이 주장하는 결혼은 사랑이 아닌 수익과 비용으로 계산한 결과다.

결혼이 현실이라 주장하는 결혼 적령기 여성이 있다고 가정해 보자. 이 여성은 사랑하지만 가난한 남자친구를 버리고, 결혼정보회사를 통해 돈 많고 전문직인 남자와 사랑 없이 결혼하겠다는 마인드가 짙게 깔려 있다. 그러니 여성의 결혼 자체가 늦어지고 결혼할 사람 또한 적다.

결혼 연령도 늦어져 20대에 결혼하는 비율이 급격히 줄어들었다. 30대는 되어야 결혼을 결심한다. 그러나 결혼을 하지 않더라도 부모님과 같이 살면 되니 굳이 결혼할 이유를 절감하지 못한다. 결혼 자체가 늦고 이 또한 경제력이 좋은 사람을 만나지 못한다면 꼭 할 필요가 없으니 자연스럽게 우리나라 출산율은 폭망 수준이다.

상향혼

결혼이 현실이라 생각하는 여자들은 대부분 상향혼을 원한다. 웬만한 여자들은 대학을 나왔다. 그러니 남자는 결혼을 하려면 무조건 대학을 나와야 하고 대학 중에서도 명문대를 나와 대기업에 재직하거나 전문직은 되어야 결혼이 수월하다. 거기에 외모, 집안, 키, 자산 등 조건을 본다면 배우자를 찾기는 극히 힘들어진다. 그래서 결혼정보회사에 수천만 원을 주고서라도 자신이 원하는 남자와 결혼하려 주말마다 맞선을 본다. 하지만 자신이 원하는 남자는 어리고 예쁜 여성을 원하니 매치가 안 된다.

상향혼을 원하는 여자들이 많으니 당연히 대한민국은 일본처럼 정책적으로 남자에게 정규직을 몰아줘야 한다. 그리고 여자는 일본처럼 비정규직이나 아르바이트가 되어야 한다. 그래야 여자들이 원하는 상향혼을 할 남자가 많아진다.

그러나 한국은 구직에 있어서 남녀평등을 넘어 여성고용할당제 등으로 오히려 여성 우대를 하고 있다. 따라서 좋은 직장을 가진 남자의 수는 점점 줄어들고 있다. 결국 상향혼을 할 여자는 많지만 그에 부합할 수 있는 남성의 수는 극히 적다. 미혼 남녀가 늘어나는 것이 대한민국의 현실이다.

법

대한민국의 법은 갈수록 남자에게 불리해지고 있다. 가정주부로 살아도 이혼을 하면 5년 후에는 남편의 재산 25%, 10년 후에는 50%를 가져갈 수 있고 국민연금도 반으로 나눠야 한다. 게다가 이혼 시 집의 명의가 남자에게 있고 이것이 전 재산이라면 이혼한 부인에게 반을 줘야 한다. 문제는 집을 팔고 나서 양도세는 남편 몫이란 것이다.

이러니 기본적으로 재산이 있는 남자라면 재산이 비슷한 동질혼을 추구한다. 상향혼을 하려는 여자와 동질혼을 추구하는 남자의 결혼 미스매치가 갈수록 심해지고 있는 것이다.

사회 분위기

사회 분위기는 결혼을 하려는 남자에게 바라는 바가 더 많다. 즉 남자가 손해를 봐야 한다는 얘기다. 예를 들어 남자는 집, 여자는 혼수라는 공식이다. 사실 남자는 군대 때문에 사회 진출이 늦고 남녀평등의 구직 특성상 남자가 오히려 불리하다. 따라서 재산 형성이 늦고 취업이 쉽지 않다. 그런데도 내 집 마련이라는 큰 부담을 져야 한다.

남자는 집, 여자는 혼수라는 공식은 예전의 공식이다. 예전에는 집값이 요즘처럼 비싸지 않았고 2000년대 초반만 하더라도 남녀가

20대에 모두 결혼을 했다. 여자가 3,000만 원 정도만 해오면 남자는 4,000만 원 정도의 작은 아파트 전세를 얻을 수 있어서 부담이 없었다. 여자 또한 어린 나이에 시집을 왔기 때문에 돈을 모을 기회가 거의 없었다. 그러니 이런 공식이 성립할 수 있었다.

그러나 결혼이 현실이라 얘기하는 여자는 빌라나 원룸에서 신혼살림을 할 생각이 거의 없다.

남자는 집, 여자는 혼수라는 공식은 이미 철 지난 공식이다. 이젠 결혼을 하려면 남녀가 같은 수준의 재산을 가져와야 한다. 이렇게 사회적 인식이 바뀌고는 있지만 아직도 대부분은 남자가 더 부담하는 것이 사실이다.

결혼 공식이 현재에 맞게 바뀌어 간다면 결국 대한민국은 상향혼은 점점 더 힘들어지고 유럽이나 미국처럼 동질혼이 대세가 되어갈 것이다.

재산

요즘은 남자들이 약아서 여자에게 재산이 없다면 결혼을 하지 않는 경우도 흔하다. 예를 들어 여자와 남자의 학력 수준이 비슷한데 여자가 남자보다 훨씬 적은 재산을 가지고 있다면 남자는 어떤 판단을 할까? 결혼하지 않는다.

남자는 여자가 사회 진출이 빨랐는데도 적은 재산을 가지고 있다면 경제관념이 없는 여자라고 판단한다. 경제관념이 없다는 것은 자신의 월급을 저축이나 투자가 아니라 여행, 레저, 소비로 썼을 가능성을 높게 본다. 실제로 경제관념이 없는 여자와 결혼한다면 아무리 전문직이라 하더라도 돈을 쓰자고 덤비면 아무것도 남아나지 않을 것이다.

재산이라는 것의 특성상 경제관념 없이 돈을 모으고 불리기는 거의 불가능하다. 재산을 모으고 불려본 경험이 없는 여자가 결혼 후에 갑자기 재산을 잘 관리할 가능성이 얼마나 될까. 따라서 남자가 여자의 재산 정도에 따라 경제관념을 판단하는 것은 합리적이다.

아이

결혼이 현실이라는 여자가 조건에 맞춰 결혼했다고 가정하자. 여자는 사랑 없이 결혼했으니 당연히 아이를 낳고 싶지 않다. 사실 결혼이 현실이라 생각하는 여자는 남편이 아닌 자신에게 용돈을 대줄 아빠를 찾았던 것이다. 부모는 늙고 병들고 죽는다. 게다가 은퇴를 한 후 나날이 지갑이 얇아지고 있다. 그러니 남편이 아닌 자신에게 용돈을 주고 생활비를 대줄 젊은 아빠를 찾는 중이다. 여자는 남편의 아이를 낳을 생각이 없으며 집에서 가정주부로 살면서 편하게 살 생각뿐이다.

결혼이 현실이라는 여자들에게는 그래서 패턴이 있다. 결혼 초기에는 맞벌이를 한다. 회사생활은 나이가 들수록 점점 더 힘들어진다. 결국 여자는 아이를 낳는다는 핑계로 회사마저 그만두고, 남자 혼자 싱크로 외벌이 전선에 내몰린다.

물론 아이 낳을 생각이 아닌 회사 그만둘 생각으로 아이를 낳는다고 얘기한 것이다. 그래서 회사를 그만둔 다음 남편에게 아이를 낳지 말자고 얘기한다. 남편은 아이를 낳지 않을 것이라면 결혼은 왜 했냐며 황당해한다.

물론 대한민국에는 사랑 하나만 보고 결혼하는 여자들도 많다. 그러나 '결혼은 현실'이라는 사람의 생각은 결혼을 철저히 비용과 수익 측면에서만 생각하고 절대 손해보는 장사는 하지 않으려 한다.

이러한 사회 분위기 속에서 육아는 힘든 일이라 전제한다. 정부가 내놓은 출산정책의 근본은 '아이를 키우는 일은 즐겁지 않고 애써 견디고 있다'고 가정한다. 그래서 보육비 지원, 주택부담 완화 등과 같은 비용적 측면에서의 대책만 있다.

국가는 '아이는 비용이 많이 들어가고 키우기 까다로운 달갑지 않은 존재'라는 사실을 가정한다. 결국 국민 개개인은 아이를 낳는 것이 이득인지 손해인지 계산하고 대부분 출산을 포기한다.

결혼에 대한 우리의 선택은?

자본주의 선진국에서는 이해득실을 기준으로 생각하는 사람들이 대부분이다. 따라서 선진국에서 인구가 감소하는 것은 당연한 현상이다. 미국은 예외인데 전 세계에서 미국으로 이민을 많이 가기도 하고 남미 등에서 불법 이민자가 늘고 있어서다. 미국의 백인 중산층 인구비율은 매년 감소중이다. 1970년대 백인 중산층의 인구 비율은 약 44%였으나 2020년 기준 약 28%로 감소했다. 대한민국은 이대로 간다면 노인 인구 비중이 20%를 넘는 초고령 사회로의 진입이 예상된다.

결혼에 관해 우리는 어떤 선택을 해야 할까? 일단 결혼은 현실이란 말은 헛소리다. 사랑 없는 결혼은 반드시 실패한다. 꼭 이혼이 아니더라도 결혼은 현실이라는 생각은 시작부터 실패한 결혼이다.

결혼은 현실인 여자가 왜 남편을 선택했을까? 여자는 사랑 없이 결혼했다. 결혼의 조건은 남편을 ATM 기기로 봤기 때문이다. 그러나 문제는 사람은 환경의 동물이라는 점이다. 남편이 억대 연봉에 전문직, 서울에 자가 아파트가 있어도 2, 3달만 지나면 익숙해진다. 더 이상 조건이 좋아보이지 않고 당연하게 생각한다. 그리고 남편의 단점이 보이기 시작한다. 작은 키, 볼품없는 외모, 전 남자친구와의 비교가 시작된다. 결혼이 익숙해지는 그때부터 지옥의 시작이다.

돈을 못 번다면 남편으로서의 의미가 없다. 남편이 실업, 파산을 하거나 병을 앓게 된다면 이혼은 필수다. 사랑 없이 결혼했으니 남편의 아이를 낳는 것도 달갑지 않다. 밥 해주기도 귀찮고 시댁 또한 마뜩잖을 것이니 결혼 후 시댁과의 사이도 좋지 않다.

사사건건 부딪치다 결국 재산 분할을 노리고 이혼을 하거나 사랑 없이 불행한 결혼생활을 지속하게 된다. 결혼은 현실이라는 여자와 결혼한 남편이 최대의 피해자다.

한국은 물질만능주의, 황금만능주의 사회다. '모로 가도 서울만 가면 된다'는 속담이 있다. 어떤 일이든 수단과 방법을 가리지 않는다는 뜻이다. 여성이 속이려고 작정하고 덤비면 남자는 알 수가 없다. 남자는 결혼해서 자식 낳고 돈 모아 노후준비를 하려는데 이런 여자 만나면 아이도 없고 재산도 잃는 상황이 될 수 있다. 따라서 남녀 모두를 위해서 이런 여자와는 최대한 결혼하지 말아야 한다.

결혼을 현실이라고 생각하는 사람과 결혼한 부부는 모두가 불행이다. 시작부터 이미 실패다. 결혼은 비용과 수익의 관계가 아니다.

특히 사랑하는 내 아이와 만나는 과정을 경제적으로 따지는 것은 더
더욱 아니다.

결론

결혼은 현실이라 생각하는 사람은 결혼을 하지 말아야 한
다. 내가 세상에 온 이유가 무엇일까? 나는 아이를 낳고
삶의 의미를 깨달았다. 만약 아이를 낳지 않았다면 지금
의 나는 없었을 것이다. 아이는 비용과 수익으로 계산할
수 없는 축복이다. 나는 세상에 태어나서 아이를 낳은 일
이 가장 잘한 일이라 생각한다. 결혼은 현실이라는 말은
헛소리라 생각한다.

한국은
정말 평등사회인가?

한국은 평등사회지 신분사회가 아니다. 한국에서 신분은 갑오경장, 한국전쟁을 거치면서 사라졌다.

프랑스의 몽테뉴는 보르도의 귀족이었다. 몽테뉴의 영지와 대저택을 소유하게 된 사람은 그의 증조부였다. 그것만으로는 귀족이 될 수 없었다. 아들은 교육에 전 재산을 투자했고 손자가 국왕, 귀족과 함께 전쟁에 나갔다. 그리고 몽테뉴 대에 이르러 마침내 몽테뉴는 선천적인 귀족으로 인정받는다. 신분사회에서 우연히 신분이 상승하는 일은 거의 없다. 그런 면에서 한국은 평등사회다.

신분이 사라진 한국사회는 평등사회가 되었다. 설이나 추석 등 명절이면 모두 제사를 드리며 마치 양반의 자손인 듯 흉내를 낸다.

하지만 사실 조선시대 진짜 양반은 인구의 4%에 불과했다. 그러나 지금은 모두 제사를 드리고 있으니 모두 양반이고 왕족의 후손이다. 겉으로 보기에는 평등사회다.

그러나 평등사회라고 해서 모든 사람이 평등하다는 의미는 아니다. 한국은 신분사회는 아니지만 눈에 보이지 않는 계급이 존재하는 계급사회다.

한국에서 계급을 결정하는 것들

우리나라에서, 비록 보이지는 않지만 분명히 존재하는 계급은 무엇으로 결정되는가? 바로 돈이다. 중산층 기준이 돈으로 결정되듯이 우선 돈이 기본이다. 그러나 돈만 있다고 계급이 높아지는 것은 아니다. 학력이 높아야 하고 직업도 좋아야 한다.

결혼정보회사에 가면 직업 중 갑이 의사다. 의사가 돈을 많이 벌기는 하지만 그렇다고 의사가 부자는 아니다. 그런데 어찌 된 일인지 수백억 대 프랜차이즈를 경영하는 사업가보다 의사의 인기가 더 높다.

의사는 돈과 명예가 있기 때문이다. 반대로 사업가는 언제든 망할 수 있기에 직업적으로 불안하다 생각한다. 그래서 의사가 갑이다.

한국은 물질만능주의 사회다. 과거 사람들은, 의사란 사람의 생명을 살리는 가치 있는 일을 하는 사람이라 생각했다. 하지만 지금은 돈을 많이 버는 직업으로 인식한다. 그래서 인기가 있다. 요즘에는 초등학생들도 그렇게 생각한다. 초등학생들에게 왜 의사가 되고 싶은지 물으면 돈을 많이 벌기 때문이라고 대답한다.

돈이 아니라면 예전에도 의사의 인기가 높았어야 했다. 그러나 산업사회 때에는 서울대 공대가 웬만한 인서울 의대보다 인기가 높았다. 대기업에 들어가서 사장이 되면 의사보다 더 많은 부를 얻을 수 있어서였다.

그러나 IMF 이후 인식의 변화가 생겼다. 안정이 중요해졌다. 의사는 안정적이면서 돈도 많이 벌기에 인기가 있는 것이다.

현대 한국사회의 노동철학은 '가장 적은 노력으로 가장 많이 벌 수 있는 것이 좋은 노동'이다. 예를 들면 주식, 부동산 투자 등이다. 그래서 재테크 카페에 가보면 사람이 그렇게 많고 부동산 호황기에는 부동산 책이 베스트셀러를 휩쓴다.

한국에서 높은 계급을 차지하기 위한 경쟁은 공정한가?

그렇다면 높은 계급을 차지하기 위한 경쟁은 공정한가? 평등이 누구에게나 성공의 기회가 열려 있다는 뜻은 아니다. 더구나 기회가 공정하다는 뜻도 아니다. 실제 공부에서도 일에서도 부에서도 공정이란 단어는 존재하지 않는다. 처음부터 혜택을 누리는 사람이 있고 불리한 조건을 가지고 출발하는 사람이 있다.

한국은 명목상 평등사회라 한다. 그래야 승자가 모든 것을 독식해 놓고도, 패자가 길바닥에 널브러져도 오로지 본인 책임이라고 떠넘길 수 있는 것이다. 승자가 될 기회는 누구에게나 열려 있다고 말하지만, 실상 계급사회에서 공정한 경쟁이란 있을 수 없다.

학력이 높고 높은 사교육비를 부담할 수 있는 중산층 이상은 자녀를 공부시키는 데 있어서 유리하다. 부자의 자녀는 상대적으로 취직도 쉽다. 실제 은행은 40억 원 이상의 자산가 자녀들에게 은행 취업을 알선하거나 중매를 서기도 한다.

큐레이터는 전시회를 기획하고 단순히 미술품을 소개하는 사람이 아니다. 큐레이터의 연봉도 3,000만 원대로 낮다. 부모가 미술품을 통해 재테크를 할 수 있을 정도의 사업가, 재력가여야 돈을 벌 수 있는 직업이다.

미술품은 양도가액이 6000만원 미만이면 비과세 된다. 양도가액이 6000만원을 넘더라도 세금 부담이 크지 않다. 양도가액의 80~90%를 필요경비로 공제해주기 때문이다. 양도가액 1억원까지는 90%를 필요경비로 인정하고, 1억원 초과 금액에 대해서는 양도가액의 80%를 빼준다. 1억원 초과 미술품의 보유 기간이 10년 이상인 경우 90%를 적용한다. 필요경비 공제율이 이처럼 높은 건 해외에 비해 규모가 작은 국내 미술 시장의 거래를 활성화하려는 취지에서다.

_2023년 9월 3일자 한국경제

1억 원까지는 90%를 필요경비로 인정하고 1억 원 초과 미술품도 10년 이상 보유하면 필요경비를 90%까지 적용한다. 즉 미술품을 사고팔아 세금 재테크를 할 수 있는 부자 부모를 둔 사람이 큐레이터를 하는 것이다.

만나는 사람이 부자라고 자동으로 부자가 되는 것은 아니다. 오히려 부자를 상대해야 하기에 옷차림과 같은 씀씀이가 커져 가난해지기 쉬운 직업이다.

요즘도 그런지는 모르겠지만 각종 관공서, 대기업에 들어갈 때 부모를 비롯한 일가친척의 직업을 기재하는 경우가 있었다. 그만큼 재력과 권력이 있는 부모의 자녀는 취직에서도 유리하다.

재력과 권력이 없으면 학벌이라도 좋아야 한다. 그래야 선후배, 동기 등을 통해 대관업무를 할 수 있기 때문이다. 이번 국회의원 선거에서 서울대 출신이 100명이 넘는다고 한다(학부, 대학원, 최고위 과정 포함). 상황이 이렇다 보니 한국의 부모들은 자녀의 학벌과 직업을 높이기 위해 자신의 노후자금을 자녀의 사교육비에 올인하는 중이다.

게다가 계급사회가 되어야 할 이유가 반드시 있다. 그 이유는 글로벌 자본주의다. 글로벌 자본주의는 빈부격차가 벌어져야 세계를 상대로 사업을 할 수 있다. 학벌이 떨어지고 경쟁에서 뒤처진 사람들의 노동력을 싼값에 쓸 수 있어야 저가의 노동력으로 제조원가를 낮출 수 있다.

예를 들어 부자가 자신의 돈을 가난한 사람들에게 나눠주면 어떻게 되나? 노동력을 팔지 않으면 안 되는 가난한 사람들을 최저임금으로 고용할 수 없게 된다. 따라서 그들에게 일을 시키기 위해서는 더 많은 돈을 줘야 한다. 인건비가 올라간다. 그러니 글로벌기업은 해외로 공장을 옮길 수밖에 없다. 글로벌기업이 빈부격차를 환영하는 이유가 여기에 있다.

한국에서 성공방정식은 무엇인가?

①집안, 지역

어느 집안, 지역에서 태어났느냐는 출세의 결정적 요소다.

②학벌

어느 학교를 다니고 누구를 아느냐에 따라 성공의 사다리를 오를 수 있다.

③실력

그리고 나서야 실력이다. 실력으로 성공하기가 제일 힘들다는 뜻이다.

한국에서는 패자부활전이 힘들다. 좋은 집안에서 태어나지 않았다면 좋은 학벌과 직업을 갖기도 쉽지 않다. 따라서 한번 뒤처지면 역전이 힘들고, 결국 성공도 멀어진다.

그러나 사회는, 규칙은 공정하고 평등하다고 말한다. 그래야 실패의 책임을 패자에게 뒤집어씌울 수 있기 때문이다. 그렇기에 어떤 수단과 방법을 써서라도 성공해 보겠다는 사람들이 많아지고 갖가지 탈법적 방법을 쓰는 사람도 많아진다.

결론

세상은 평등하지 않다. 세상이 원래 그렇다. 그렇다고 평생 남 탓만 하며 패배자로 살라는 뜻은 아니다. 반대로 어떤 수단과 방법을 써서라도 성공하라는 뜻도 아니다. 세상의 불평등을 인정하고 그것을 극복해야 내 인생에 진정한 성공이 온다. 인생에 있어 진정한 성공은 꼭 돈과 사회적 지위에 있지 않다.

똑똑한 놈이 되는 법

세상에는 세 종류의 사람이 있다. 똑똑한 놈, 보통인 놈, 멍청한 놈.

똑똑한 놈은 맞기 전에 피하고, 보통인 놈은 맞은 다음 다시는 안 맞기 위해 피하고, 멍청한 놈은 맞고 나서 같은 상황에서 또 처맞는 놈이다. 사실 세상에서 똑똑한 놈은 아주 드물고 보통인 놈은 많지 않으며 멍청한 놈은 천지다.

나는 요즘 보통인 놈으로 조금씩 바뀌는 중이다. 일단 일상생활에서 보통인 놈이 되려고 실천하고 있다. 누가 나에게 "자신은 무엇이 싫다"고 하면 기억하고 있다가 그 사람과 다시 만나면 대부분 그렇게 하지 않으려고 노력하는 편이다. 예를 들어 누군가가 나에게 "음악을 크게 틀어 놓는 것이 싫다"고 말하면 기억하고 있다가 그 사람과 함께 있을 때는 이어폰으로 음악을 듣는다.

보통인 놈으로 바뀌는 것도 아주 쉬운 일은 아니다. 내 생활습관을 바꿔야 하기 때문이다. 사실 투자에 있어서 내가 보통인 놈이 되는 경험은 여러 번 있었다.

①매뉴얼

2018년 10월, 주식시장이 30% 떨어지며 패닉에 빠졌을 때 나는 아무 기준 없이 샀다 팔았다를 반복하다가 3억 원 정도를 날렸다. 그리고 다시는 처맞지 말자고 생각해 밤을 새워 매뉴얼을 만들었다. 당시에는 나스닥 지수에 -3%가 뜰 때 전량 매도한다는 아주 간단한 룰을 만들었지만 2020년 코로나 위기 때 제대로 써먹었다. 이후 매뉴얼은 수정에 수정을 거듭해 지금은 리밸런싱과 숏까지 치면서 헤지까지 하고 있다. 덕분에 하락장이 와도 스트레스 없이 마음 편한 상태를 유지할 수 있다.

②부동산

나는 주식투자자로 변신하기 이전에는 부동산투자자였다. 그런데 나는 부동산투자가 너무 싫었다. 부동산은 내 마음대로 할 수 없었기 때문이다. 한번 잘못 산 부동산은 팔고 싶어도 팔 수 없었다.

경매로 넘기기 전까지는 그냥 갖고 있어야 했다.

사실 나는 잘못 산 부동산을 30% 세일가에 팔고 싶을 때도 여러 번 있었지만 그러려면 신용불량자가 되는 수밖에 없었다. 대출 때문이었다. 대출을 갚기 전에는 경매로도 넘길 수 없다. 대출이 있는 상태에서 때에 따라 다르지만 대출금을 갚지 않고 경매로 넘기면 바로 신용불량자가 된다. 그러니 울며 겨자 먹기로 보유하고 있는 경우가 있었다.

하지만 주식으로 넘어오고 나서는 스트레스가 싹 사라졌다. 주식은 팔고 싶을 때 얼마든지 팔 수 있으니 전혀 스트레스가 없다.

그 외에도 부동산이 힘들었던 이유는 세입자였다. 세입자 상대도 싫지만 가장 싫은 것은 세입자가 내 노후를 책임질 수 있을까 하는 걱정이었다. 한국의 어떤 세입자도 세계 1등 주식보다 안정적이지 않다.

다만 세계 1등 주식은 변동성이 약점인데 매뉴얼로 커버할 수 있다. 그래서 주식으로 넘어오고 나서는 마음이 매우 편하다. 나는 투자에 있어서 한 번 맞은 것은 반드시 기억하고 다시 맞지 않으려고 철저히 계획해 대응하고 실천한다.

③케톤식 식습관

나는 2023년 잘못된 식습관 때문에 당뇨 경계까지 올라갔다. 2022년만 해도 당뇨 수치가 80으로 정상이었다. 그런데 하루에 한 끼를 먹는다고 하면서 잘못된 식습관으로 1년을 보냈다. 예를 들어 한 끼를 배불리 먹겠다며 라면 두 개를 끓여 먹는 식습관이었다. 2022년 내내 탄수화물을 무지막지하게 먹었더니 당뇨 수치가 경계 수준인 104까지 올랐다.

유튜브와 책을 찾아보다가 케톤식으로 바꾸고 탄수화물, 액상과당, 과일 등을 끊고 단백질, 채식 위주로 바꾸었다. 지금은 체중도 정상을 유지하고 있으며 당뇨 수치도 떨어졌고 탄수화물을 안 먹으니 염증 수치도 내려갔다.

암세포와 염증세포의 에너지원은 포도당이다. 포도당은 탄수화물과 과당에서 나온다. 따라서 밥, 면과 같은 탄수화물과 액상과당, 과일을 끊으면 암세포가 있어도 그 크기가 줄어든다.

70세 넘은 분이 대장암에 걸렸다. 의사와 상의해 3달 후에 수술 날짜를 잡았다. 3달 동안 케톤식으로 식단을 바꿨다. 케톤식이란 단백질, 지방, 채소 등으로 식단을 꾸리는 것을 말한다. 반면에 탄수화물, 액상과당, 과일은 끊는다. 탄수화물을 먹으면 포도당으로 변하고 이것을 에너지원으로 쓴다. 에너지원으로 쓰고 남은 것은 지방으로 변해 몸에 축적한다. 그러니 탄수화물을 먹으면 살이 찌고 내장지방이 많아져 배가 나오고 혈관에 지방이 쌓여 고혈압이 되고 인슐린 저항성이 생겨 당뇨병이 생긴다. 치매와 췌장암의 원인이기도 하다.

그러나 단백질을 먹으면 소화되어 아미노산으로 변하고 몸이 에너지원으로 쓰려면 케톤으로 바꾼다. 이 케톤은 에너지원으로 쓰고 나머지는 변으로 배출된다. 케톤은 항암 작용과 항염증 작용을 한다. 따라서 케톤식 식습관에는 암이 먹을 포도당이 없다. 그래서 암세포의 크기가 작아진다.

대장암 수술날이 다가와 의사가 다시 검사를 해보니 암세포 크기가 아주 작아졌다고 한다. 다만 재발할 위험이 있으니 수술은 했다. 그러나 암의 크기가 확연히 작아져 수술은 성공적이었다.

보통사람이 되는 것도 쉬운 일은 아니다. 그래서 사람들은 대부분 복지부동이다. 전혀 나아지려 하지 않고 그냥 현 상태를 유지하려는 습성이 있다. 바꾸려 하면 방법도 모르고 안다고 해도 바꾸기가 너무 힘들기 때문이다.

보통인 놈을 넘어 똑똑한 놈이 되려면

멍청한 사람은 어떤 사실이 자신의 편견과 다르면 그냥 무시한다. 그 사실을 반박할 수 없을 때는 하찮은 것으로 치부해 버린다.

멍청한 사람은 자기만족에 빠져 있고 감정적이다. 그래서 남이 지적하면 쉽게 공격적으로 변한다. 멍청한 사람에게는 설득하려는 어떤 시도도 아무 소용이 없다. 그래서 설득도 어렵고 바꾸기도 어렵다.

보통도 어렵지만, 보통인 놈을 넘어 똑똑한 놈이 되려면 어떻게 해야 할까? 똑똑한 놈은 맞기 전에 피한다고 했다. 맞기 전에 피한다는 말은 예측한다는 의미이고, 예측을 하려면 경험과 통찰이 있어야 한다. 나도 보통인 놈을 넘어 똑똑한 놈의 판단을 한 적이 몇 번 있었다.

①1980년대 의대 열풍 예감

내가 고등학생이었던 시절의 학력고사 수석은 서울대 물리학과를 가는 것이 기정 사실이었다. 나는 당시에도 왜 물리학과를 가는지 의아했다. 물리학과를 나오면 잘해야 교수 못하면 교사인데 의대를 나오면 의사 자격증이 나온다. 의사 자격증만 있으면 죽을 때까지 남의 손 안 빌리고 자영업으로 먹고살 수 있는데 왜 물리학과를 갈까 의아했다.

②벤처기업을 다닐 때 직장 그만둘 결심

건설회사를 다니던 중 IMF를 당해 명예퇴직 행렬이 길고 길어지자, 나도 기술직을 해야겠다고 생각했다. 그래서 학원을 다니며 디자인을 배웠다. 문제는 벤처기업에 들어가고 몇 달 안 되어서 이건 평생 할 일이 아니다라는 생각이 들었다. 나이 40쯤 먹으면 회사가 망하거나 아니면 내가 잘릴 거라고 생각했다.

일단 회사가 적자인지라 얼마 안 있으면 망하겠다고 생각했다. 게다가 디자이너는 생명이 짧다. 나이가 먹으면 감각이 떨어지는데 월급은 많이 받는다. 게다가 야근도 안 한다. 그런데 젊은 신입직원은 감각도 좋고 월급도 적고 야근도 밥 먹듯 한다. 내가 사장이면 나를 쓸 이유가 없다고 생각했다.

그래서 사장이 나를 자르기 전에 나 스스로 나를 고용하겠다고 마음먹었다. 부동산 경매 공부부터 시작했다. 그리고 경매 책과 부동산 책을 100권 가까이 읽었다. 당시 다음 카페에 '지신'이라는 경공매 카페가 있었는데 낙찰 한 번 안 받고 나는 Q&A란에서 모든 사람의 질문에 답할 수 있을 정도로 내공이 생겼다. 그래서 지신의 칼

럼리스트가 되었다.

경매로 아파트도 낙찰받고 빌라도 사면서 재테크를 시작했고 결국 사장이 나를 자르기 전에 내가 먼저 회사를 그만뒀다. 마침 타이밍도 아주 좋아서 재개발 열풍이 불던 때라 빌라 한 채만 사고팔면 내가 다니던 회사의 연봉은 벌 수 있었다.

당시 같이 회사 다니던 두 명의 동기가 있었다. 학원도 같이 다녔는데, 내가 보기엔 여기 회사 오래 못 버틸 것 같으니 그만두자고 했다. 대신 3,000만 원 정도만 있으면 빌라 사고팔면서 너희들 연봉은 벌 수 있으니 같이하자고 제안했지만 둘 다 거절했다. 내가 퇴사하고 6개월 후 회사는 정리해고에 들어갔고 결국 둘은 퇴직금도 받지 못하고 잘렸다.

똑똑한 놈이 되기 위한 행동 강령

멍청한 놈이 보통인 놈을 넘어 똑똑한 놈이 되기 위해서는 어떻게 해야 할까? '쎄'한 기분이 드는 것을 그냥 넘기지 않으면 된다.

'쎄'한 기분이란 무엇인가? 예감이다. 보통은 쎄한 기분이 들어도 그냥 모른 척하고 '어떻게든 되겠지' 하고 넘어간다. 예를 들어 직장을 다니면서 '이거 평생 못 다닐 것 같은데'라고 생각이 들면 직장을 다니는 동안 직장 이후의 삶을 준비해야 한다. 재테크를 하건 직장을 옮기건 평생 할 일을 찾아야 한다.

즉 쎄한 기분이 들면 반드시 멈추거나 바꿔야 한다. 그러나 대부분의 사람들은 호캉스, 오마카세, 맛집 여행 다니며 젊었을 때 시간과 돈을 낭비하다 나이 들어 그제야 후회한다.

아침에 나는 산책을 하면서 부동산 안 하길 잘했다는 생각을 반복한다. 우리 동네에는 빌라촌이 있다. 1층은 상가, 위는 주택인 상가주택들이다. 그런데 1층 편의점을 빼고는 거의 공실이다. 여기 이사온 지 무려 6년이 지났는데 6년째 공실인 가게들이 수두룩하다.

내가 부동산을 하면서 쎄한 기분이 든 것은 이런 이유 때문이다. 잘못 산 부동산은 팔 수도 없고 돌이키지도 못한다. 그리고 언제 떠날지 모르는 세입자의 존재도 두렵다.

조물주 위에 건물주, 웃기는 소리다. 대부분의 부동산은 줄어드는 미래세대를 생각하면 대부분 애물단지다. 나는 부동산을 하면서도 쎄한 기분이 들어서 주식으로 바꾼 것이 아닐까 생각한다. 암에 걸리고 케톤식으로 바꾸기보다는 암에 걸리기 전에 케톤식으로 바꾸는 것도 똑똑한 놈이 되는 비결이다.

이렇게 술 퍼마시고 살찌면 곧 암에 걸려 죽을 것 같은 쎄한 기분이 들면 오늘 당장 건강관리에 들어가야 한다. 이 직장 평생 못 다닐 것 같은 쎄한 기분이 들면 내일이라도 이 직장에서 잘릴 수도 있다는 생각으로 재테크를 시작해야 한다. 이 외에도 평소에 쎄한 기분이 들면 그냥 넘기지 말고 멈추고 찬찬히 생각하고 그 기분의 정체가 무엇인지 생각하고 알았다면 대응해 실천하자. 쎄한 기분만 잘 파악해도 똑똑한 놈이 된다. 나는 요즘 쎄한 기분이 들면 그냥 넘기지 않는다.

우리는 왜 항상
시간에 쫓길까?

동양은 서양보다 근대화가 늦었다. 서양은 산업혁명을 거치며 과학기술 발전과 정치제도 변혁을 이뤘지만, 동양은 전제왕정 국가로 남아 있었다. 결국 서양은 동양을 침략했고 식민지로 만들었다.

동양에서 유일하게 서양을 따라잡았던 나라가 있다. 바로 일본이다.

일본은 조선이 동도서기, 청이 중체서용을 외칠 때 탈아입구했다. 동도서기東道西器는 동양의 도덕, 윤리, 지배질서를 그대로 유지한 채 서양의 발달한 기술, 기계를 받아들여 부국강병을 이룩한다는 사상이다. 중체서용은 중화의 신체를 유지하고, 서양기술을 이용한다는 의미이다. 즉, 중국 고유의 전통적인 '가치'들을 유지한 채 서양의 '기술'만 받아들이자는 의미다. 즉 동도서기와 중체서용은 동양의 정신은 그대로 두고 서양의 기술만 받아들인다는 정신이다.

그런데 동양의 정신이 무엇인가? 왕정과 유교는 그대로 두고 서양의 기술만을 받아들인다는 뜻 아닌가? 결국 서양의 기술을 배울 수는 있어도 스스로 새로운 기술을 창조해 내는 혁신은 불가능함을 뜻한다.

산업혁명 당시 영국 신문에는 '오늘의 발명'이라는 코너가 있었다. 이 코너는 새로운 기술을 발명한 과학자가 자신의 기술을 상세하게 올리면 자본가가 그에게 연락해 자본을 대고 제품을 생산하고 이익을 나누는 용도로 쓰였다. 그러기 위해서는 과학자의 특허권을 보호할 수단이 있어야 하고, 주식회사의 틀도 갖춰져 있어야 한다. 즉 오늘날 자본주의가 갖춰야 할 제도가 뒷받침되어야 과학의 지속적인 혁신이 일어난다.

그러니 조선과 청의 동도서기, 중체서용의 발상으로는 서양의 기술을 배워 총포는 만들 수 있어도 자동차와 같은 혁신적인 과학발명을 이끌어 낼 유인은 없었다. 자연히 조선과 청의 동도서기와 중체서용은 실패했다.

그러나 일본은 '탈아입구'를 외쳤다. 脫亞入歐/脫亜入欧. 직역하면 아세아亞細亞(아시아)를 벗어나 구라파歐羅巴(유럽)에 들어간다는 뜻이다. 일본은 아시아의 정신, 제도를 버리고 서양의 정신과 기술, 제도를 따라갔다. 결국 일본은 후쿠자와 유키치의 탈아입구론으로 아시아 유일의 열강이 되었으며 조선을 식민지로 만들고 청나라, 러시아와의 전쟁에서 승리했으며, 진주만을 선제적으로 공격해 미국과 전쟁을 벌일 정도로 국력을 키운다.

그러나 일본도 서양이 될 수는 없었다. 서양의 제도와 정신을 모방했을 뿐이지 산업혁명처럼 혁신을 창조하는 DNA는 없었기 때문이다. 산업혁명 이후 지금까지, 서양은 우리가 누리고 있는 거의 모든 제품과 서비스를 창조했다. 20세기 초반 TV, 라디오, 자동차, 비행기 등을 비롯한 모든 발명품은 서양에서만 나왔다. 일본을 비롯한 아시아는 개선과 낮은 가격으로 시장점유율을 높였을 뿐이지 최초의 오리지널 제품은 없었다. 일본이 최초로 개발했다는 워크맨도 사실은 독일 과학자의 작품이다.

동양인이 시간에 쫓기는 이유

동양이 서양을 따라잡기 위한 방법은 무엇이었을까? 바로 시간이다. 서양은 새로운 것을 발명하고 제품화해 낸다. 그러면 동양은 빠르게 베껴 더 싸고 좀 더 개선된 제품을 시장에 내놓아 서양을 따라가는 것이다. 유식하게 말하면 '패스트팔로워' 전략이다.

예를 들어 서양이 자동차를 발명하니 일본의 자동차 기업은 기름을 적게 먹는 효율적인 엔진으로 오일쇼크 시절에 시장점유율을 높였다. 삼성전자도 반도체를 경쟁업체보다 개선하고 저렴하게 시장에 공급함으로써 시장점유율을 높이는 방식으로 메모리 반도체 선두기업이 되었다. 지금 중국도 더 싸게 더 개선된 제품으로 세계시장으로 수출품목을 늘리고 있다.

그런데 왜 시간일까? 빨리 따라잡으려면 이것저것 재고 토론할 시간이 없다. 상부에서 조직이 가야 할 목표를 정하면 하부는 명령에 따라 일사불란하게 움직여 새로운 제품을 싸고 빠르게 만들어 내야 한다.

이런 조직에 필요한 인물은 상부의 지시에 무조건 복종하는 '예스맨'이다. 자신의 신념, 윤리에 따라 행동하는 직원은 필요 없다. 조직에 이런 직원이 많으면 통제가 불가능하기 때문에 시간 싸움에서 패한다. 동양의 조직은 까라면 까는 예스맨을 필요로 한다.

기업의 조직문화뿐 아니라 정치, 경제, 사회, 문화 모든 조직에 퍼져 있다. 정치도 보스의 명령에 따라 일사불란하게 움직이는 예스맨이 공천에서 살아남는다. 만약 자신의 신념, 윤리에 따라 행동하는 정치인이 있다면 다음 공천에서 배제된다. 공천에서 배제되면 웬만큼 지역구 관리를 잘해놓지 않았다면 무소속으로 국회에 들어오기 힘들다. 그러니 정치인도 보스 정치인의 OO파만 남는 것이다.

이런 조직구조를 지지하는 사람은 예스맨만으로 이루어진 조직이 효율적일 뿐 아니라 생산성도 뛰어나다고 강변할 것이다. 예전에는 중국집에 가서 음식을 시킬 때도 개인의 취향은 무시하고 "짜장면으로 통일!" 같은 시간 우선주의가 만연했었다.

결론

우리가 항상 시간에 쫓기는 이유는 창조적인 조직에 있지 않아서다. 개선과 값싼 가격으로 승부하는 베끼기 조직에 있기 때문이다. 그런 조직은 '패스트팔로워' 전략이 효율적이고 생산적이라고 생각한다. '패스트팔로워' 전략은 상명하복이 기본이고 시간단축이 생명이다. 따라서 이런 조직에서 일하면 항상 시간에 쫓길 수밖에 없다.

만약 당신이 회사에서 항상 시간에 쫓기고 있다면 1등 따라잡기에 혈안이 된 회사에 다니고 있기 때문이다. 물론 대한민국의 대부분이 1등 따라잡기에 혈안이 되어 있다.

37장

20대는 학벌, 50대는 재산, 80대는 건강

시도가 있어야 결과도 있다. 세대별로 중요한 가치를 생각해 보았다. 20대는 학벌, 50대는 재산, 80대는 건강이다.

20대에 학벌을 따려면 10대에 공부를 해야 하고, 50대에 재산을 모으려면 20대부터 재테크를 해야 한다. 80대에 건강하려면 50대부터 건강관리를 해야 한다. 미리 준비하지 않으면 제 나이에 뜻한 바를 이룰 수 없다.

20대의 학벌

한국사회에서 학벌만큼 중요한 요소가 또 있을까. 가진 것 없이 태어나 먹고살려면 학벌이 제일 중요하다. 과거에는 스카이였다면 지금은 '의치한약수'와 같은 전문직으로 선호도가 바뀌었다. 20대에 원하는 학벌을 갖추면 50대에 남들보다 손쉽게 재산을 모을 수 있다.

의사들 평균 연봉 2022년 3억원 돌파

14일 보건복지부의 '의사 인력 임금 추이' 자료를 보면, 2022년 병의원에 근무하는 의사 인력 9만2570명의 평균 연봉은 3억100만원인 것으로 나타났다.

_2024년 5월 14일자 한겨레

중소기업 취업 기피 이유는 '연봉'…대기업 절반 수준

중소기업과 대기업 근로자 간 2배 이상의 임금 격차는 수년째 이어지고 있습니다.

통계청 '임금근로일자리 소득' 수치를 보면 지난 2021년 기준 영리기업 중 중소기업 근로자의 평균 소득은 월 266만원(세전 기준)으로 대기업(563만원)의 47.2%에 그쳤습니다.

_2023년 12월 14일자 SBS Biz

전문직인 의사들의 평균 연봉은 3억 100만 원으로 대기업보다 4.5배를 더 벌고, 대기업은 중소기업보다 연봉 2배를 더 번다. 그러니 전문직이 되거나 대기업에 들어가면 남들보다 몇 배는 더 쉽게 재산을 모을 수 있다. 20대에 원하는 대학에 들어가려면 10대에 누구보다 열심히 공부해야 한다.

20대에 학벌을 갖추려면 무엇이 필요한가? 사실 20대에 원하는 학교, 학과에 들어가려면 자신의 노력도 노력이지만 부모의 역할이 크다(물론 가난한 집에서 태어났지만 천재적인 두뇌를 가지고 노력파인 경우는 예외다).

대부분은 부모가 알아서 학군지로 이사 가고 학원을 알아보고 공부법을 알려준다. 이처럼 가정환경이 뒷받침되어 지원 등을 아끼지 않아야 20대에 원하는 학교와 학과에 진학 가능하다. 왜냐하면 한국의 입시는 야구로 따지면 메이저리그, 축구로 따지면 프리미어리그이기 때문이다. 그만큼 치열하다. 입시 경쟁이 출산율을 떨어뜨릴 만큼 혈투의 장이다.

10대를 위한 암기법

10대를 위해 암기법 하나를 소개하겠다. 익히 들어서 알겠지만, 한국의 시험은 대부분 암기다. 암기과목이라는 사회, 과학, 역사, 세계사 등은 말할 것도 없고 영어, 국어, 수학 등 중요 과목도 암기다. 공부법, 그중 암기법을 아는 것과 모르는 것은 하늘과 땅 차이의 결과를 만들어 낸다.

'10회독 공부법'이 있다. 시험 보기 전 책을 10번 보는 방식이다.

[나침반 11월호 콘텐츠 공개] 기말고사 대비 'N회독 공부법'

서울대 법대 수석 졸업, 사법고시 최연소·행정고시 수석·외무고시 차석 합격이라는 전무후무한 기록을 남긴 고승덕 변호사의 '10회독 공부법'은 효과적인 공부법으로 많은 사람에게 회자되고 있다.
_2022년 11월 11일자 에듀진

서울대 법대 수석졸업, 사법, 행정, 외무 삼시 패스에 빛나는 고승덕 변호사의 10회독 공부법이다. 그가 10회독 공부법을 하게 된 계기는, 사법고시에 패스하고 싶은데 어떻게 공부하는지 몰랐기 때문이라고 한다. 그래서 찾은 것이 바로 고시를 패스한 사람의 합격 수기를 보는 것이었다.

어떤 사람이 고시에 패스했는데, 비결은 법전을 8번 봤기 때문이라고 한다. 그래서 자기는 10번을 보면 충분히 합격하리라 생각했고, 실제로 10번을 보고 합격했다. 행정, 외무고시에도 똑같은 방법을 적용했다.

- 1회독: 다시 이 책을 보지 않겠다는 생각으로 정독하며 이해되지 않는 부분을 표시한다.

- 2회독: 이해된 부분은 빠르게 넘어가고 이해되지 않았던 부분을 중심으로 읽는다. 표시한 부분 중에 다시 이해된 내용이 있다면 표시를 지운다. 반대로 이해했다고 생각했는데 다시 보니 이해되지 않는 부분이 있다면 표시한다.

- 3회독: 2회독을 하면서 표시 부분 위주로 다시 본다.

- 4회독: 표시한 부분을 신경 쓰지 않고 처음부터 전체를 정독한다.

- 5회독: 속독보다는 느리게 하지만 빠르게 정독한다.

- 6회독: 이제는 대놓고 속독한다. 전체를 빠르게 다시 읽는다.

- 7회독: 기억을 다시 떠올리면서 내용을 읽는다.

- 8회독: 이 책의 어떤 부분에서 문제가 나올 것 같은지 생각하며 책을 읽는다.

- 9회독: 전체적으로 이해되고 학습이 되었다 보니 이제 자신이 약한 부분이 보인다. 자신의 약한 부분을 위주로 읽어 내려간다.

- 10회독: 마지막 정리를 염두에 두고 읽는다. 전체 내용도 숙지했고 약한 부분도 보완했으니 이제 남은 것을 정리한다.

신문에 나온 10회독 공부법이다. 그러나 나는 이게 무슨 쓸데없는 디테일인가 싶다. 단순히 10번을 보면 된다. 1회독에는 꽤 많은 시간이 걸리지만 3회독 이후에는 속도가 빨라진다. 대부분의 중고등학교 내신은 10회독이 아니라 5회독만 해도 달달 외우고 100점을 맞는다. 수능도 마찬가지다.

그렇다면 어떻게 5회독을 할 것인가? 학교 프린트건 교과서건 5회독을 하면 딸딸 외울 수 있다. 그러나 여기서 주의할 점은 코어 Core(중심, 핵심)를 만드는 것이다. 코어란 핵심이 되는 지식을 이야기한다. 즉 프린트와 같이 일목요연하게 정리된 내용을 전부 외우는 것이다. 프린트가 10장 정도 있다면 10장을 토씨 하나 안 틀리고 다 외워야 한다. 그래야 서술형까지 100점을 맞을 수 있다.

따라서 지식의 코어가 생기기 전에 문제집을 여러 권 풀어 보는 것은 오히려 독이 된다. 예를 들어 A라는 아이는 교과서나 프린트 하나를 잡아서 완벽하게 외웠다. 그러나 B라는 아이는 문제집을 10권 풀었다. 그런데 A는 100점을 맞았지만 B는 80점을 맞았다. B는 코어가 되는 지식을 제대로 외우지 못했기 때문이다.

프린트를 달달 외울 때까지는 문제집을 풀 필요가 없다. 프린트만 달달 외워서 코어 지식이 생기면 문제집은 몇 장이라도 몇 분 안에 술술 풀린다. 모든 내용이 머릿속에 있기 때문이다.

공부 잘하는 아이들은 시험 때 눈을 감으면 교과서가 펼쳐진다고 한다. 문제를 보면 이것이 몇 단원 어느 위치에 있었는지도 생각이 난다고 한다. 그러니 아무리 어렵게 내도 100점을 맞는다.

그러나 코어가 생기기 전에 문제만 풀면 문제를 푸는 시간도 오래 걸리고 틀리기도 많이 틀린다. 그러니 코어가 생기기 전에 문제를 풀기보다 코어가 생기도록 프린트를 달달 외워야 한다.

그렇다면 어떻게 10장이나 되는 프린트를 모두 외울 수 있을까? 여기부터가 중요하다.

1. 문명의 형성과 고조선의 성립

  1. 역사의 의미와 역사 학습의 목적

    1) 다양한 의미를 담고 있는 역사라는 말

    2) 역사 학습의 목적

  2. 인류의 기원과 선사 문화

    1) 인류의 발생과 구석기 시대

    2) 신석기 시대의 생활

  3. 문명의 발생과 국가의 출현

    1) 메소포타미아 문명과 이집트 문명

    2) 인더스 문명과 중국 문명

  4. 고조선 성립과 발전

    1) 우리나라의 청동기 문화

    2) 고조선의 건국과 성장

  5. 만주와 한반도의 여러 나라

    1) 만주에서 일어난 부여와 고구려

예를 들어 한국사 목차를 외워야 한다면 가장 먼저 내 아이의 머리 수준부터 파악해야 한다. 어떤 아이는 한 번에 모든 목차를 외울 수도 있다. 그러나 대부분은 3줄이나 4줄도 외우기 힘들다.

내 아이의 수준을 알고 싶다면, 외우기를 시켜보라. 3줄 외우는 데 10분 걸렸는데 4줄 외우는 데 20분이 걸리면 3줄 외우기를 시키면 된다. 크게 시간이 늘어날 때가 바로 아이의 수준이다. 부모가 옆에서 도와주면 더 좋다. 일단 3줄만 외워보라고 한다. 그리고 다음 3줄로 넘어간다.

여기서 중요한 점은 3줄 외운 후 다음 줄을 외울 때는 지나간 것을 잊어버리는 것이다. 그때만 반짝 외우면 된다. 그러면 스트레스 전혀 없이 외울 수 있다. 자신이 외울 능력만큼만 외우고 바로 다음으로 넘어가면 되기 때문이다.

프린트 10장을 다 외우면 1회독이 끝난다. 이제 다시 2회독을 시작한다. 처음에는 3줄씩 외웠지만 다음 번부터는 아는 내용이어서 4줄씩 외울 수도 있다.

물론 2회독을 할 때도 3줄만 반짝 외우면 되고 다음 줄 외울 때는 전에 외웠던 내용을 잊어버려도 상관없다. 이렇게 프린트를 5회독만 하면 신기하게도 프린트를 보지 않고도 아이는 5회독이 끝난 후 프린트 한 장씩을 통으로 외운다.

이때 반드시 '보고 덮고 떠올리고 말해 보고'를 해야 한다. 눈으로만 봐서는 안 된다. 보고 덮고 떠올리고 말해 보고를 반복하면 된다. 옆에서 부모가 도와주면 시간이 줄어들기 때문에 더 좋다. 그러면 훨씬 빨리 암기 진도를 뺄 수 있다.

이렇게 공부하면 스트레스를 하나도 받지 않는다. 3줄씩만 외우고 넘어가고 또 외우고 넘어가니 스트레스 받을 일이 없다. 걱정 말라. 이렇게 5회독만 하면 머릿속에 프린트 10장을 넣을 수 있다. 단, 이렇게 하려면 평소 매일 조금씩 외우는 편이 좋다. 그러면 시험 때 분량이 폭탄이라도 크게 외울 일이 없다.

이렇게 코어를 만들고 나면 이후 문제풀이에 들어간다. 그리고 문제풀이에서 틀리거나 빠진 부분은 프린트에 받아 적어 단권화를 시킨다. 프린트가 없다면 교과서로 코어를 만들면 된다.

공부 못하는 아이들의 특징이 있다. 일례로 영어 1단원을 공부하고 2단원으로 넘어간다. 그리고 1단원을 잊어버린 것 같아 2단원을 공부하다 말고 다시 1단원으로 가서 또 공부를 하고 있다. 그래서 1단원만 공부하고 성적은 엉망이 된다.

수학도 맨 앞 단원만 죽어라 공부한다. 회독 공부법을 모르니 이렇게 공부하는 것이다. 회독 암기법을 알고 모르고는 하늘과 땅 차이다.

사실 생각해 보면 아이들이 무엇을 아는가? 20대 아이의 학벌은 사실 부모의 책임이다. 내신을 잘 딸 학교를 골라 이사 가고 공부를 도와주고 아이가 공부할 집안 분위기를 만들고 입시를 잘 연구하면 반드시 좋은 성과가 나온다.

중간 결론

10대에 공부를 해야 20대에 원하는 학과에 들어간다. 대한민국에서 학벌은 재산 형성뿐 아니라 사회적 지위와 사회적 관계를 형성하고 자존감을 높일 수 있기 때문에 매우 중요하다.

50대의 재산

20대가 불안한 이유는 미래가 어둡기 때문이다. 좋은 학교, 좋은 과를 가지 못했다면 자신의 미래에 대해 극도로 불안할 수밖에 없다. 사실 요즘은 전문직이 아니라면 대부분의 20대는 불안하다. 대기업에 들어가도 40대면 벌써 명퇴 권고가 들어온다. 어찌어찌 버티지만 버틴다고 버텨지는 것이 아니다.

그러니 중소기업은 오죽할까? 중소기업은 내가 40대까지 다닐 수 있을지도 의심스럽지만 회사가 그때까지 남아 있을지도 불안하다. 따라서 대부분의 청년은 미래가 불안하다.

불안의 근원은 무엇인가? 재산이다. 사실 학벌이 뛰어나지 않아도 전문직이 아니어도 재산만 많다면 불안할 이유가 없다. 20대가 불안한 이유는 대부분이 부자의 부모 밑에서 태어나지 않았고 공부마저 못했기에 앞으로 먹고살 일 자체가 두려운 것이다.

그러나 걱정할 필요는 없다. 우리에게는 세계 1등 투자법이 있지 않은가? 20대부터 50대까지 세계 1등 투자법으로 투자하면 25%의 복리로 재산이 늘어난다. 20대에 1,000만 원으로 시작하면 10년에 1억 원, 20년에 10억 원, 30년 후인 50대에는 자산이 100억 원이 된다. 그러니 불안해 할 필요가 없다. 빨리만 시작하면 된다.

아무리 전문직이고 대기업에 다녀 연봉이 많더라도 제대로 투자를 하지 않으면 돈 버는 것은 세계 1등 투자법보다 못하다.

연봉이 아무리 많아도 여행 다니고 씀씀이가 큰 사람이 재산을 제대로 관리하지 않으면 세계 1등 투자한 사람보다 50대에는 재산이 적을 수 있다. 게다가 잘못된 주식, 부동산 투자를 했다가 실패하면 결국 50대에는 재산 때문에 고생한다. 50대에 재산으로 일가를 이루려면 20대부터 세계 1등 투자법으로 투자하면 된다. 손 놓고 있지 말고, 당신의 자녀에게 적용해 보라.

중간 결론

돈은 투자로 벌면 된다. 중소기업에 들어갔어도 투자 시기만 빠르다면 50대에 남들 명퇴당해서 자영업 할지 대리할지 배달할지 걱정할 때, 나는 돈이 주는 생활의 여유를 누릴 수 있다.

80대의 건강

50대부터 건강관리를 하지 않으면 80대에 고생한다. 물론 20대부터 건강관리를 하면 더 좋다. 건강관리는 아무리 일찍 시작해도 늦지 않는다. 80대에 병에 걸리면 아무리 돈이 많아도 집에서 골골하며 누워 있거나 병원 신세를 진다. 따라서 늦어도 50대부터는 집중적인 건강관리를 시작해야 한다.

50대면 성인병 초기 증상이 나타난다. 뱃살이 나오고 허리가 두터워지며 엉덩이에 살이 붙는다. 내장지방이 쌓이고 고혈압, 고지혈증부터 시작해서 통증, 당뇨, 심근경색, 암, 치매까지 이어진다. 포도당을 먹고사는 것이 바로 염증세포, 암세포이며 혈관에 노폐물이 쌓여 혈관질환이 심근경색, 치매로 이어지기 때문이다.

이 모든 성인병의 근원은 세 가지다. 액상과당, 탄수화물, 과일이다. 이 세 가지를 끊어야 성인병으로부터 안전하다. 그러나 이를 못 끊어서 80세에 성인병에 걸리고 그제야 후회한다. 당뇨병 전문의는 액상과당, 탄수화물, 과일을 끊으라고 권고한다. 그러면 환자는 도대체 무얼 먹어야 하냐며 항변한다.

사실 그때는 이미 늦었다. 나이가 들면 단백질을 소화할 내장도 튼튼하지 않은 데다 치아도 성치 않다. 그러니 액상과당, 탄수화물, 과일을 끊으면 먹을 것이 없다는 말도 사실이다. 그러나 그렇다고 이 세 가지를 계속 먹으면 병은 낫지 않고 더 심해질 뿐이다. 그래서 이가 성하고 소화기관이 좋은 50대부터 케톤식을 해야 한다.

식사뿐 아니라 운동도 중요하다. 100세 장수마을은 언덕배기에 있다고 한다. 천천히 오르막을 걷는 것이 건강에 가장 좋다. 러닝Running은 오히려 발바닥 적혈구가 터져 좋지 않다고 한다. 그래서 계단 오르기와 같은 오르막 운동이 가장 좋다. 근육이 있어야 오래 산다.

이렇게 식사와 운동을 병행하면 80대에 남들 무릎이 안 좋아 지팡이 짚고 다닐 때 신나게 내 두 다리로 여행 다닐 수 있다.

중간 결론

80대는 말한다. 건강이 제일 중요하다고.

총 결론

우리가 불안한 이유는 미래가 막연하기 때문이다. 그러나 20대 학벌, 50대 재산, 80대 건강이라는 계획을 세우고 실천하면 불안하지 않다. 미리미리 준비하고 실천하자.

지방대
왜 가나?

먼저 지방대를 비하하려는 뜻은 전혀 없음을 밝힌다. 대학 졸업자가 차고 넘치는 시대에 지방대를 피해야 할 필요성을 강조하고 싶을 뿐이다. 또한 지방대에서 '의치한약수'를 포함한 취업 잘되는 과들은 예외로 둔다. 시간과 돈을 버리며 대학 간판 이상의 효과가 없는 대학을 가는 이유를 돌아볼 필요가 있다. 우리 사회에서 여러 가지 이유로 어쩔 수 없다는 입장을 이해함에도 불구하고 말이다.

한국의 청년실업률은 2023년 기준 약 5.37%다. 생각보다는 높지 않다. 원래 선진국이 되면 청년실업률이 높아진다. 이탈리아와 같은 유럽 선진국의 경우 20%가 훌쩍 넘는다. 하지만 한국이 선진국보다 청년실업률이 낮은 이유는 구직 포기자가 많기 때문이다.

구직 포기자가 60만 명을 넘어섰다. 이들은 실업률에 잡히지 않는다. 따라서 현재 한국의 실업률이 이탈리아처럼 20% 이상은 아니겠지만, 발표된 5%는 사실 말이 되지 않는 수치다. 구직 포기자를 포함하면 10%를 훨씬 넘을 것으로 생각한다.

선진국의 청년실업률이 높은 이유, 한국도 예외가 아닌 이유

왜 선진국이 되면 청년실업률이 올라갈까? 이유는 단순하다. 임금이 올라갔기 때문이다. 임금이 올라가면 부가가치가 낮은 일자리는 해외로 옮겨가고, 부가가치가 높은 일자리만 남는다. 선진국이 되면 높은 임금을 주더라도 쓸 만한 사람을 뽑으려 하기 때문이다.

기업은 자선단체가 아니다.

우리나라도 고도성장기에는 일자리가 많았다. 경제가 밑바닥부터 성장할 때는 부가가치가 낮은 일자리가 차고도 넘쳤기 때문이다. 그러나 우리나라도 점점 임금이 높아져만 갔고 저부가가치 일자리는 해외로 옮겨갔으며 고부가가치 일자리만 남았다.

여기서 가장 손해를 보는 세대가 바로 청년층이다. 경력은 없는데 임금은 더 높게 줘야 하기 때문이다. 베트남의 삼성전자 스마트폰 공장에서는 20대 청년에게 50만 원쯤 줘도 되지만, 한국에서는 같은 생산성을 내는데도 최소 200만 원은 줘야 한다. 그러니 경력이 없는 청년에게 양질의 일자리가 돌아갈 리 없다.

대기업이 운영하는 공장 일자리는 꽤나 안정적이다. 잘리지 않고 정년까지 일할 수 있기 때문이다. 한마디로 대기업의 생산직은 양질의 일자리다. 하지만 청년들이 원하는 대기업의 안정적인 일자리가 많지 않다는 게 문제다.

결국 청년과 양질의 일자리는 미스매치가 된다. 청년은 안정적이고 월급 많이 주는 양질의 일자리를 원하는데 그런 일자리는 아주 소수에 불과하다. 그런데도 청년 자신은 비록 경력이 없지만 높은 월급을 받고 싶으니 취업이 힘들 수밖에 없다.

한국에서 양질의 일자리를 제공하는 기업은 경력직만 뽑는다. 청년이 설 자리가 없다. 취업을 해야 경력을 쌓을 텐데 취업 자체가 안 되니 첫 단추를 끼우지 못한다. 더구나 학벌도 떨어지고 스펙도 변변찮다면 취업은 더욱 바늘구멍이다. 결국 청년의 선택지는 쿠팡이나 배달의민족, 물류센터 등밖에 없다.

중소기업에 가면 되지 않느냐 하겠지만 중소기업은 이미 외국인들 천지다. 청년들도 양질의 일자리가 아니므로 가지 않고, 설령 지원한다 해도 잘 받지 않는다. 한국인이 와서 적응도 힘들기 때문이다. 게다가 열악한 노동환경 때문에 한국인 잘못 뽑았다가 노동부에 신고라도 당하면 골치 아프다. 그래서 그냥 외국인을 뽑는 곳이 많다.

청년의 입장에서 보면 중소기업의 일자리는 월급도 적고 윗사람 눈치도 봐야 하고 미래도 안 보이고 상대적으로 자유도 없다. 그러나 배달일을 하거나 물류센터에서 일하면 미래는 없지만 자유도 있고 윗사람의 눈치를 안 봐도 되고 열심히 하면 돈도 꽤 많이 모을 수 있다.

우리나라뿐만이 아니다. 선진국은 거의 예외가 없다. 예외가 있다면 미국과 일본 정도일 것이다. 미국은 한국의 대기업과 같은 양질의 일자리 자체가 많다. 한국은 500인 이상의 안정적인 대기업이 인구 대비 약 10% 정도다. 그런데 미국은 같은 기준의 대기업이 인구 대비 30% 정도로 매우 많다. 그러니 고용은 비록 불안정해도 얼마든지 양질의 일자리로 취업이 가능하다. 게다가 한국보다 대학진학률도 낮아서 대학을 졸업하면 대기업으로 갈 확률 자체가 상당히 높다.

일본 올봄 대졸 취업률 98% 사상 최고… 이과 계열은 99%

24일 일본 요미우리신문과 교도통신 등 현지 언론에 따르면 일본 후생노동성과 문부과학성이 전국 공·사립대 62개교 4,770명을 표본 조사해 추계한 결과, 취업 희망자 중 98.1%가 취업에 성공했다. 지난해(97.3%)와 비교하면 0.8%포인트 증가한 수치다. 이 조사가 시작된 1997년 이후 취업률이 가장 높게 나타났다.

_2024년 5월 24일자 한국일보

일본은 대졸 취업률이 98.7%로 꽤나 높은 편이다. 이과는 99%라고 하니 원하면 취업 성공이다. 일본에 청년 일자리가 많은 이유는 고령화 때문이다.

일본은 한국보다 먼저 전쟁이 끝났다. 1945년에 태평양전쟁이 끝나면서 단카이 세대라는 베이비붐 세대가 1948년부터 시작되었다. 그에 비해 한국은 1953년에 한국전쟁이 끝났기 때문에 1955년부터 베이비붐 세대가 시작되었다.

일본의 고령화가 한국보다 약 10년 빠르다. 일본은 단카이 세대가 대거 은퇴하면서 대기업에 양질의 일자리가 생겼다. 게다가 세대별 인구 수에서도 20대 일본 청년의 수가 현저히 적기 때문에 단카이 세대가 물려준 일자리가 남아돈다. 물론 일본에서도 잘나가는 대기업은 학벌이 좋아야 들어갈 수 있다. 그렇다 하더라도 일본에서 대졸자의 취업은 한국보다 훨씬 환경이 좋은 편이다.

스무 살로 돌아간 당신의 선택

당신의 시계를 스무 살 청년 시절로 되돌려 보라. 가슴 뛰는 그 시절, 그동안 접하지 못했던 현실과 마주한다. 아쉽게도 공부를 잘하지는 못해서 인서울은 선택 범위 밖이다. 대학을 가야겠다면 선택지는 지방대뿐이다. 재수한다고 딱히 나아질 것 같지도 않다.

어떤 선택을 내릴 것인가? 아마도 대학을 안 갈 수는 없으니 점수에 맞춰 그냥 지방대를 가거나 그래도 취업이 잘 되는 전문대를 선택할 것이다.

여기서 생각해 보자. 그것이 과연 최선인가? 어차피 대학을 졸업해도 내가 원하는 직장에는 들어갈 수 없다. 지방대 졸업장에 전공도 비인기 학과일 것이다. 졸업 후 공무원 시험 준비를 하거나 요즘

IT가 대세이니 국비 주니어 개발자 학원 같은 곳에 다닐 수도 있다. 국비 주니어 개발자 학원은 '네카라쿠배'와 같은 IT기업이 연봉도 세고 사람도 부족해 나라에서 지원해 주는 곳이다. 코로나 때 3년차 개발자 연봉이 3억 원일 때도 있었다.

그러나 요즘에는 어림도 없는 소리다. 인플레이션 때문에 금리가 올라가고 IT기업 투자 빙하기가 오면서 IT기업들도 한창 구조조정 중이다. 요즘 국비 주니어 개발자 학원을 졸업해도 연봉 3억 원을 꿈꾸기는커녕 취업 자체가 힘들다.

중소기업도 경쟁률 100대 1은 기본이고, 100군데 넣으면 100군데 다 떨어진다. 아무리 프로그래머로서 능력이 뛰어나도 전공자가 아니면 면접도 보기 힘든 것이 현실이다. 결국 국비 주니어 개발자 학원도 시간과 돈을 버린 결과로 끝난다.

그런데 지방대를 왜 가나? 어차피 원하는 곳 취업도 힘든데, 4년이라는 시간을 버리고 등록금에 밥값에 돈도 꽤 많이 들 텐데 말이다.

정녕 다른 선택지가 없기 때문일까? 모든 길이 막혔으니 제자리에 우두커니 서 있는 게 답일까? 고용이 잘 되는 미국이나 일본으로 방향을 틀어보면 어떨까? 목적은 2가지로 나뉜다. 첫째는 한 방을 노리거나, 둘째 안정적인 직장을 구하는 것이다. 그 방법을 자세히 알아보자.

한 방은 미국

'고용 천국' 美, 이발사도 年2억 번다

셰일오일 붐이 일고 있는 미국 텍사스 서부에서는 이발사의 연 수입이 최대
18만달러(약 2억200만원)에 달한다는 보도가 나와 화제다.
_2019년 3월 3일자 한국경제

셰일가스가 나는 미국 텍사스는 이발사의 연수입이 최대 2억 원이 넘는다고 한다. 미국은 서비스업 물가가 비싸다. 2019년 기사이기는 한데 지금은 인플레이션 때문에 더 많이 올랐다. 따라서 미국에서 먹힐 수 있는 서비스 기술을 한국에서 배워 미국으로 가는 것도 좋다고 생각한다. 꼭 미용이 아니더라도 배관공, 타일공 등을 하면 돈을 많이 벌 수 있다. 물론 시민권자 등이 아니라면 취업이민은 받기 힘들 것이다. 그래도 미국에서 육체노동을 하면 돈을 많이 벌 수 있다는 것은 사실이다.

그런데 왜 미국이 한 방일까? 큰돈을 모을 수 있기 때문이다. 과거 우리가 가난했던 시절부터 미국으로의 이민은 낯선 현상이 아니었다. 한국과 미국의 급여 차이부터 크게 났기 때문이다. 예를 들어 현재 한국에서 최저임금을 받으면 약 200만 원 정도다. 그런데 베트

남의 평균 월급은 약 30만 원 정도다.

방법은 이렇다. 미국으로 가서 서비스업으로 돈을 벌고 최대한 모은다. 그리고 2억쯤 모았다고 하자. 그 돈으로 한국이 아닌 베트남으로 간다. 그리고 세계 1등 주식에 투자하면 매년 25%의 복리로 크기 때문에 첫 해부터 5천만 원 이상의 수익이 발생한다. 이만하면 베트남에서 럭셔리하게 살 수 있다. 결국 돈을 지키고 불리려면 세계 1등 주식 투자는 반드시 해야 한다.

물론 미국행이 쉽지 않고 취업도 쉽지 않다. 그래도 미국을 추천하는 이유는, 공부 머리가 없는 청년이 몸을 써서 돈을 벌어야 할 경우 미국을 제외한 선택지를 찾기 어려워서다. 미국을 빼면 다른 선진국도 우리와 비슷하니 말이다.

찾아보면 길은 있을 것이다. 그렇게 미국으로 건너간 청년들이 있으니 말이다. 나는 한국의 지방대에 가는 것보다는 미국행이 더 낫다고 생각한다.

안정적인 직장이라면 일본

일본은 신문기사에서 볼 수 있듯이 취업은 확실하다. 그렇다면 일본의 경우 어떤 방향을 잡는 게 좋을까? 나는 한국의 지방대를 가

느니 차라리 일본의 지방대를 가는 편이 좋다고 생각한다.

왜 일본의 지방대인가? 한국의 지방대는 4년 동안 등록금을 내면서 다녀야 하는데, 일본 지방대는 장학금 제도가 잘 되어 있어 학비를 아낄 수 있다.

한국어·영어 못해도 "무조건 오라"…외국학생이 99%인 지방대

국내 학생들을 채우지 못한 지방대는 외국인 유학생으로 눈을 돌리고 있다. 강원도에 있는 A대학 글로벌캠퍼스는 학생의 99%가 네팔, 방글라데시, 우즈베키스탄 등 27개국에서 온 외국인이다. 국내 학생을 뽑기 어려워지자 아예 유학생 전용 캠퍼스를 조성했기 때문이다. 학교 내부에는 모든 안내문이 영어로 쓰여 있고, 학교 정문 앞에는 할랄 음식점과 아시아 식자재 마트가 즐비하다.

_2024년 1월 30일자 한국경제

A대학은 외국인 학생이 99%다. 한국의 학생들이 지원하지 않으니 외국인으로 채우는 것이다. 외국인으로라도 채우지 못하면 학생 비율이 떨어져 폐교 수순을 밟아야 한다.

(창간 13주년)벼랑 위기 몰린 지방대 해법은

한국국제대처럼 재정난·학생부족 등으로 폐교의 길을 걷고 있는 지방대들이

학생이 부족하면 지방대는 폐교를 당한다. 그래서 외국인이라도 채워서 폐교를 막으려고 한다. 외국인은 동남아나 중앙아시아의 빈국들 학생이 대부분이다. 외국인 학생들은 취업, 지방대는 인원수를 채우는 것이 목적이다. 외국인이 학교를 다니려고 마음만 먹으면 4년 장학금도 탈 수 있다. 물론 지방대는 교육부를 통해 학비를 지원 받는다.

같은 지방대라도 일본이 나은 이유

한국의 지방대보다 일본의 지방대가 나은 이유는 무엇인가? 일본의 지방대도 사람이 없기는 마찬가지다. 따라서 장학금을 통해 학비를 마련하면 된다. 게다가 아르바이트로 학비를 벌 수도 있고, 일본어를 익히면 남들이 가지지 못한 스펙을 추가로 쌓을 수 있다.

일본의 대학서열 순위를 아는가? 도쿄대가 1등이라는 사실은 알지만 교토대가 몇 등인지는 모른다. 우리나라에서는 와세다 대학이 더 유명하지만 사실 교토대가 와세다 대학보다 순위가 높다.

무슨 말인가 하면, 일본의 대학서열은 우리나라 대기업 인사부도 잘 모른다는 뜻이다. 일본에서 지방대를 나오고 한국기업에 지원하면 지방대를 나왔어도 대학 서열을 잘 모르기 때문에 그냥 일본 유학파로 간주된다.

일본 지방대를 나오면 한국에서 학벌 콤플렉스에서 벗어날 수 있다. 반면 한국 지방대를 나오면 평생 학벌 콤플렉스에 시달릴 것이다.

한국은 한국전쟁 이후 신분제가 무너졌다. 그래서 새롭게 생겨난 계급이 바로 학벌이다. 한국에서는 학벌이 평생 간다. 예를 들어 일본에서 컴공을 지원하고 졸업해 개발자가 되었다고 가정하자. 일본에서는 취업이 쉽다. 따라서 일본에서 경력을 쌓고 한국에 경력직으로 재취업을 해도 된다.

한국에서 취업할 때 일본 유학파, 경력직은 한국의 지방대 노스펙, 비전공자보다 훨씬 유리하다. 게다가 일본어를 할 줄 알면 써먹을 일이 더 많다고 생각할 것이다. 본인의 노력에 따라서 대기업 취업도 가능할 것이다.

꼭 한국에 올 필요는 없다. 미국도 개발자가 부족하기는 마찬가지다. 일본의 지방대를 다니다 미국의 명문대인 뉴욕대에 편입한 경우도 있다. 길은 여러 가지다. 특히 문과는 해외로 나가야 한다.

일단 일본 대학에 들어가려면 일본어 1급 자격증을 따야 지원이 된다. 한국에서는 따기 힘들다. 그러니 일본으로 무조건 가야 한다. 어학원에 다니면서 아르바이트를 병행한다. 직접 들은 얘기로는 1년 정도 다니면 딸 수 있다고 한다. 그리고 자신의 성적에 맞는 대학을 골라 들어가면 된다.

물론 쉽지 않은 길이다. 내 주장은 아무 생각 없이 우리나라 지방대를 가기보다는 일본으로 가면 어떨까 하는 것이다. 분명한 건, 현재 한국의 지방대를 가는 것은 시간과 돈을 버리는 일이다.

결론

지방대밖에 길이 없다면, 차라리 해외로 눈을 돌려보자. 인생 한 방이라면 미국으로, 안정적인 직장이라면 일본으로 가라. 그런데 이렇게 해외에 도전할 정도의 도전적인 정신이 있으면서 성적 안 되는 학생은 거의 없다는 것도 현실이다. 그래서 이 정보도 아주 소수의 도전정신이 있는 청년들이나 실천이 가능하다.

죽을 때까지 일하고 싶은가?
해외에서 노후를 보내고 싶은가?

> **현대차 킹산직, 정년 이후 2년 더 다닌다…연봉은 어떻게?**
>
> 현대자동차가 정년(만 60세) 이후에도 생산직(기술직·정비직) 근로자가 원하면 1년 더 근무할 수 있도록 허용하는 '숙련 재고용 제도'를 만 62세까지로 1년 더 늘리기로 했다.
> _2024년 7월 9일자 한국경제

한국의 노동자들은 일을 못해서 난리다. 정년을 연장해 달라고 파업까지 한다.

"정년 연장·연금 개편 반대"…프랑스 총파업, 110만명 시위

마크롱 대통령은 앞선 10일 정년을 현행 62살에서 64살로 늦추는 내용을 뼈대로 한 연금 개혁안을 추진하겠다고 발표했다.

_2023년 1월 20일자 한겨레

유럽은 한국과 정반대다. 국가에서 정년 연장을 추진하자 노동자들이 총파업에 나섰다. 도대체 무엇이 이 차이를 만들까? 결정적인 이유는 한국인이 외국어를 못해서라고 생각하지만, 어쨌든 이유는 상당히 복합적이다.

한국의 입장

①대기업

나이 60세에 정년퇴직을 하는 노동자는 대기업 노동자일 확률이 높다. 중소기업은 50 이전에 대부분 잘리기 때문에 60세 정년이 큰 의미가 없다. 따라서 정년 연장을 외치며 파업하는 사람들은 대부분 대기업 생산직에 다닌다. 대기업 생산직은 안정적이며 일은 어럽지 않고 월급도 많다. 전체 노동자 중 비중은 소수에 불과하며, 대부분은 정년과 관계없이 죽을 때까지 일한다.

②자녀

30대에 결혼해 나이 60세 정도가 되면 첫째가 30대, 둘째가 20대다. 자녀가 아직 대학교에 다니거나 졸업을 했어도 백수가 많기에 부모로서 돈 벌기를 멈출 수 없다. 게다가 자녀가 결혼이라도 할라치면 전세금이라도 해줘야 한다. 그러니 죽을 때까지 일해서 자식 뒷바라지를 해야 한다.

③부동산

한국인 자산의 대부분은 부동산이다. 자산에서 차지하는 비율이 75%~85%로 최근 그 비율마저 크게 늘었다. 부동산은 가지고 있으면 다 돈이다. 재산세, 종부세, 대출이자 등 추가 비용이 꽤 많이 든다. 특히 대출이자는 감당이 쉽지 않기 때문에 계속 일해야만 한다.

④비교 문화

한국인들은 유럽, 미국 등 선진국보다 비교질이 굉장히 심하다. 옆집, 친구, 친인척 등과 끊임없이 비교한다. 비교는 소비로 이어진

다. 남들이 해외여행을 가면 나도 가야 하고, 명품을 사면 나도 사야
한다. 주변에서 외제차를 많이 사니 나도 사야 한다.

사실 비교는 정신 나간 짓이다. 쓰지 않아도 될 돈을 너무 많이
쓰게 한다. 정신없이 쓰다 보면 돈이 남아나질 않는다. 그래서 돈 벌
기를 멈출 수 없다.

서양의 입장

우리와 달리 왜 유럽, 미국 등 서양은 은퇴 연령을 늦춘다고 하면
왜 파업을 할까?

①연금 액수

은퇴 시 받는 연금 액수가 크기 때문이다. 2024년 기준 룩셈부르
크는 가장 많은 연금을 받는데 월 5,201.88유로다. 원화로 약 780만
원이다. 프랑스는 월 1,564.18유로(원화 약 235만 원)다.

반면 한국은 월 평균 35만 원 정도다. 한국은 1988년 1월에 국민
연금이 시작되어 유럽보다 훨씬 늦었고 대부분 중간에 그만두고 자
영업을 하는 비율도 높아 연금 자체가 크지 않다. 따라서 한국인은

노후자금이 턱없이 부족할 수밖에 없다. 최소 프랑스(월 200만 원) 정도는 되어야 생활이 가능하다.

한국에 놀러온 외국인들이 가장 놀라는 것 중 하나는 일하는 노인이 너무 많다는 사실이다. 예를 들어 택시 운전, 공공근로, 폐지를 줍는 노인 등이다. 이들이 나이가 들어도 일하는 이유는 생활비에 비해 연금이 없거나 부족하기 때문이다.

②은퇴는 해외에서

태국이나 베트남 등 동남아 휴양지를 가면 백인 노인들을 어렵지 않게 볼 수 있다. 그들이 은퇴 후 해외에서 노후를 보내는 이유는 제국주의와 언어 때문이다.

영국과 프랑스는 제국주의 시절 전 세계를 식민지로 양분했다. 영국은 해가 지지 않는 나라이니 말할 것도 없고 프랑스도 만만찮다. 따라서 은퇴 후 해외로 나가도 전혀 불편함이 없다. 게다가 이들이 가는 곳은 따뜻한 열대의 나라들인데 이곳도 식민지였던 곳이 꽤나 많다. 프랑스의 경우 뉴칼레도니아를 비롯한 남태평양의 섬들을 식민지배했었다.

프랑스에서는 월 235만 원의 연금으로 살기 힘들지만 식민지였던 나라에 가면 큰돈이다. 이곳에서는 연금만으로도 안정적으로 살 수 있다.

북유럽이나 독일 사람들도 기본적으로 영어를 구사할 수 있다. 따라서 이들 나라의 노인들도 해외에서 언어 때문에 불편함을 겪지 않는다.

반면 한국의 은퇴자들은 영어를 비롯해 외국어에 약하다. 가이드를 끼고 패키지여행이나 할 줄 알지 단독으로 배낭여행은 꿈도 못 꾼다.

돈이 많아도 말이 통하지 않으면 해외에서 대접을 받을 수 없다. 그러니 돈 쓰는 재미가 없다. 이들에게 서비스 소비는 오히려 한국에서 더 재미가 있다. 그래서 프랑스 정도의 연금을 받는다 하더라도 외국에 나갈 사람은 거의 없는 것이 현실이다.

③의료 보험

나이가 들수록 병원과 가까운 곳에 살아야 한다. 그래야 죽을 확률을 조금이라도 낮출 수 있다. 실제로 종합병원, 대학병원 없는 시골 외진 곳에 살면 갑자기 심근경색이 왔을 때 사망 확률이 도시사람보다 몇 배 높아진다. 가까운 곳에 응급실이 없을뿐더러 있어도 정작 담당의가 없다. 구급차를 타고 이곳저곳 헤매다 늦으면 심장이 괴사한다.

　그런데 왜 서양 노인들은 동남아로 갈까? 아이러니하게도 유럽, 캐나다, 미국 등의 의료 상황이 우리 생각보다 훨씬 나쁘기 때문이다. 복지가 잘 되어 있는 EU, 캐나다와 같은 곳은 감기에 걸려도 의사를 만나기 쉽지 않다. 일주일 대기는 기본이다.

　응급실에 가도 의사를 만나지 못한다. 급성맹장 수술을 하지 못해 죽는 경우도 있다. 캐나다에 사는 교포는 오히려 한국에 와서 의사에게 처방 받고 캐나다 가서 약을 타는 게 시간도 비용도 줄이는 방법이라고 한다.

　외국인이 한국에 와서 엑스레이, CT 찍고 의사 만나 상담 받고 약까지 타는데, 이 모든 일을 하루에 다 하는 것에 놀라고 너무 저렴한 가격에 다시 한 번 놀란다고 한다.

　그런데 동남아는 돈만 있다면 의료서비스를 잘 받을 수 있다. 외국인 요금을 적용하지만 자국에 비하면 천국이다. 영어도 잘 통한다. 그러니 유럽, 캐나다, 미국보다 동남아에서 살면 더 오래 살 확률이 높아진다.

　반면 한국의 의료서비스 수준은 최고다. 가벼운 감기나 비염에 걸려도 1시간 이내에 의사를 만날 수 있다. 전 국민 건강보험 덕분에 의료비용도 저렴하다. 큰돈이 들어가는 검사, 수술 비용은 실손 보험으로 해결하면 된다. 그러니 굳이 동남아에 갈 필요가 없다.

만약 동남아에서 장기 체류할 경우 의료에 관한 팁이 있다. 한국에서 여행자 보험을 들고 나가는 것이다. 만기가 6개월 정도라 6개월마다 한국에 다시 들어와 여행자 보험을 갱신하고 해외로 나가면 된다.

④기후

북유럽, 캐나다 등은 햇볕이 적고 밤은 길다. 노인에게는 좋지 않은 환경이다. 우울증에 걸리기 쉽고 추운 날씨에 자칫 고관절이라도 나가면 그냥 인생 아웃이다. 그러니 동남아, 남태평양과 같은 따뜻한 나라에서 노후를 보내는 것이 더 오래 사는 길이다.

⑤휴가 문화

서양의 휴가 문화는 한국과 다르다. 서양에서 휴식은 조용히 책을 읽고 하루 종일 쉬는 것을 의미한다. 그러나 한국에서 휴식은 술을 3차까지 먹고 노래방 가서 진이 빠지게 노는 것을 말한다.

서양은 저자극 휴식을 원하고 한국은 고자극 휴식을 원한다. 그래서 여행을 할 때도 서양은 한 달 정도 한 곳에 머물며 책을 읽고 일광욕을 하고 조용히 쉬며 보낸다. 그런데 한국인들은 많은 나라의 핵심 관광지를 분초 단위로 쪼개 찍으면서 빠르게 사진을 찍고 이동한다. 사진 찍어 남들에게 자랑하는 것이 핵심이다.

그러니 새벽부터 강행군이다. 군대에서도 이렇게 빡세게 돌린 적이 없는데 60대가 넘는 노인을 이렇게 새벽부터 밤까지 진이 빠지도록 잡아 돌리면 녹초가 된다. 그래서 여행 갔다 오면 그때부터 집에 누워 쉬어야 한다.

그래서 서양의 젊은이들이 한국에 오면 다이나믹 코리아라며 놀라고 즐거워한다. 서양에는 한국과 같은 고자극 문화가 없기 때문이다. 해 떨어지면 모든 상점이 문을 닫고 집에서 보내기 때문에 유럽에 놀러 가면 밤에 할 일이 없다.

서양인들이 남태평양의 한적한 섬에서 몇 달씩 있을 수 있는 이유는 저자극 휴식에 익숙하기 때문이다. 한국인들은 섬에 며칠만 있어도 심심해서 돌아버린다.

⑥자식

유럽의 청년실업률은 20%를 넘는 이탈리아를 비롯해 꽤 높은 편이다. 그렇지만 서양은 자녀의 나이가 20살이 넘어가면 독립해서 살아야 한다. 요즘은 영국 런던과 같은 곳의 집값이 살인적이라 부모에 기대는 캥거루족도 있다고 한다. 그러나 대부분 자녀 케어는 20살 성인이 되면 끝이다.

따라서 노후자금을 자녀 사교육비에 쏟아붓거나 전세금을 해주기 위해 평생 뼈 빠지게 일하지도 않는다. 문화 자체가 그러니 자녀들도 부모에게 크게 기대하지 않는다. 매우 독립적이며, 한 마디로 유어 라이프, 마이 라이프다.

한국인이 서양인처럼 해외에서 노후를 보낼 수 없는 이유는, 외국어를 못하고 의료보험 서비스가 좋으며 자산은 부동산에 묶여 있고 연금이 적기 때문이다. 현재의 연금제도 하에서 죽을 때까지 일하지 않으려면 적당한 연금을 받고 해외로 나가 노후를 보내야 한다. 당연히 연금으로 충당되지 않으니 자산은 세계 1등 주식으로 불려 놓아야 한다. 그렇지 않으면 정년 연장을 자발적으로 하면서 죽을 때까지 일해야 한다.

결론

한국인이 서양인처럼 해외에서 노후를 보내려면? 영어는 필수고 부동산이 아닌 주식과 같은 현금성 자산을 보유해야 한다.

평범한 집안에서 태어나 부자가 되려면

진짜 부자란?

선택을 당해야 하는 입장이라면 부자가 아니다

세상에는 부자와 가난한 사람이 공존한다. 둘의 차이는 무엇일까? 언뜻 돈이 떠오른다. 돈이 있다면 이 지겨운 회사를 다니지 않아도 되고, 집에서 놀고먹어도 된다. 더 좋은 곳에서 살 수 있고 더 좋은 음식을 먹을 수도 있다. 모두 맞는 말이다. 그러나 돈도 따지고 보면 이것의 하나일 뿐이다.

이것이란 바로 선택이다. 돈은 내 선택의 폭을 넓혀주는 도구이

다. 따라서 돈은 부자와 가난한 사람의 차이를 설명하는 좁은 개념
이다.

부자는 선택의 폭이 넓다. 회사를 가지 않을 수 있고 직접 회사를
차릴 수도 있다. 놀고 싶으면 놀고, 자고 싶으면 자면서 하고 싶은
일을 하며 살 수 있다.

그러나 내가 굳이 부자의 개념을 '선택'의 문제로 여기는 이유를
알겠는가? 선택이 돈보다 더 큰 개념이기 때문이다. 돈이 많으면 부
자가 되지만, 존경을 받는가에 대해서는 확언할 수 없다.

단순히 돈만 많아서는 졸부 소리 듣기 딱 좋다. 돈은 사람이 살아
가는 데 하나의 수단일 뿐 명예나 권력 등을 가져다주지는 못한다.
로또에 맞아 100억을 손에 쥐어도, 학벌이나 존경받는 직업을 갖지
못했다면 사회지도층이 되기란 쉽지 않다. 따라서 존경받는 부자가
되려면 돈만으로는 힘들고, 돈에 더해 선택권이 많아야 한다고 생각
한 것이다.

예를 들어 50대 중반의 회사원 A가 있다. 직장에서는 한창 구조
조정 중이다. 회사로부터 A에게 제안이 들어왔다.

①월급을 반으로 깎고 정년까지 일하는 방안

②명예퇴직을 하고 2년치의 연봉을 한꺼번에 수령하는 방안

당신이라면 어떤 선택을 할 것인가? 밤잠을 설치며 고민할 문제

다. 월급을 깎이지 않고 다 받으면서 정년까지 일하는 것이 가장 손해 보지 않는 선택이기 때문이다.

내가 생각하는 정답은 '둘 다 선택하지 않는다'이다. 다만 나는 이런 선택에 놓이지 않도록 미리 준비해서 퇴사를 하거나 이직을 하는 것이 더 좋다고 생각한다. 회사원 A는 명예퇴직을 미리 예상하지 못했기 때문에 강제로 선택을 강요당한 것이다.

아직 부자가 아니지만, 미래에는 부자가 되고 싶다면

아직 부자가 아닌 사람도 선택권을 넓히면 부자가 될 수 있다. 어떤 상황에 직면했을 때 더 많은 선택권을 가질 수 있다면 부자가 될 수 있다는 뜻이다. 평범한 집안에서 태어나 부자가 되려면 어떻게 해야 하는가?

공부

공부를 잘한다 함은 지갑에 돈이 두둑함을 의미한다. 대학 진학 시 지갑이 두둑하다면 내 적성에 맞고, 향후 돈도 더 많이 벌 수 있는 유망 직업을 선택할 수 있다.

공부를 잘하는 학생은 어떻게 부자가 되어야 할까? 몸값을 올리면 된다. 한국의 직업군 중 의사의 연봉이 가장 높다. 공부를 잘하면 의사가 될 수 있다. 즉, 공부가 내 선택권을 넓혀주는 기능을 한다는 것이다.

정보

의사가 높은 연봉을 받는 이유는 의사이기 때문만은 아니다. 구소련에 속해 있던 나라들이나 중국처럼 사회주의를 경험한 나라는 의사의 월급이 결코 높지 않다. 미국처럼 자본주의가 발달한 나라일수록 의사의 연봉이 높다. 대한민국에서 의사의 연봉이 높은 이유는 의사가 부족하기 때문이다. 그러나 누구나 다 의사가 될 수는 없다.

공부가 아닌 정보가 내 몸값을 올리는 데 도움이 될 수도 있다. 일반대학을 나왔다면 대기업에 들어갔을 때 연봉이 가장 높다. 그러나 대기업에 들어가려면 학벌도 좋아야 하고 1000대 1의 경쟁률도 뚫어야 한다.

일단 공부를 잘해야 한다. 그런데 내가 공부를 못해서 지방대를 갔고 졸업을 앞두고 있다면? 대기업은 물론이고 중소기업도 들어가기 어렵다면 어떻게 해야 할까?

해외유학

해외유학이 그 대안이 될 수 있다. 연봉을 올리려면 미국의 석사유학도 괜찮다고 생각한다. 같은 직종이라면 미국기업의 연봉이 훨씬 높기 때문이다. 비록 미국의 물가가 비싸기는 하나, 소비습관을 잘 조절할 수 있다면 얼마든지 높은 물가를 극복하고 돈을 모을 수 있다. 물가보다는 높은 연봉이 더 중요하다는 얘기다. 마치 스리랑카 노동자가 한국에서 돈을 아껴 본국으로 돌아가 부자로 살 듯 말이다.

예를 들어 한국 대기업 과장의 연봉은 약 7천~8천만 원이다. 그러나 미국 엔지니어의 연봉은 7만 달러에서 많으면 10만 달러까지도 받는다. 원화를 약 1,450원 정도로 본다면 거의 1억 150만 원에서 1억 4천 500만 원에 이르는 큰돈이다. 대학원 석사 초봉이 이 정도다. 경력이 붙으면 미국의 엔지니어가 한국 의사보다 더 버는 경우도 많다.

게다가 빅테크 AI 엔지니어의 경우 연봉이 10억 원도 넘는다. 이렇게 미국이 한국보다 연봉이 훨씬 높은 이유는 미국의 1인당 GDP

가 한국보다 높기 때문이다.

이 사실을 아는가? 한국의 대기업들이 미국 상위 공대 순위 20개 대학의 석사 졸업자를 상대로 꼭 와달라고 취업설명회를 연다. 한국에서는 대기업에 들어가려면 1000대 1의 경쟁률을 뚫어야 하는데 미국 공대 석사는 오히려 더 쉽게 취직할 수 있는 길이 있다. 물론 한국에서 지방대 졸업장을 가지고는 면접은커녕 서류 통과도 힘들다.

그렇다면 한국의 지방대 출신이 미국 유명 공대 대학원에 붙을 수 있을까? 불가능하지 않다. 다만 학부 때부터 영어를 비롯해 철저히 준비해야 한다. 물론 학점 관리도 잘해야 한다.

미국 유명 대학원에 붙을 수 있는 근거는 미국 대학이 한국 대학의 순위를 잘 모르기 때문이다. 심지어 서울대학교가 넘버원인지도 잘 모른다. 같은 이치로, 우리도 필리핀의 넘버원 대학교가 어디인지 잘 모른다. 따라서 서울대학교 학점 2.0보다는 지방대학교 학점 4.0이 미국 대학원에 입학하기 더 유리할 수도 있다. 지방대 출신으로 미국 유명 대학원에 진학한 예도 있다.

그러나 미국에서 대학원을 나와 한국 대기업으로 오는 것은 좋지 않다. 기본적으로 한국의 기업은 엔지니어 생명이 짧기 때문이다. 50세 이전에 명퇴를 당한다. 그러나 미국의 엔지니어는 70세까지 일하는 경우도 많다. 게다가 미국 대학원을 나와도 대기업 초봉에 3호봉 더 주는 것에 불과하다.

따라서 진학이 애초에 돈을 더 벌기 위한 목적이라면, 한국 대기업보다는 미국의 테크기업에 들어가는 편이 더 낫다고 생각한다. 더구나 한국 대기업의 텃세도 장난이 아니다.

졸업 후 취업은 어떨까? 비자 문제도 있으니 쉽지는 않다. 대학원에 다니면서 공부는 취업을 위한 도구로 생각하고 주로 인턴 경력을 쌓는 데 주력해야 한다. 인턴 경력이 없는 졸업생은 현지 미국 기업에서 뽑아주지 않으니 말이다. 그러니 대학원에 다니면서 인턴에 목숨 걸고 지원해야 한다. 경력과 학비를 모두 얻는 방법이기 때문이다. 물론 험난한 길임은 분명하다.

미국 대학원 졸업 후 엔지니어 취업은 어렵지 않다. 미국도 공부를 잘하는 아이들이 의사, 변호사, 비즈니스 쪽을 선택하기 때문이다. 프리메드, 로스쿨, MBA도 모두 석사 과정이다. 그러니 공부를 더 할 거면 차라리 의사, 변호사, 트레이더를 하지 엔지니어를 하지는 않는다. 따라서 엔지니어는 미국에서도 한국처럼 선호직업이 아니다. 인도, 중국 출신의 엔지니어들이 많은 이유이기도 하다.

의외로 미국에서 교수가 되는 것도 어렵지 않다. 교수가 되려면 박사까지 많은 공부를 해야 하지만 미국인의 선호직업에 비해 교수 연봉은 높지 않다. 따라서 미국의 대학교수들은 대부분 외국인이다.

정보는 선택의 폭을 넓혀준다

물론 미국 석사 유학은 결코 쉬운 길은 아니다. 내가 하고픈 얘기는 정보가 많을수록 선택의 폭이 넓어진다는 사실이다. 지방대 졸업 후 웬만한 기업 100군데 다 넣어서 다 떨어질 수 있다는 생각으로 미리 준비해 보라는 뜻이다. 꼭 미국일 필요는 없다. 일본이나 다른 나라 의대 유학의 길도 있다.

한국에서 마음 편히 대학에 다니는 것에 비해 유학은 험난한 길이다. 그렇지만 선택의 폭을 넓히려면 도전정신과 열정, 용기가 필요하다.

왜 선택의 폭을 넓혀야 할까? 선택의 폭이 넓어지면 멘탈이 강해지기 때문이다. 예를 들어 직장상사가 "너 이것밖에 못해?"라고 많은 사람들 앞에서 면박을 주었다고 해보자. 만약 내가 그 직장 이외에 선택지가 없다면 나의 멘탈은 가루가 된다. 그러나 만약 그 직장 이외에 선택지가 얼마든지 있다면 상사의 비난에 내 멘탈은 흔들리지 않을 것이다. 심지어 마음에 안 드는 직장상사의 얼굴에 사표를 집어 던질 수 있다.

멘탈은 그저 정신력으로 강해지는 것이 아니다. 포지션이 내 멘탈을 강하게 만든다.

결론

부자나 부자가 될 사람은 고를 선택지가 많은 사람이다. 고를 선택지가 많아야 멘탈이 흔들리지 않을뿐더러 스트레스 받을 일도 없다.

부모에게 물려받지 못했더라도 자신의 몸값을 올려 부자가 될 수 있다. 자수성가를 꿈꾼다면 길 자체가 험난하기에 도전정신, 열정, 용기가 필요하다. 그러나 이 세상에 극복 못할 일은 없다.

41장

성공의 필수 조건,
감정 자극하기

감정을 건드려야 반복소비가 일어난다

우리나라 인구는 5천만이지만, 천만 영화는 자주 나온다. 한 영화를 여러 번 보는 행위, 즉 N차 관람이 많기 때문이다. 우리에게는 좌뇌와 우뇌가 있다. 좌뇌는 주로 이성을 담당하고 우뇌는 감정을 담당한다. 천만 영화가 되려면 이성보다는 감정을 자극해야 한다. 〈7번 방의 선물〉, 〈부산행〉, 〈명량〉, 〈해운대〉, 〈베테랑〉, 〈신과 함께〉, 〈범죄도시〉 등등. 천만 영화 수치는 우리나라에 좌뇌형 인간 또는 감정적인 사람이 많다는 증거이기도 하다.

유튜브에서 1억 뷰 이상을 기록하는 동영상은 주로 뮤직비디오

다. 역대 1위는 한국의 '아기 상어', 2위는 '데스파시토', 8위는 '강남 스타일'이다. 영화의 N차 관람처럼 유튜브에서 반복 시청은 음악 분야가 많다. 우리 모두 좋아하는 노래는 반복해서 듣고 싶어 한다.

유튜브에서 성공을 거두고 싶다면 주로 우뇌를 자극하는 감정적인 콘텐츠를 만들기를 추천한다. 감정적인 콘텐츠는 사람들이 반복해서 소비하기 때문이다.

한국 유튜브에서 슈퍼챗 1위는 가로세로연구소, 2위는 유재일, 3위는 수와진TV, 4위는 시사타파다. 슈퍼챗 탑5 안에 정치가 3개 음악이 1개다. 정치도 감정의 영역이라고 할 수 있다. 정치인들이 TV에 나와 정책을 토론하면 아무도 안 본다. 그러나 정치인들이 욕지거리하고 싸우면 시청률이 올라간다. 즉, 감정을 자극해야 정치인으로 성공한다는 얘기다. 만약 정치인이 있는데, 그가 누군지 잘 모르겠다면, 그가 이성적인 정치인이기 때문이다. 이성적인 정치인은 국민적 지지를 얻을 수 없다.

이성은 생각하게 만들고 감정은 행동하게 만든다. 자신의 돈을 내는 적극적인 행위는 이성보다는 다분히 감정적이 되어야 실천하게 되어 있다는 얘기다.

노래 경연프로그램이 성공할 수밖에 없는 이유는 무엇인가? 노래라는 감정과 함께 신파조의 스토리를 곁들이기 때문이다. 따라서 노래만 잘해서는 경연프로그램에서 1위를 차지하기 어렵다.

폴 포츠처럼 개인사 비하인드 스토리도 필요하다. 폴 포츠는 어눌한 외모에 왕따를 당한 루저였고 영국 웨일스의 휴대전화 외판원이었다. 그가 오페라를 하겠다며 '브리튼즈 갓 텔런트' 무대에 처음 섰을 때 심사위원 모두가 무시하는 표정이었다. 그러나 그가 노래를 시작하자 뛰어난 실력에 반전이 일어났고 노래가 끝나자 기립박수가 터져나왔다. 신파적 스토리로 인해 그의 실력은 훨씬 큰 반향을 일으켰다.

반면 좌뇌용 콘텐츠는 일회용이다. 대표적으로 경제 프로그램들이다. 경제 프로그램도 다회용이 될 수는 있다. 감정을 건드리면 된다. 예를 들어 나스닥 -3%가 떠서 주가에 공포감이 몰려올 때 사람들은 콘텐츠를 무차별로 소비한다. 그러나 일반적으로 경제 콘텐츠는 일회용이다. 이성적인 분석이 대부분이기 때문이다.

개그도 일회용이다. 재미있는 이야기도 두 번, 세 번 들으면 재미가 떨어진다. 개그맨이 똑똑한 이유는 웃음이 사람의 감정보다는 이성을 건드리기 때문이다. 개그가 이성적이라는 얘기가 아니고 일반적인 상황을 뒤엎는다는 뜻이다.

두 번 보지 않는 콘텐츠가 있다면 그것은 이성적인 콘텐츠다. 우뇌용 콘텐츠라면 다회용이다. 앞서 살펴본 음악, 노래, 춤, 감정 등의 콘텐츠는 사람의 감정을 자극하여 여러 번 보게 하는 힘이 있다.

사람에 따라 콘텐츠를 소비하는 방식이 다르다. 나는 따분하고 지루하고 울고 짜는 신파는 모두 버리고 내가 보고 싶은 것만 본다. 어차피 울고 짜는 내용을 몰라도 줄거리를 해석하는 데 큰 지장이 없다.

내가 영화 N차 관람이 안 되는 이유는 스토리와 논리 구조 중심으로 보기 때문에 결말을 알고 나면 재미가 확 떨어지기 때문이다. 그래서 나는 극의 짜임새가 엉망인 영화, 고증이 덜 된 영화 등을 보면 화가 난다.

결론

개그맨이 가수보다 먹고살기 어렵다. 코미디는 두 번 세 번 보지 않는다. 이성의 영역이라는 얘기다. 그러나 가수의 노래는 10번, 백 번, 천 번 듣는다. 감성을 건드리기 때문이다. 가수는 나이가 들어도 콘서트로 먹고산다. 이성보다 감정을 건드리는 직업은, 성공했을 때 생명이 매우 길다. 크게 성공하려면 어떻게 감정을 건드릴지 고민해야 한다.

K푸드가
세계적으로 뜨는 이유

K푸드가 인기다. 심지어 미국 뉴욕 한복판에 한국의 기사식당이 인기를 끌고 있다고 한다. 참고로 제육정식 가격은 한국 돈으로 약 4만 4000원이다.

그래서인지 한국 주둔 미군들도 맥도날드, 버거킹 등 패스트푸드점보다는 동네 근처의 백반집을 간다고 한다. 헐리우드 스타들도 한식인 떡볶이, 삼겹살 등을 먹으며 인스타에 올린다. 정말 '국뽕'이 차오르는 소식이 아닐 수 없다.

국가의 위상이 올라가면서 이처럼 K푸드의 인기도 올라간 것일까? 아니면 BTS 등을 비롯한 K컬쳐 때문일까? 영향이 없지는 않을 것이다.

일본이 선진국이 되기 전까지 미국에서 스시는 야만인들이 먹는 음식으로 취급받았다고 한다. 그러나 일본이 선진국이 되자 미국의 상류층들이 스시집을 드나들기 시작했고, 스시는 국가 위상의 상승과 함께 힙한 음식이 되었다.

당연히 한국의 국력 신장과 함께 BTS 등을 비롯한 K팝, K드라마가 인기를 끌면서 K푸드를 세계인들이 즐기게 되었음을 짐작할 수 있다.

내가 즐겨 보는 TV프로그램은 〈윤식당〉, 〈서진이네〉, 〈한국인의 식판〉 등이다. 포맷은 비슷하다. 한국 연예인과 셰프가 외국 어딘가에 한식당을 오픈하거나 대접하면서 현지인들의 반응을 살핀다. 연출인지는 모르겠지만 90% 이상의 현지인들이 한식에 긍정적이다. 국뽕에 기댄 프로그램들인 줄 알면서도 나 역시 한국인지라 한식에 대한 외국인의 긍정 리액션이 나오면 나도 모르게 기분이 좋아진다.

그런데 K푸드를 즐기는 외국인들에게는 하나의 공통점이 발견된다. 태어나서 처음 본 음식에 거부감을 보이다가도, 일단 먹고 나면 정말 맛있다며 반전을 보인다. 풍부한 식감, 달콤하고 매운 감칠맛에 반응하는 것이다.

외국인들이 처음 한식에 거부감을 느끼는 이유는, 한식을 안 먹어본 이유도 있겠지만 재료 또한 생소하기 때문이다. 외국인 입장에서 한식 재료들은 평생 한 번도 먹어볼 기회가 없었다. 왜냐하면 한국의 식재료는 대부분 먹는 것이 아니기 때문이다.

예를 들어 고사리는 외국에서는 독초로 분류되어 아예 입에 대지도 않는다. 그런데 한국인은 고사리를 쪄서 소금으로 제독작용을 하고 말려서 삶아 먹는다.

한식을 풍부하게 만드는 재료는 바로 나물이다. 생각해 보면 나물은 캐는 것이지 기르는 것이 아니다. 콩나물 같은 일부를 빼고는 주로 산에서 캔다. 야생에서 제멋대로 자란 풀이라는 말이다.

한국인들이 산에서 나물을 캐는 이유도 살펴보자. 한국의 벼농사 역사는 생각보다 길지 않다. 한국의 척박한 토양에서는 벼농사가 적합하지 않기 때문이다. 벼농사는 남쪽 지역이 어울린다. 태국은 이모작, 심지어 삼모작도 가능하다. 물이 풍부하고 벼가 자라기에 적합하다. 그러나 한국에서 벼농사가 가능한 기간은 6월부터 9월까지로 매우 짧다. 그것도 가뭄이 오면 망하고 태풍이 오면 쓸려간다.

그런데도 한국이 이모작이 된 이유는 1년 동안 벼농사와 보리농사를 하기 때문이다. 벼농사는 6월에 모내기를 시작해 9월에 추수한다. 보리는 겨울에 심지만 6월에서야 수확을 한다.

풍년이 들었을 때는 9월부터 다음해 6월 보리 수확 시기까지 먹을 쌀이 있다. 그러나 평년이었을 때는 3월쯤이면 쌀이 떨어진다. 보리를 수확하는 6월까지 먹을 것이 없다는 말이다. 이 기간을 보릿 고개라 한다.

나물은 기르는 것이 아니라 캐는 것이라 했다. 나물은 기르지 않 는다. 굶주린 백성들이 먹을 것이 없어 산에서 자란 나물을 캐 먹었 을 뿐이다. 세계인들은 한 번도 먹어보지 못한 독초를, 한국인들은 예전부터 보릿고개를 넘기려고 산에서 캐서 먹었던 것이다.

한식에서 빼놓을 수 없는 것이 바로 봄나물로 지은 밥상이다. 당 연히 외국인들은 먹어봤을 리 없다. 한식의 나물은 식감을 풍부하 게 만들고 시각적으로도 형형색색 아름답다.

한국인은 보릿고개를 넘기려 바다에서 해초도 뜯어먹었다. 김, 미역, 우뭇가사리 등이다. 그런데 살기 위해 어쩔 수 없이 먹었던 음 식이 운 좋게도 현대에서는 각광 받는 건강식이다.

이처럼 한식은 다양한 재료를 혼합할 수 있어 화려하고 다채로우 며, 생소한 식감을 즐길 수 있는 데다 무려 건강식이다. 21세기에 적 합한 맛있는 식단이니 주목 받는 게 당연하다.

한식의 특성은 창의성이다. 창의성은 융합, 즉 하이브리드다. 여 러 가지를 붙여 넣다 보면 다양한 버전이 탄생한다. 김치 종류가 수 십 가지인 이유는, 수십 가지 종류로 다양하게 만들어 먹을 수 있기 때문이다. 남들이 안 먹는 해초, 나물 등을 넣어 반찬을 만드니 밋밋한 다른 나라 음식과 차별화가 생긴다.

그러나 원래부터 부자 나라들은 다르다. 영국이 대표적이다. 원래부터 영국은 선진국이라 고급 식재료가 넘쳤다. 고급 생선과 소고기의 가장 맛있는 부위만 식재료로 쓰고 나머지는 모두 버린다. 융합할 이유가 없다. 맛있는 소고기 부위만 먹기에도 고기가 넘쳐난다.

그래서 영국의 대표적인 음식이 피시앤칩스다. 어떤 한국인들은 그것도 음식이냐고 푸념한다. 영국에서는 고기만 먹어도 충분한데 굳이 산나물과 해초를 먹을 이유가 없다. 한국에 들여오는 골뱅이는 대부분 영국산이다. 영국에서는 골뱅이가 넘쳐나도 먹지 않는다. 그러나 한국은 눈알만 빼고 소 전체를 다 먹는다.

얼마 전 TV 프로그램에는 꼬리곰탕을 맛있게 먹는 아이슬란드인이 방영되었다. 서양인은 소꼬리는 버리거나 스팸, 소세지로 만들지 국물을 내서 먹지 않는다.

창의성은 헝그리 정신에서 비롯된다

창의성의 원천은 헝그리 정신이다. 남들이 쓰지 않거나 없는 것을 쥐어 짜내서 다양하게 조합해 만들어 내는 것이다. 반대로 배가 부르고 돈이 많으면 창의성이 떨어진다. 대기업이 스타트업보다 창의성 면에서 떨어지는 이유이기도 하다. 대기업의 창의성이 떨어지는 이유가 결코 스타트업보다 인재의 질이 떨어지거나 직원에게 줄 인센티브가 없어서가 아니다.

대기업이 창의적이 되려면 스타트업 인수합병을 꾸준히 병행해야 한다. 이렇게 하는 대기업이 바로 구글, 메타 등이다. 구글이 인수한 목록을 인터넷으로 쉽게 찾아볼 수 있는데 어림잡아도 수십 개가 넘는다. 대표적으로 유튜브, 딥마인드 등과 같은 스타트업이다.

그러나 반대로 삼성은 하만카돈을 인수한 것 외에 눈에 띄지 않는다. 이런 현상을 보면 미국의 빅테크가 괜히 빅테크가 아니다. 이미 세계적인 기업이면서도 헝그리 정신을 버리지 않는다.

국가도 마찬가지다. 기업의 인수합병처럼 이민자들이 미국으로 가서 세계적인 기업을 세운다. 테슬라를 세운 남아공의 일론 머스크, 구글을 만든 러시아의 세르게이 브린 등이 대표적이다. 반대로 유럽과 한국을 비롯한 동아시아는 인재와 국부 유출이 심각하다. 그나마 한국은 영어가 공용어가 아닌 덕분에 인재 유출이 덜한 편으로, 유일한 위안거리다. 만약 한국이 싱가포르처럼 영어를 쓰고 있다면 2배 빠른 속도로 고급 인재가 빠져나갈 것이다.

한식이 세계적으로 인기 있는 이유는 창의적이기 때문이다. 창의성은 헝그리 정신이 깃든 절박함에서 나온다. 똑똑한 기업과 자유로운 나라는 인수합병과 이민으로 창의력을 수입한다. 그러나 멍청한 기업과 폐쇄적인 나라는 안주와 이민으로 창의력을 빼앗긴다.

한국인이
비교, 시기, 질투하는 이유

한국의 토지는 예나 지금이나 대대로 척박하다. 열심히 일하지 않으면 잘살기는커녕 생존 자체도 불가능했다. 김치는 겨울을 나려고 만든 음식이다. 김치는 배추나 무에 고춧가루, 파, 마늘 등의 양념을 버무려 발효시킨다. 발효를 시키면 유산균이 생기는데 이 유산균이 단백질이 부족한 선조들의 영양을 보충해 줬다. 이렇게 김치를 비롯한 각종 발효음식을 만들어 겨울을 나야 할 만큼 가난했다.

한국인은 풍요롭지 못한 땅에서 먹고살아야 하기에 제한된 자리를 놓고 극한의 생존경쟁을 해야 한다. 조선의 과거시험이 그랬고 지금은 대학입시가 그렇다. 한반도에서 사는 한 한정된 자원과 자리를 놓고 싸우는 제로섬 게임을 피할 길이 없다.

극한의 생존경쟁 와중에 탄생하는 것이 바로 비교와 시기, 질투심이다. 엄마는 '엄마 친구 아들' 같은 목표를 만들고 자식들을 끊임없이 비교한다. 부인은 옆집 남편과 같은 목표를 만들고 남편을 끊임없이 비교한다.

SNS에서는 남자보다 여자들이 더 많은 상처를 받는다. 엄마와 부인의 공통점이 여자이기 때문이다. 남자보다는 여자가 주변에 더 많은 신경을 쓴다. 남자는 목표지향적이고 여자는 관계지향적이기 때문이다. 따라서 여자들은 주변과 끊임없이 비교하고 질투한다.

그러나 남자가 비교, 질투하는 경우는 드물다. 그렇게 되고 싶다면 자신이 극복해야 하기 때문이다. 부자가 되지 못했거나 학벌이 좋지 않다면 그것을 해내지 못한 자신에게 실망하고 좌절한다. 따라서 비교나 질투를 하기보다는 좌절감에 빠지고 우울증에 걸리는 편이다.

한국의 말도 관계 중심적이다. 너, 당신과 같은 2인칭이 있지만 평소에는 잘 쓰지 않는다. 2인칭은 친구나 후배에게 쓰지 선배, 나보다 나이 많은 사람, 상사에게는 쓰지 않는 말이다. 윗사람에게는 부장님, 과장님과 같은 직함이나 형, 선배님과 같은 관계로 부른다.

유교와 존댓말이 한국을 관계지향적으로 만들었다. 그러다 보니 주변과의 비교, 시기와 질투가 자연스럽다.

한국인의 비교, 시기, 질투는 어떤 일을 하려고 할 때 남 때문에 시작하는 경우가 많다. 치킨집이 잘된다고 소문이 나면 치킨집이 우후죽순 생기고, 빵집이 잘된다고 소문이 나면 근처에 빵집이 우수수 오픈한다. 내가 하고 싶은 일, 잘하는 일은 고려하지 않는다. 남과 비교해 '쟤도 하는데 나라고 못할까?' 하면서 자만심으로 시작한다. '친구 따라 강남 간다'는 속담이 괜히 있는 게 아니다.

한국인이 시기 질투가 심하다는 사실을 알았다면, 절대 하지 말아야 할 행동이 있다. 바로 성공을 자랑하는 것이다. 성공을 자랑하고, 돈을 자랑했다가는 주변 사람들의 시기, 질투, 음해, 루머 등으로 공격을 받는다. 성공한 젊은 연예인들의 안티팬이 많은 이유도 한국인의 시기, 질투 심리를 건드리기 때문이다.

만약 자신의 성공과 부를 떠벌리고 인증하는 사람이 있다면 반드시 사기꾼으로 의심해야 한다. 슈퍼 카, 한강이 보이는 아파트, 럭셔리한 수트 등을 뽐내며 부자임을 인증하는 사람들, 실상을 보면 죄다 빌린 것들이다. 반드시 목적이 있기 때문에 그런 짓을 한다. 그들은 회원을 모아 선행매매를 하거나 미리 사놓은 장외주식을 팔아 돈을 번다. 반면 진짜 성공한 사람, 부자인 사람은 한국인의 특성을 잘 알기에 철저히 자신을 감춘다.

한국인이 자신을 뽐내는 사람들에게 속는 이유도 시기와 질투심 때문이다. 그에 더해 '너도 하는데 나도 할 수 있다'는 자만심 때문이다. 그래서 도박적인 성향이 형성된다. 욕심은 많은데 공부나 노력은 안 하는 스타일이다. 철저히 조사하고 공부해서 스스로 투자하면 되지만, 그것이 귀찮아서 사기꾼에게 속는 것이다. 그리고 한국인은 일확천금을 노리는 경향이 많다.

> **2배.3배 수익 노리는 '레버리지의 민족', '엔비디아 베팅' 했다 물렸다...**
>
> 김석환 미래에셋증권 연구원은 "최근 한 달 동안 국내 투자자들의 순매수 미국주식 상위 10개 중 5개가 레버리지 ETF였다"며 "ETF를 통한 분산 및 간접투자는 바람직하지만, 과도한 레버리지를 통한 투자는 리스크가 함께 동반된다는 점을 인지해야 한다"고 말했다.
> _2024년 8월 31일자 연합투데이

한국인이 투자하는 미국주식 상위 10개 중 5개가 레버리지였다. 돈 벌려는 욕심이 화끈하다. 그래서 한국인은 피곤하다. 시기와 비교, 질투는 사람을 지치게 만든다. 이런 사람은 평소의 말투를 보면 안다. 비교급이 항상 말에 배어 있다.

옆집은 명절 때 식구들이 바글바글한데 나는 외롭게 이게 뭐냐? 누구는 몸이 건강한데 나만 아프다. 엄마 친구 아들은 백점 맞았다는데 너는 시험성적이 왜 이 모양이냐? 옆집 남편은 식구들 데리고 캠핑 가서 음식 다 한다던데 너는 왜 공휴일에 집에서 처자고 있냐? 친구는 차를 바꿨는데 나는 10년 된 고물차를 언제까지 끌고 다녀야 하냐?

이처럼 한국인은 비교급 단어들을 입에 달고 산다. 다 아는 얘기지만 일체유심조一切唯心造라는 말이 있다. 모든 것은 마음에 달렸다는 뜻이다. 원효대사가 해골물을 먹고 깨달음을 얻어 한 말이다.

자신이 하면 될 일을 왜 남과 비교하는가? 새 차가 부럽다면 10년 된 고물차 팔아버리고 새 차 뽑으면 된다. 새 차 뽑을 능력이 안 되면 열심히 투잡이라도 뛰어서 돈 벌면 된다. 옆집 남편이 캠핑 가서 부러우면 부러워하지 말고 스스로 차 끌고 가면 된다. 옆집 아이가 공부를 잘해서 부러우면 공부법이라도 배워서 애들과 함께 공부하거나 공부가 쉬운 나라로 이민을 가면 된다. 나이 들어 몸이 아픈 이유는, 젊었을 때 건강관리를 못했기 때문이다. 더 아프지 않으려면 이제라도 식단관리, 건강관리를 하면 된다. 내가 하려고 하지 않기 때문에 화살을 외부로 돌리는 것이다.

결론

할 일은 하지 않고, 할 의지도 없으면서 남이나 사회에 자신이 져야 할 책임을 떠넘겨서야 되겠는가. 스스로 해보고 안 되면 방법을 찾아 끊임없이 도전하면 된다. 남 탓하는 인생은 평생을 비교 지옥에서 살다가 불행하게 죽는다. 평소 비교급을 입에 달고 사는 사람은 절대 친해지지도 말고 최대한 멀리하라. 이성이라면 더더욱 멀리하는 게 좋겠다. 이런 사람이 배우자라면 당신의 현실은 지옥이 된다.

찰리 멍거와 같은
위대한 투자자 되는 법

MBC에 '백분토론'이라는 시사토크 프로그램이 있다. 정치나 사회적 이슈를 주로 다룬다. 사실 나는 한국의 토론 프로그램을 보지 않는다. 상대편의 이야기를 받아들일 자세가 되어 있지 않고, 시종일관 자기주장만 하다가 끝나기 때문이다.

한국인들은 토론에서 논리적으로 밀리면 진다고 생각한다. 그래서인지 우기거나 어떠한 궤변을 늘어놓아서라도 상대방을 이겨먹으려 한다. 토론에서 질 것 같으면 꼬투리를 잡아서 물고 늘어지거나 상대방의 태도를 문제 삼거나 나이를 들먹여서라도 이기려 한다. 그러니 토론이 제대로 될 리가 없다.

우리가 내세우는 역사 속 가장 유명한 토론은, 아마도 고려시대

외교가 서희가 거란의 장수 소손녕을 상대로 말로써 강동 6주를 얻은 사건일 것이다. 거란은 송나라를 쳐서 천하를 얻고 싶었다. 그러나 먼저 고려를 공격하기로 작정한다. 거란이 송나라를 칠 때 고려가 거란의 뒤통수를 칠 수 있기 때문이다. 그러나 오히려 소손녕은 서희가 거란에게 조공을 바치기 위해서는 길을 터줘야 한다는 말에 고려에게 강동 6주를 내준 것이다.

나는 여기서 서희보다 소손녕을 더 훌륭하게 생각한다. 거란에 조공을 하려면 강동 6주의 땅이 필요하다는 서희의 논리를 이해하고 받아들였기 때문이다. 상대방이 아무리 설득력 있는 말을 해도 MBC '백분토론'처럼 서로 자기주장만 하다가 끝났다면 결국 전쟁이 일어나 수많은 사람들이 죽었을 것이다.

상대방의 의견을 받아들이는 자세는 매우 중요하다. 사람과 동물의 차이점 중 하나는 언어에 있다. 만약 사람에게 언어가 없었다면 인간과 동물의 차이도 없었을 것이다. 그러나 인간은 언어 습득 능력을 바탕으로 선조들의 지혜를 수월하게 계승할 수 있었고, 거기에 더해 더 나은 창조도 가능했다.

삼인행필유아사언三人行必有我師焉이라는 말이 있다. 세 사람이 길을 가면 적어도 그중 한 사람에게는 배울 점이 있다는 뜻이다. 여기서 핵심은 사람의 단점이 아니라 장점을 찾는 자세다.

인간의 질투심은 잘나가는 사람 앞에서 폭발한다. 어떻게 해서든 깎아내리려는 성질이 있다. 그래야 자신이 올라간다고 착각한다. 그러나 잘나가는 사람은 그런 사람을 바로 알아본다. 그리고 입을 닫는다. 그 사람에게서 세상 어디에서도 듣지 못할 정보를 얻을 수 있는데도 자신의 태도 때문에 소중한 기회를 놓친다. 그래서 자세가 중요하다. 훌륭한 사람으로부터 그들의 지혜를 받아들일 자세 말이다.

보통사람으로부터도 지혜를 얻을 수 있다. '생활의 달인'이라는 프로그램이 있다. 주로 육체노동을 하는 우리 주변의 보통사람들이 주인공이다. 달인들에게는 몇 가지 공통점이 있는데, 자기 직업에 대해 만족하고 자부심을 갖고 있으며 자신의 일에 최선을 다한다. 항상 연구하고 창의적으로 일을 발전시키고 최고가 되기 위해 끊임없이 노력한다.

그러나 우리는 평소 생활의 달인들을 만나기가 쉽지 않다. 배울 점이 많은 정말 훌륭한 사람들도 좀처럼 만날 기회가 많지 않다.

해결책은 무엇일까? 바로 책이다. 훌륭한 사람을 직접 만나 그들의 얘기를 들을 수는 없지만 책을 통해 그들을 만날 수 있다. 그들의 생각을 비판적으로 잘 받아들일 마음으로 책을 읽어야 한다. 그렇다면 발전이 있다.

　변호사였던 찰리 멍거는 어떻게 전설적인 투자자가 되었을까? 젊은 시절 변호사로 잘나가던 찰리 멍거는 당시 1시간 상담비용으로 10달러를 받았다고 한다. 그런데 생각해 보니 남을 위해 내 시간을 쓰는데 정작 자신을 위해서는 하루 1시간도 쓰지 못한다는 사실을 깨달았다. 그래서 하루에 한 시간은 자신을 위해 투자해야겠다고 다짐했다. 이후 그는 하루에 한 시간 책을 읽었고 위대한 투자자가 되었다.

결론

하루에 최소한 한 시간 책을 읽자. 그러면 찰리 멍거와 같은 위대한 투자자가 될 수 있다.

45장

국뽕 콘텐츠가
잘 팔리는 이유

한국의 위상이 세계적으로 높아지고 있다. 그에 맞춰 유튜브와 같은 동영상 플랫폼에서 국뽕 콘텐츠가 증가 추세다. 예를 들면,

'세계는 지금 K-컬쳐 앓이중, 찐 해외 반응.'

'영국에서 작정하고 만든 한국 특집방송.'

'해외에서 대박친 K콘텐츠.'

등이다.

사람은 무엇에서 행복을 느낄까? 애나 어른이나, 부자나 가난한 자나 원하는 것은 단 하나, 타인의 인정이다. 인정을 받으면 마음으로부터 감탄사가 터지며 행복이 샘솟는다. 이처럼 우리는 인정에 목말라 있다.

인간이 인정에 행복을 느끼는 이유는, 인간이 사회적 동물이기 때문이다. 현대적인 삶을 살아가고 있지만, 원시인의 생활양식을 따르고 있다는 얘기다.

원시인들은 협업으로 매머드 같은 큰 동물을 잡을 수 있었다. 원시인이 정글에 혼자 남겨졌다면 머지않아 맹수의 밥이 되었을 것이다. 따라서 원시인은 공동체 생활이 필수였고, 공동체에서 자기의 역할을 잘해내면 남들에게 칭찬을 받았다. 반대로 제 몫을 하지 못하면 공동체에서 퇴출되어 야생에 혼자 버려졌다.

원시인은 다른 사람으로부터 인정을 받지 못하면 외톨이가 되었고, 고립은 곧 죽음을 뜻한다. 따라서 외로움의 감정은 죽음의 공포와 같다.

그러나 한국은 타인에 대한 인정이 매우 박한 사회다. 어릴 적에는 밥만 잘 먹어도 아장아장 걷기만 해도 부모로부터 인정을 받았다. 그러나 학교를 들어가고 나서는 오로지 공부를 잘해야만 인정이 뒤따라온다. 시험 성적이 다른 아이보다 좋으면 좋을수록 인정 수치도 올라간다. 반대면 당연히 인정받지 못한다.

90점을 넘어도 100점을 못 받았다는 이유로 칭찬을 받지 못하고, 100점을 받아도 올백을 못 받았다는 이유로 칭찬을 받지 못한다. 따라서 학교에 진학한 이후 극히 일부 아이들을 제외하고 대부분의 아이들은 열등생으로 전락한다.

키가 크고 잘 생기고 예쁘고 춤도 잘 추며 사교성이 좋고 인간성이 좋아도 공부를 못하면 한국에서는 주변 사람들에게 인정을 받지 못한다. 그러나 키가 작고 못생기고 몸치에 내성적이고 이기적이어도 공부를 잘하면 어른들로부터 칭찬은 물론이고 착하다는 소리마저 듣는다.

따라서 공부를 못하는 대부분의 아이들은 자신이 인정받을 수 있는 것에 흥미를 갖는다. 예를 들면 게임이다. 게임을 열심히 하면 실력이 는다. 게임에는 레벨이 있어서 레벨이 올라가면 게이머들 사이에서 유명인사가 된다. 인정받은 아이는 게임에 더 몰두한다. 결국 남자아이는 게임에 빠지고 여자아이는 SNS에 빠진다. 모두 인정을 갈망하는 마음에서 비롯된다.

한국의 직장문화도 마찬가지다. 직장생활을 하면서 욕이나 안 먹으면 다행이지 칭찬 듣는 일은 매우 드물다. 그러니 직장은 지옥이고 일상으로 돌아와도 지옥이다. 지독한 경쟁이 낳은 폐해다.

한국인들이 신파를 좋아하는 이유는, 바로 타인의 처지에 자신을 감정이입하기 때문이다. 부모를 잘못 만나 어려서부터 고생한 학생이 명문대에 합격한 수기를 읽거나, 수천 대 일의 경쟁을 뚫고 연예인 오디션에 합격한 스토리를 접하면 마치 자기 일처럼 기뻐하고 감동한다. 인정에 박하고 치열한 무한경쟁 사회인 한국에서, 어렵게 성공한 사람들은 대부분의 흙수저들에게 대리만족을 주기 때문이다.

입지전적으로 성공한 사람의 처지가 나와 비슷할수록 더 큰 행복을 느낀다. 예를 들어 정치인의 자녀가 하버드에 들어가면 비리를 의심하지만, 궁핍한 사람의 성공 스토리에는 감동으로 화답한다.

인정의 영역은 비단 개인의 영역만이 아니다. 감정이입은 단체나 국가로까지 확대된다. 한국에서 성공했다면 세계에서도 성공해야 한다는 의식이 국민감정 속에 있다. 따라서 올림픽에서 금메달을 딴 선수나 세계적으로 선전하는 기업, 해외에서 통하는 한국 콘텐츠 등의 소식을 들으면 한국인은 대리만족하며 행복을 느낀다. 넷플릭스에서 방영된 〈케이팝 데몬 헌터스〉의 세계적인 열풍으로 한국인의 어깨에 얼마나 많은 뽕이 들어갔는가.

그래서 국뽕 채널의 인기가 날로 치솟고 있다. 〈오징어 게임〉을 본 백인들의 리액션 조회수가 100만을 넘어간다.

결론
한국은 극도의 경쟁사회다. 경쟁사회는 인정에 박하다.

그러니 개인이 타인으로부터 인정받을 일이 거의 없다. 따라서 한국의 개인, 집단, 국가 등은 모두 타인으로부터의 인정을 갈망한다. 인정을 받지 못하면 죽을 것 같은 외로움에 직면하기 때문이다. 그러니 누군가가 나를 또는 타인을 또는 한국을 인정해 주면 내 일처럼 좋아하는 것이다. 국뽕 콘텐츠가 잘 팔리는 이유는 외국인의 감동 리액션에 대리만족하는 관종이기 때문이다.

46장

K-양심의 실체는
수치심

위어드의 죄책감

『위어드WEIRD』라는 책을 읽은 적이 있다. 위어드란 서양의Western, 교육 수준이 높고Educated, 산업화했으며Industrialized, 부유하고Rich, 민주적인Democratic 집단을 말한다. 주로 서양에 존재하는 이들을 연구한 책이다.

위어드의 특징은 개인주의적이고 자기 집착이 강하면서도 공평한 규칙이나 원칙을 고수한다. 족벌주의가 잘못되었다 말하고 자기 종족이라고 편애하지 않는다.

그래서 이들이 잘못했을 때 느끼는 감정은 죄책감이다. 자신이 정한 원칙에서 벗어났을 때 느끼는 감정이 바로 죄책감이다. 예를 들면 아침에 운동을 하기로 했는데 안 했다면 죄책감이 든다. 다이어트 하기로 했는데 오늘 패스트푸드를 먹었다면 죄책감이 든다. 교통신호를 지켜야 했는데 너무 바빠 신호를 위반했다면 죄책감이 든다. 즉, 자신이 지켜야 하는 원칙이나 틀을 스스로 위반하면 드는 감정이 바로 죄책감이다.

위어드와 반대 성향의 집단이 있다. 한국인, 일본인 등에서 나타나는 동아시안의 집단이다. 동아시안의 특징은 원칙이나 룰이 없고 인간 상호 간에 맥락이나 관계로 행동한다. 한 학생의 예를 살펴보자. 이 학생은 교수 앞에서는 자신을 낮추고 얌전하게 행동한다. 그러나 친구들 사이에서는 장난을 잘 치고 활발한 성격이 나온다. 즉, 어떤 사람과 있느냐에 따라 자신의 성격을 규정짓는 것이다.

그러나 위어드는 다르다. 권위자 앞이건 친구 앞이건 자신의 성격이 활발하면 활발하게 행동한다. 따라서 위어드는 동아시아인을 봤을 때 일관성이 없고, 위선적이라 판단한다. 반대로 동아시아인은 위어드를 볼 때 교수 앞에서 맥락 없이 너무 나대며 예의 없이 행동한다고 생각할 것이다.

동아시아인의 수치심

관계를 중시하는 동아시아인이 잘못했을 때 느끼는 감정은 수치심이다. 동아시아인은 맥락과 관계에 갇혀 있기 때문이다. 예를 들어 어떤 이가 범죄를 저질러 감옥에 가게 되었을 때 법 위반에 대한 죄책감보다는 부모나 형제들 보기에 창피하다는 수치심이 든다. 반대로 위어드는 룰을 지키지 못한 자신에게 죄책감이 드는 것이다. 물론 친인척에 대한 수치심도 없다.

예전에는 범죄인의 인질극을 TV 생중계로 많이 볼 수 있었다. 그러나 지금은 TV나 귀금속을 훔치지 않는다. 당시에는 TV 한 대가 1년 치 월급이었다. 도둑질을 할 만한 장사였다. 그러나 이제는 알바 한 달만 뛰어도 TV는 그냥 산다. 도둑질의 가성비가 바닥으로 떨어진 시대다. 게다가 현찰을 집에 두지도 않기 때문에 도둑이 집에 침입할 이유가 사라졌다.

당시 경찰들이 이런 범인을 상대로 벌이는 회유법이 있었다. 범인의 어머니를 현장에 데려와 도둑의 수치심을 자극하는 방법이었다. 수치심은 법 위반 시 느끼는 감정이 아니라, 법 위반 사실이 타인에게 알려질 때 느끼는 감정이다.

이러한 성향은 법을 위반해도 걸리지만 않으면 된다는 생각을 갖게 한다. 그래서 임명직 공무원이 국회 청문회에 나오면, 아이 교육이나 아파트 청약을 위한 위장전입 등과 같은 범죄가 드러난다. 그들은 위장전입이 잘못이라고 생각하지 않는다. 누구나 다 하는 범죄이기 때문이다. 누구나 다 하는 범죄는 걸려도 창피한 일이 아니다. 다만 자신이 임명직 공무원에 나오는 바람에 재수 없게 걸렸다고 생각한다.

K-양심의 실체

위어드와 동아시아인의 차이를 느낄 수 있는 실험이 있다. 바로 탑승자의 딜레마다. 당신이 친한 친구의 차를 타고 가고 있다. 그런데 어느 외딴곳에서 친구의 차가 과속하다가 보행자를 치어 숨지게 했다. 100Km로 달려야 하는 곳에서 150Km로 달리다 낸 과속사고였다. 아무도 본 사람이 없고 CCTV도 없다. 친구의 변호사는 당신에게 100Km로 달렸다고 증언하면 친구는 중범죄를 면할 수 있다고 말한다. 당신은 어떻게 할 것인가?

①친구를 위해 100Km로 달렸다고 거짓 증언을 한다.

②거짓 증언을 할 이유도 못 느끼고 허위 증언 또한 당연히 하지

않는다.

위어드라면 주저 없이 2번이지만 동아시아인이라면 1번이다. 위어드라면 친구가 2번을 선택한다고 해서 서운하게 생각하지도 않는다. 그러나 동아시아인은 이 친구와 절연이다.

영화 〈마더〉에서 김혜자는 아들이 범인인 것을 알고 숨겨주고 오히려 도망가라 한다. 원칙상 김혜자는 '범인은닉죄'에 해당하는 큰 범죄를 저질렀다. 그런데 한국의 법을 보면 '친족상도례'라는 규정이 있다. 친족이나 동거하는 가족 중 범인이 있어 이를 은닉하거나 도피하게 한다면 처벌을 면하게 해주는 제도다. 즉, 한국은 법마저 누구에게나 지켜야 할 절대적 기준이 아닌 상황과 맥락에 의해 판단을 한다는 것이다. 법 앞에 평등하다는 법치주의의 근간을 흔드는 일이다.

그래서 한국은 법보다 위에 있는 것이 바로 국민감정이다. 국민감정이 안 좋으면 없는 죄도 만들어 감옥에 처넣는다.

유튜브 국뽕 채널에 자주 등장하는 아이템이 있다. 가방이나 노트북을 카페나 공항 같은 곳에 나둬도 누구도 훔쳐가지 않는다는 것이다. 이를 'K-양심'이라고 자랑하며 외국에서는 상상도 할 수 없는 일이라고 떠들어댄다.

그러나 내가 생각하기에는 'K-양심'이 아니라 'K-CCTV'다. 경찰이 CCTV로 노트북을 훔친 범인의 동선을 확보해 쉽게 붙잡을 수 있기 때문이다. 그런데 카페 CCTV 앞에서 노트북을 훔쳐가는 멍청한 바보가 있을까.

아마도 이런 자랑스런 K-양심의 시작은 내가 보기엔 은행 ATM 협박범으로부터 시작되지 않았을까 생각한다. ATM 협박범은 일단 먼저 은행 ATM기에서 50만 원가량을 찾는다. 그리고 마치 깜빡 잊은 것 마냥 그 돈을 두고 나온다. 그리고 뒷사람은 50만 원이라는 큰돈을 보고 놀라며 이후 두 가지 중 한 가지 행동을 한다.

①경찰서에 갖다 주거나 그대로 놓는다.
②50만 원을 착복한다.

당시에는 CCTV도 많지 않았다. 그런데도 50만 원을 착복한 범인은 100% 잡힌다. 은행 ATM기에는 얼굴을 정면으로 찍는 CCTV가 있었기 때문이다. 따라서 CCTV 앞에서 범인은 얼굴을 까고 점유물이탈죄를 저지른 것이다. 협박범은 50만 원을 착복한 이에게 연락해 더 큰돈을 요구하며 협박한다.

이후 한국은 CCTV의 다량 보급으로 공공장소에서는 남의 물건을 가져가지 못한다. 그래서 CCTV가 있는 카페에서는 노트북을 가져가지 않아도, CCTV가 없는 곳의 자전거는 그렇게 훔쳐간다. 따라서 K-양심이 아닌 K-CCTV가 맞다.

얼마 전 지방의 한 의대에서 집단 커닝 사건이 있었다. 연루된 학생 중 9명이 업무방해 혐의로 고발되었다. 한국은 불법이지만 걸리지만 않으면 된다고 생각한다. 그래서 걸리면 왜 나만 갖고 그러느냐고 되려 억울해한다. 맞다. 걸린 놈이 잘못이다.

결론

한국인의 감정은 대부분 수치심 때문이라고 해석하면 풀린다. 소위 체면 문화다. 나쁜 짓이라도 걸리지 않는다는 확신만 있다면 해도 괜찮다고 생각한다.

다만 좋은 점도 있기는 하다. 위어드는 원칙대로 하지만 한국인은 임기응변에 강하다. 임기응변은 일을 빨리 진행시킨다. 그래서 세계 어느 나라보다 빨리 경제발전을 이뤘다. 그러나 부작용도 있다. 원칙이 없어 아파트, 백화점, 다리가 무너지는 대형사고가 난다는 점이다.

국가가 합법적으로
당신의 재산을 빼앗는 방법

재산이 많은 사람이 재산을 지키는 방법은 근친혼이다. 재산을 나누면 줄어들기 때문이다. 유럽의 왕가에서 근친혼은 흔한 일이었다. 유명한 예로 합스부르크 왕가를 들 수 있다. 카를로스 2세는 주걱턱으로 유명한데 이는 근친혼으로 인한 유전병이다. 유럽의 로스차일드도 근친혼으로 유명하다.

신라의 왕가도 근친혼이 유행이었다. 내물왕은 6촌과 결혼했다. 권력인 골품제 유지도 목적이었지만, 왕가의 재산을 지키기 위한 방법이기도 했다.

중세 교회는 왕가와 영주뿐 아니라 기독교를 믿는 평민까지 모조리 근친혼을 금지시켰다. 뒤에서 말하겠지만 절대 유전적 요인 때

문이 아니다. 근친혼을 교회에서 금지하자 유럽의 왕가나 봉건영주
는 큰아들에게만 재산을 물려주기 시작했다.

중세유럽의 프랑크 왕국에는 로타르 1세, 샤를 2세, 루드비히 2세
라는 세 왕자가 있었다. 그런데 프랑크 왕국은 세 개의 나라로 쪼개진
다. 장남 로타르 1세의 중프랑크 왕국(이탈리아), 이복동생 샤를 2세의
서프랑크 왕국(프랑스), 삼남 루드비히 2세의 동프랑크 왕국(독일)이다.

만약 또다시 이들에게 아들이 3명씩 있었다면 9개의 나라로 쪼개
지고, 다시 3명의 아들들이 있었다면 27개로 쪼개진다. 어렵지 않은
산수다. 결국 점점 쪼개져 힘없는 소국으로 전락할 수밖에 없다. 그
래서 왕위는 장남에게만 물려준다.

십자군 전쟁도 비슷한 이유 때문에 일어났다. 봉건영주의 자녀
중 장남을 제외한 모든 아들은 재산을 물려받을 수 없었다. 귀족의
자식이었지만 차남이라는 이유로 성년까지 교육은 받을 수 있었지
만 아버지의 재산을 단 한 푼도 물려받을 수 없었다. 그래서 차남
이하의 아들들이 부자가 되기 위해 벌인 전쟁이 바로 십자군 전쟁
이다.

장남에게 물려주지 않고 재산을 지키는 방법이 있다. 가문의 공
동명의로 재산을 묶어 놓는 것이다. 조선시대 양반 가문에는 종중
의 땅이 있었다. 관리는 종손이 하지만 종손이라고 종중의 땅을 마

음대로 처분할 수 없었다. 가문의 공동 소유였기 때문이다. 이렇게 재산을 가문의 소유로 묶어 놓으면 재산이 쪼개져 흩어질 리 없다. 따라서 종중의 토지를 가지고 있던 양반 가문은 500년 동안 소작을 주며 대대로 먹고살았다.

교회는 근친혼 금지에 이어 일부다처제도 금했다. 왕도 예외가 아니었다. 그런데 문제가 있다. 만약 왕이 결혼을 했는데, 왕비가 아들을 낳지 못하면? 나라의 근간이 흔들린다. 그래서 조선에서는 왕비인 중전을 빼고도 합법적으로 왕이 취할 수 있는 후궁이 수십 명이었다. 그래야 대를 이을 왕자를 낳을 수 있었기 때문이다.

그런데 교회는 '결혼가족강령'을 통해 왕도 일부일처제여야 한다고 정했다. 왕비가 아이를 낳지 못해도 후궁을 들일 수 없다. 왕이 할 수 있는 일은 후사가 없는 왕비를 파하고 재혼을 하는 방법이 있다. 그러나 교회는 왕의 재혼도 막았다.

이에 반발한 왕이 영국의 헨리 8세다. 헨리 8세의 자녀 중 유일하게 살아남은 자녀는 메리 공주였다. 메리를 여왕으로 올렸는데 만약 다른 나라에 시집보내면 어떻게 될까? 영국의 왕위가 다른 나라로 넘어가고 만다.

이미 영국은 왕위 계승 문제로 장미전쟁, 백년전쟁을 치렀다. 게다가 헨리 8세의 왕비 캐서린은 이미 나이가 많아 아들을 낳을 수 없었다. 따라서 캐서린을 폐비하고 새 왕비를 들이려 했으나 교황청은 이를 허락하지 않았다. 결국 헨리 8세는 교황과의 관계를 정리하고 영국 국교회를 세우고 재혼한다.

후사가 없는 왕이 할 수 있는 일은 친척을 통한 남자아이의 입양이다. 그래야 왕가를 이어갈 수 있었다. 그러나 교회는 입양도 막았다. 그러니 왕가의 대가 끊길 수밖에 없었다. 엘리자베스 1세가 죽자 튜더왕조의 대가 끊기고, 스코틀랜드의 국왕 제임스 6세가 왕이 되며 스튜어트 왕가가 시작되었다.

그래서 유럽에서는 장미전쟁, 백년전쟁, 스페인, 폴란드, 오스트리아 등 왕위 계승 전쟁이 그렇게 많이 일어났던 것이다. 입양을 통한 왕위 계승을 교회가 금지한 까닭이다.

그렇다면 교회는 왜 '결혼가족강령'을 만들어 근친혼, 일부다처제, 입양, 재혼 등을 금지했을까? 이유는 돈이다. 왕이 자녀가 없어 양자를 들여야 한다면 교황은 막대한 돈을 받고 이를 허락해 주는 식으로 부를 챙겼다. 교회는 왕가에게 왕위 계승과 관련된 모든 것을 금지해 왕위 계승 자체가 어렵게 만들었다. 그리고 금지된 조항을 승인하며 엄청난 돈을 받았다.

종교개혁 시기, 교회는 이렇게 재산을 모아 독일의 절반, 잉글랜드의 1/3을 소유했다. 즉, 왕가를 털어서 교회가 엄청난 부자가 된 것이다. 여기서 핵심은 무엇인가?

①누군가가 내 재산에 세금을 매긴다면 그것은 나의 재산을 빼앗
　으려는 의도다.
②내 재산을 쪼갠다면 나의 재산은 없어진다.

**①누군가가 내 재산에 세금을 매긴다면 그것은 나의 재산을 빼앗으
려는 의도다**

현대의 교회는 국가다. 한국은 상속세가 최대 50%가 넘는다. 국
세청 공무원이 말했다. 우리나라 10대 그룹은 5대만 지나면 모두 국
가 소유가 된다. 틀린 말이 아니다.

그래서 최소 1,000억 이상 되는 중견기업은 재산을 팔아 상속세
가 없는 싱가포르, 캐나다, 호주, 뉴질랜드 등으로 나가는 중이다.
상속세 50%를 유지하면 중세의 교회처럼 사유재산은 없어지고 국
가만 부자가 된다. 이민이 자유로운 이 시대에 부자가 굳이 한국에
살 이유가 없다.

②내 재산을 쪼갠다면 나의 재산은 없어진다

물려줄 재산이 30억이 넘어가면 자녀들 간에 혈투가 일어난다.

자녀가 셋이라면 셋으로 나눠야 하니 그만큼 액수가 줄어든다. 해결책은 바로 종중 같은 '가족공동재산'으로 묶어 놓고 팔지 못하게 하는 것이다.

결론

30억 넘는 재산이 있다면 한국을 떠나 상속세가 없는 나라로 이민 가라. 재산이 많다면 '가족공동재산'으로 묶으라. 더 자세한 내용은 제이디 부자연구소 인터넷 강의에 있다.

세상을 이롭게 하는 만큼
돈을 번다

당신이 음식점 사장이고, 가게에 손님이 미어터진다면 당신의 음식으로 인해 손님들이 행복해한다는 의미다. 따라서 당신은 세상을 이롭게 하는 중이다. 세상을 이롭게 하고 있다면 금고에 돈이 쌓이는 건 시간문제다.

한 무명가수가 새로이 음반을 냈는데 전혀 팔리지 않는다면, 그 가수는 세상을 이롭게 하지 못했으므로 가난해질 것이다. 반대로 BTS가 그들의 노래와 춤으로 세상에 얼마나 큰 감동을 줬는지 나는 알지 못하지만, 그들이 세계 음악계에 끼친 영향이 실로 어마어마하다는 사실은 알고 있다. BTS는 세상을 이롭게 했고 부자가 되었다.

기업도 마찬가지다. 스마트폰으로 세계인에게 기쁨을 준 스티브 잡스의 애플은 시가총액 1등이 되었고 노키아는 망했다. 스마트폰은 가히 혁명적이다. 배달앱, 유튜브, 넷플릭스, 우버, 스포티파이, 페이스북, 인스타그램 등 킬러앱들을 만들었고 그들이 세상의 모든 것을 바꾸었다.

반면 스마트폰 시대에 적응하지 못한 상가수첩, 벼룩시장, 뉴욕 옐로우캡, 비디오 대여시장 등은 모조리 망했다. 기업도 세상을 이롭게 하는 만큼 돈을 벌고 그에 미치지 못한 기업은 망했다.

위 이론의 근거는 기독교의 칼뱅주의다. 칼뱅주의가 자본주의의 근간이 되는 새로운 해석을 내놓았다. 내세보다는 현세 삶의 중요성을 강조한 '구원 예정설'이다. 구원 예정설이란, 사람은 이미 태어날 때 누가 천국에 갈 것인지, 지옥에 갈 것인지 정해져 있다는 이론이다.

그렇다면 누가 천국에 가고 누가 지옥에 가는지 어떻게 알 수 있을까? 그것은 현세에 알 수 있는데 근면하고 부자인 사람은 선천적으로 천국에 갈 사람이며, 게으르고 실패한 사람은 지옥에 갈 사람이라는 것이다. 다시 말하면 돈이 많은 부자는 천국에 가며 돈 없는 거지는 지옥에 간다는 논리다. 그래서 자본주의는 칼뱅주의라는 이론적 근거와 함께 태어났다.

성공의 키, 절박함

월급쟁이로 성공하려면 어떻게 해야 할까? 회사에 가장 일찍 출근하고 가장 늦게 퇴근해야 한다. 젊었을 때 열심히 일해야 한다. 그래야 성공의 확률이 올라간다. 그러나 대부분은 딱 월급만큼만 일한다. 성공과는 거리가 멀다. 그래서 결국 대부분은 성공을 못한다.

신입사원 면접에서 궁금한 것이 있으면 물어보라는 질문에,

"연봉이 얼마나? 휴가는 어떻게?"

물어보는 사람은 많이 봤어도

"몇 시에 회사 문이 닫히는가? 언제까지 일할 수 있나? 아침에는 언제 문이 열리는가? 언제까지 출근할 수 있나?"

묻는 신입사원은 본 적이 없다. 일을 하는 방법은 2가지다.

①어쩔 수 없이 일을 한다.
②기꺼이 일을 한다.

어쩔 수 없이 일하는 사람이 일을 열심히 할 리도, 잘할 리도 없다. 따라서 월급쟁이로 성공할 수 없다. 그러나 이왕 할 일 기꺼이 하는 사람은 열심히 하고 잘한다. 그리고 월급쟁이로서 성공한다.

일을 열심히 하지 않는 이유는 절박하지 않기 때문이다. 무일푼으로 미국 대학원 석사 과정을 들으러 온 사람이 있었다. 회사를 그만두고 미국 유학 준비 중에 주식에 손을 댔다가 그만 전 재산을 날렸다. 이미 미국으로 유학을 가겠다며 주변에 다 말해 놓은 상태라 난감한 상황이었다. 그래서 반드시 돈 없이 미국 유학과 취업을 성공해야 하는 어려운 미션 앞에 몰리게 되었다.

장학금을 지원하는 무명의 대학을 찾아 겨우 학교를 다니고 있었는데 이후 취업이 문제였다. 대학 근처에는 기업이 딱 한 군데뿐이었다. 대학이 장학금을 준 이유도 그만큼 시골이어서 학생 유치가 어려웠기 때문이다. 한국 지방대가 장학금 주고 동남아 유학생을 받는 이유와 같다.

또 어찌어찌하여 그는 학교 근처에 있는 그 기업에 천신만고 끝에 입사했다. 그 기업이 영주권 스폰을 해주지 않으면 다시 한국으로 돌아가야 할 처지였다. 영어도 업무도 모두 서툴렀지만 그는 누구보다 회사 일에 열심이었다. 회사 서버가 나가면 한밤중이라도 달려가 서버를 복구했고, 야근수당을 주지 않아도 야근을 마다하지 않았다. 이 회사가 아니면 미국에서 쫓겨난다는 절박함 때문이었다. 그의 절박함에 회사는 감동했고 결국 그는 영주권 스폰을 받을 수 있었다.

성공의 키, 열정

회사에서 성공하지 못하는 또 다른 이유는 열정이 없어서다. 열정은 그냥 만들어지지 않는다. 열정에 앞서 마음이 먼저 움직여야 한다.

20세기 초 영국 탐험가 어니스트 새클턴은 남극 탐험에 나섰다. 로알 아문센이 이미 남극점에 도달했기에 그가 해야 할 과제는 남극 횡단이었지만 자금이 부족했다. 그래서 그는 이런 광고를 냈다.

"목숨을 건 탐험에 동참할 사나이 구함, 쥐꼬리만 한 수입에 지독한 추위, 완벽한 어둠 속에서 반복되는 위기에 맞서 수개월을 보내야 함. 무사 귀환 보장 못함. 보상은 성공 후에 영광과 인정뿐."

일에 대한 열정은 돈만으로 생기지 않는다. 자신의 일에 의미를 부여해야 비로소 열정이 생긴다. 직장은 당신이 무엇을 배우는 곳이 아니다. 어떤 사람은 더 이상 배울 점이 없어서 직장을 그만둔다고 하는데 이는 매우 잘못된 생각이다. 직장은 학교가 아니다. 직장은 돈 주고 당신을 쓰는 곳이다. 따라서 직장은 돈값만큼 일하는 사람보다는 돈값보다 더 일하는 사람을 성공시키는 곳이다.

음식점 성공의 열쇠는 재방문률이다. 당신이라면 어떤 음식점을 가겠는가?

①2만 원짜리 음식을 먹었는데 딱 2만 원 가치 또는 그 이하의 서
비스를 해주는 곳
②2만 원짜리 음식을 먹었는데 2만 원이 훨씬 넘는 가치와 서비
스를 주는 곳

답은 당연히 2번이다. 음식점에서 재방문의 경쟁 논리가 왜 회사
에서는 아니라고 생각하는가? 손해 보는 듯해야 돈을 번다. 부동산
거래도 손해 보는 듯해야 거래가 된다. 바득바득 한 푼도 손해를 안
보려고 하는 사람은 그릇이 딱 거기까지다. 사실 회사는 몸을 갈아
넣어야 성공하는 곳이다.

결론

세상을 이롭게 한다면 부자가 될 것이다. 절박함과 열정
이 있고 몸을 갈아 넣어야 직장에서 성공할 것이다.

49장

우리 사회에서
나의 계급을 알고 싶다면

다니엘 부어스틴Daniel Joseph Boorstin은, 백화점은 사치품 소비를 평등화하는 곳이라고 말했다. 백화점에만 가면 누구든 상관없이 눈앞에서 값비싼 물건을 볼 수 있다는 뜻이다. 사실 신분사회만 하더라도 농노는 귀족의 값비싼 사치품을 볼 수조차 없었다. 그러니 다니엘 부어스틴은 값비싼 사치품을 평민이 보는 것만으로도 평등해졌다 생각했을 것이다.

그러나 그가 놓친 한 가지, 자본주의 사회에서 누구나 평등하게 물건을 볼 수는 있으나, 누구나 평등하게 그 물건을 살 수는 없다. 따라서 엄밀히 말하자면 '소비의 평등화'가 아닌 '욕망의 평등화'가 맞다.

'욕망의 평등화'로 사람들은 행복해졌을까? 아니다. 사고 싶은데 살 수 없으니 욕구불만만 많아졌다. 자본주의는 이런 사람들의 속성을 이용해 광고라는 것을 이용한다. 잡지의 카탈로그, 신문 지면, TV 그리고 지금은 SNS로 광고를 한다. 이쯤 되면 기업은 광고를 통해 사람들에게 무차별적으로 '욕망의 평등화'를 부추기는 중이다.

노예제도는 왜 없어졌을까?

①욕망

자본주의 시대가 시작될 무렵 사회 지배세력은 부르주아였다. 부르주아는 노예제가 자본주의와 맞지 않는다 생각했다. 왜냐하면 자본주의는 개인의 자유와 이익을 추구하는 시장경제 체제인데 노예제는 그 반대이기 때문이다.

노예의 꿈은 조금 일하고 많이 먹고 많이 자는 것이다. 게다가 노예제는 신분상승을 아예 할 수 없다. 따라서 노예제는 인간의 욕망을 포기하도록 만든다. 그러니 어떻게 두 제도가 양립할 수 있겠는가? 따라서 인간의 욕망을 부추겨 스스로 자유와 이익을 추구하도록 만들어야 했다. 그러면 노예는 주인이 아닌 자신의 욕망을 위해 죽도록 일한다.

자본주의 사회에서 노예 신분은 신분사회와 달라진 점이 없다. 다만 신분사회 때는 강제로 주인의 노예가 되었다면, 자본주의에서는 욕망에 굴복해 자발적으로 노예가 된다. 노예제 폐지는 인도주의적 목적으로 없어진 것이 아니다.

②시장

노예제가 없어져야 시장이 커진다. 모든 사람이 신분 없이 평등해져야 기업이 물건을 모든 사람에게 팔 수 있다. 신분사회에서는 구매력 있는 사람이 귀족밖에 없으니 시장이 좁다고 할 수 있다. 그러나 자본주의 사회는 누구나 사치품도 살 수 있다.

신분사회에서 노예는 아무리 돈이 많아도 사치품을 살 수 없었다. 노예가 값비싼 옷을 걸치면 아마도 동네 사람들에게 맞아 죽었을 것이다. 그러나 자본주의 사회는 누구나 돈만 있다면 값비싼 물건을 살 수 있다. 즉, 자본주의 사회에서는 시장이 넓어져 기업의 성장 기회가 더 많아진다.

자본주의 사회는 신분사회처럼 계급이 없을까? 겉으로는 차별이 없어졌지만 돈이 계급인 사회다. 차라리 보지 않았으면 아예 사지도 않았을 물건을 일단 내가 봤기 때문에 꼭 사야 한다는 욕망이 생기는 사회다. 그러나 돈이 없어 마음에 드는 물건을 살 수 없다면 상대적인 박탈감을 느낄 수밖에 없다.

카탈로그는 사고 싶은 욕구가 드는 상품을 보여주는 동시에 가격도 함께 보여준다. 당신이 원하면 무엇이든 가질 수 있다는 환상을 불어넣어 주지만, 가격을 보는 순간 놀라서 구매를 포기하기 십상이다. 그때가 당신이 스스로 사회, 경제적 위치를 깨닫게 되는 때다.

장 보드리야르Jean Baudrillard는, 성장사회는 재화 이전에 특권을 생산하는 사회라 했다. 모든 재화는 기성품을 생산하는 동시에 평민들은 상상할 수도 없는 명품을 동시에 생산해 특권을 만든다는 것이다. 1만 원짜리 가방과 5,000만 원짜리 명품백이 시장에 동시에 있는 사회다. 1,000만 원짜리 소형차와 몇 억 원짜리 스포츠카가 시장에 공존한다.

즉, 사회가 성장하려면 불평등이 있어야 한다. 불평등은 인간의 욕망을 부추겨 더 열심히 일하도록 만든다. 그리고 그 욕망이 사회를 성장하게 만든다는 것이다.

가방이 모두 10만 원 이하뿐이라면 누가 열심히 일해 가방을 사려고 할까? 따라서 자본주의의 기본은 불평등이다.

유럽은 왜 미국에게 뒤처졌을까?

미국의 캘리포니아 한 주가 영국이나 프랑스의 GDP보다 높다. 텍사스는 이탈리아보다 GDP가 높다. 부자 미국과 가난한 유럽의

GDP 격차는 더욱 더 벌어지고 있다.

이렇게 미국과 유럽의 GDP가 벌어지는 원인은 무엇인가? 50년 간의 데이터를 분석한 결과, 미국의 빈부격차는 유럽에 비해 지속 적으로 높은 수준을 유지했다. 지니계수는 1로 갈수록 불평등하고 0으로 갈수록 평등하다고 보면 되는 지표인데, 미국의 지니계수는 0.45인 반면 유럽은 0.35이다. 즉, 미국의 지니계수가 더 높으므로 미국이 유럽보다 더 불평등하다는 결론이다.

즉, 불평등할수록 더 부자나라가 되는 것이다. 물론 지니계수가 높다고 다 부자나라는 아니다. 민주적인 제도, 시장경제 체제, 안정 적인 정치 지형 등을 갖춘 나라끼리의 비교를 통해 보면 그렇다는 얘기다.

불평등은 욕구불만인 상태의 사람이 많도록 만든다. 그리고 불 평등을 극복하기 위해 극한의 경쟁이 펼쳐지고, 이 경쟁이 나라의 GDP 상승에 기여한다는 뜻이다.

성장하는 나라는 불평등이 심한 나라다. 그래야 인간의 욕망을 끌어올려 밤낮 없이 스스로 일하게 만드는 동인이 된다.

부자 미국, 가난한 유럽…富 격차 갈수록 커지는 3가지 이유

"평균적인 EU(유럽연합) 국가는 아이다호와 미시시피를 제외한 미국의 모든

결론

나의 계급을 스스로 깨닫는 순간은? 백화점에서 아주 마음에 드는 옷이 있어 사려고 했는데 가격표를 보고 너무 비싸서 놀란 경험이 있을 것이다. 그리고 매장 직원에게 더 둘러보고 오겠다는 핑계를 대며 매장을 재빨리 빠져나올 때다. 자본주의는 소비로 계급이 정해진다.

50장

가난하면
병에 걸리고 일찍 죽는다

빈익빈부익부란, 가난하면 더 가난하게 되고 부자면 더 부자가 된다는 의미다. 이 법칙은 자산뿐 아니라 건강에도 예외 없이 적용된다. 건강하게 오래 사는 것은 모두의 꿈이다. 이 꿈을 이루려면 좋은 음식을 먹고 꾸준히 운동하고 잘 쉬어야 한다.

건강

정보

건강하려면 잘 먹어야 한다. 그런데 가난한 사람들은 무엇을 먹고, 무엇을 먹지 말아야 할지 잘 알지 못한다. 아마도 나이가 들어 당뇨, 고혈압, 고지혈, 치매 등에 걸리고 나서야 무엇을 먹어야 좋을지 찾아볼 것이다. 늦었지만 이때라도 찾아보면 괜찮다.

문제는 나이가 들어 혈압약을 복용하면서도, 자신이 왜 고혈압인지 제대로 알지 못하는 경우다. 정보 부족에서 오는 결과로, 가난한 사람 주변에는 이런 정보를 아는 사람조차 드물다. 그렇기에 그냥 나이를 먹으면 당연히 고혈압, 고지혈중, 당뇨 등 만성질환에 걸리는 줄 안다.

그리고 약을 습관적으로 복용한다. 원인은 음식인데 음식조절엔 관심을 두지 않는다. 하지만 음식을 조절하면 고혈압을 비롯한 성인병은 예방할 수 있다.

모든 병의 근원은 당이다. 평소 먹지 말아야 할 음식들이 있다.

①탄수화물(밥, 밀, 파스타, 감자튀김 등)

②액상과당(콜라, 주스 등 각종 설탕 첨가물이 들어간 음료수)

③씨앗기름(포도씨유, 카놀라유, 대두유 등)

④과일(블루베리 등을 제외한 모든 단맛 나는 과일)

이 모든 것이 혈관을 좁히고 딱딱하게 만들어 고혈압과 고지혈증을 일으키고, 췌장의 기능을 떨어뜨려 당뇨병에 이르며, 합병증으로는 치매와 암까지 유발할 수 있다. 반면 먹어야 할 음식이 있다. 생선과 육고기 등 단백질, 지방이 함유된 음식과 채소다.

이런 정보가 없으니 라면, 밥, 피자, 패스트푸드, 콜라 등을 무분별하게 먹다가 각종 성인병에 걸리게 된다. 모두 정보 부족이다. 가난한 사람에게 이러한 정보를 알려 줘도, 어떻게 탄수화물을 끊느냐며 그냥 먹고 죽겠다고 고집을 부린다.

이러한 생활습관이 몸에 익으면 나이가 들어 아프지 않은 데가 없고, 살은 대책 없이 찌며 고혈압, 고지혈, 당뇨병에 관한 약을 수십 가지 복용하게 된다.

돈

가난한 사람은 돈이 없다. 정보를 알고 막상 실천하려 해도 가격이 싼 햄버거 등 패스트푸드를 먹을 수밖에 없고, 밥과 라면 등 저렴한 탄수화물만 잔뜩 섭취한다. 탄수화물 식단은 값이 싸고 양이 많다. 고기를 막상 먹으려 해도 너무 비싸서 삼시 세끼 모두 먹을 수는 없는 일이다. 할 수 없이 탄수화물, 당을 먹고 몸이 나빠진다.

그러나 부자는 다르다. 건강에 대한 정보를 잘 알기에 탄수화물, 당 등과 같은 음식을 먹지 않는다. 돈에 구애받지 않고 신선한 고기와 채소 등을 얼마든지 먹을 수 있다.

물론 부자라고 다 이렇게 살지는 않는다. 건강에 대한 정보가 부족하거나 탄수화물을 즐기는 부자는, 얼마든지 좋은 음식을 먹을 수 있는데도 정크푸드를 먹고 성인병에 걸린다. 음식의 중요성을 모르는 부자는 자신의 부를 제대로 쓰지 못하는 사람이다.

부자는 더 건강해지고 가난한 자는 더 병약해진다. 빈익빈부익부다.

운동

건강을 위해 운동은 필수다. 그런데 10분 동안 조깅을 해도 쿠키 하나를 먹으면 헛수고가 된다. 빅맥 한 개를 먹고 모두 연소하려면 3시간 동안 격렬한 운동을 해야 한다. 왜 운동을 하면 살이 빠지고 건강해지는지 살펴보자.

①인슐린이 줄어든다

운동을 하면 혈액에서 당을 제거하는 인슐린이 줄어든다. 그러면 인슐린 수치가 낮아져 당을 더 이상 지방으로 바꾸지 말라는 지시를 내린다. 이 과정에서 살이 빠진다.

②코르티솔(cortisol)이 줄어든다

코르티솔은 스트레스 호르몬이다. 코르티솔은 세포 주변에 지방을 끌어모으는 역할을 한다. 그런데 운동을 하면 코르티솔이 줄어들어 지방이 더 이상 크지 못한다.

③혈당 수치를 낮춘다

운동은 혈당 수치를 낮춰 몸 안에서 염증을 줄이는 역할을 한다. 그러니 운동으로 직접 살을 빼기는 힘들지만, 더 이상 살이 찌지 않도록 막아준다.

부자나 가난한 자나 본능적으로 운동의 필요성을 모르지 않는다. 문제는 운동할 시간이다. 가난한 자는 주로 수도권에 거주한다. 직장은 서울, 사는 곳은 수도권으로 대중교통을 이용해 통근을 해야 하며, 길게는 출퇴근 시간만 하루 3시간 넘게 걸린다. 그러니 운동을 하고 싶어도 시간이 없다.

사무직은 출근하면 줄곧 앉아 있는다. 오래 앉아 있을수록 허리를 비롯해 건강에 좋지 않다. 그러나 점심시간이나 휴식시간 외에는 일어날 수가 없다.

이처럼 가난한 자는 하루 종일 부동자세로 앉아 있어야 하고, 퇴근 후 집에 오면 너무 피곤한 나머지 씻고 자기 바쁘기 때문에 아침이나 저녁 운동을 꿈꿀 수 없다. 반면 부자는 시간이 많다. 부자란 돈으로 시간을 사는 사람이다. 내가 할 일을 사람을 고용해 쓰면서 자신의 시간을 번다.

누구에게나 공평하게 하루 24시간이 주어진다. 부자는 돈을 주고 남을 고용함으로써 자신의 시간을 번다. 그리고 그 시간을 운동에 쓸 수 있다. 아침 운동, 저녁 운동을 할 수 있고, 틈만 나면 시간을 내서 운동할 수 있다.

물론 부자라고 모두 운동을 열심히 하는 것은 아니다. 운동의 중요성을 모르는 부자는 시간이 남아돌아도 소파에 누워 넷플릭스를 보면서 맥주에 팝콘을 먹으면서 시간을 낭비한다. 그러니 가난한 자와 다를 것이 없다.

물론 너무 운동에 빠져도 안 된다. 자수성가로 부자가 된 사람이 있는데 익스트림 스포츠 자전거에 빠져 살다가 절벽에서 떨어져 식물인간이 된 경우도 있다. 뭐든 적당히 안전히 해야 좋다.

이와 같이 부자는 가난한 자에 비해 더 많은 시간 운동을 할 수 있어 더 건강해지고, 가난한 자는 병이 더 악화된다. 운동도 빈익빈부익부다.

휴식

사람은 동물이다. 잘 먹고 잘 자야 건강해진다. 수면 부족이 오래 지속되면 스트레스 호르몬인 코르티솔의 분비가 증가된다. 코르티솔이 증가하면 지방세포가 늘어나 살이 찌고 염증세포가 증가한다. 따라서 건강하려면 잘 쉬고 잘 자야 한다.

그러나 가난한 자는 쉴 시간이 없다. 가난한 자는 집과 직장이 멀어 출근시간에 회사에 도착하려면 새벽에 일어나야 한다. 야근이라도 하면 거의 밤 10시에나 집에 돌아온다. 직장인은 월급에 대한 값을 노동으로 때워야 하기 때문에 쉴 시간이 없다. 따라서 평일에는 쉴 시간조차 없다.

주말에는 어떤가? 평일의 피곤함을 주말 잠으로 풀어야 한다. 그러나 문제는 가족이다. 아이들과 놀아 주려면 주말에도 운전해야 한다. 즉, 주말에도 평화는 찾아오지 않는다.

부자는 평일에도 얼마든지 쉴 수 있다. 자신의 일을 대신할 사람이 있기 때문에 피곤하다 싶으면 언제든 휴식을 취할 수 있다.

물론 부자라고 모두 충분히 휴식을 취하는 것은 아니다. 휴식의 중요성을 모르는 부자는 남아도는 시간에 어떻게 휴식을 취해야 할지 모른다. 운동을 과도하게 하거나 술독에 빠져 지내다가 사고사, 돌연사한다.

휴식에서도 부자와 가난한 자의 빈익빈부익부의 차이는 계속 벌어진다.

결론

위의 세 가지 이유로 부자는 더 건강해지고 가난한 자는 성인병에 걸리거나 일찍 죽는다. 건강도 빈익빈부익부다. 따라서 병에 안 걸리고 오래 살려면 반드시 투자자가 되어 시간을 확보해야 한다.

사람 보는 눈을
기르는 법

사람 보는 눈을 길러야 그가 어떤 사람인지 단기간에 파악이 가능하다. 사람 보는 눈은 시간과 정력을 아껴준다.

불평, 불만

우선 긍정적인 사람인지 부정적인 사람인지 파악하자.

①부정적인 사람

이 태도는 그 사람의 말을 잘 들어보면 자연스럽게 알 수 있다. 부정적인 사람은 매사에 부정적이기 때문에 불평불만으로 가득하다. 쏟아내는 말은 모두 부정적이다.

"피곤하다", "회사 다니기 싫다", "아프다"와 같은 말을 반복한다.

실제로 "피곤하다, 회사 다니기 싫다"는 말을 달고 사는 사람이 있었다. 그는 그날도 "피곤해서 회사 다니기 싫다"며 회사 동료에게 말했다. 그런데 때마침 지나가던 상사가 "그렇게 회사 다니기가 피곤하고 싫으면 그만두면 되지 않겠냐"고 말했다. 그러자 그는 상사에게 직장인이 그런 말도 못하느냐며 대들었다.

결국 상사는 그가 원하는 대로 해주겠다며 퇴사를 처리했다. 그는 푸념을 했을 뿐인데 부당한 대우를 받았다며 동료들에게 억울함을 토로했다. 하지만 회사 동료들은 평소 불평, 불만을 입에 달고 다닌 그의 퇴사에 크게 신경 쓰지 않았다.

②긍정적인 사람

긍정적인 사람은 반대다. 매사에 불만이 없다. 물론 그에게 불만이 없을 수는 없다. 다만 불만이 생기면 상황을 개선하려고 노력한다.

대상

①부정적인 사람

부정적인 사람의 불평, 불만은 내가 아닌 상대방이나 환경, 사회를 향한다. 모든 게 다 '탓'으로 귀결된다. 불평과 불만을 끊임없이 늘어놓으면서 그 대상에게 욕을 한다. 이런 부류는 남들이 부러워하는 대기업에 다녀도 회사 욕을 한다.

*내가 가난한 이유는 사회가 나를 이렇게 만들었기 때문이지, 내가 게을러서가 아니다.

*내가 못 배운 것은 부모가 못나서지 내 탓이 아니다.

*내가 범죄자가 된 것은 사회의 불평등 탓이다.

빌 게이츠가 말했다.

"태어날 때 가난한 것은 너의 잘못이 아니다. 하지만 죽을 때도 가난한 것은 너의 잘못이다."

자신의 상황을 사회와 남 탓으로 돌려서는 '개선'된 삶을 살 수 없다. 개선을 위해서는 대상이 있어야 하는데 그 대상이 상대방이나 사회여서는 아무것도 바뀌지 않는다. 결국 개선할 수도 없는 대상을 향해 불만과 욕만 쏟아놓다 보니, 자신의 인생에 개선이 없고 오히려 점점 밑바닥으로 떨어진다.

②긍정적인 사람

긍정적인 사람은 모두 자신의 탓이다. 긍정적인 사람이라고 불평, 불만이 없지는 않다. 그러나 불평, 불만을 자신의 탓으로 돌린다. 사회나 운명, 상대방을 고치는 것보다는 자신을 바꾸기가 더 쉽기 때문이다.

도전

①부정적인 사람

부정적인 사람은 수동적인 현실 안주형 인간이다. 어떤 문제에 부딪쳤을 때 문제를 해결하려 하지 않고 남에게 미루거나 그럴 수 없다면 핑계를 댄다. 해결책을 제시하면 해보지도 않고 안 된다는 말부터 내뱉는다. 무엇인가 해보려면 에너지와 돈이 들기 때문이다.

예를 들어 담배를 끊지 못하는 사람이 있다. 담배가 몸에 해롭다는 사실은 익히 알지만 끊을 수가 없기 때문에, 담배에 대한 긍정적인 면을 찾으려고 한다. 담배가 스트레스 해소에 좋다거나 담배 피우고도 90살까지 사는 사람도 있다거나 하는 핑계를 댄다. 담배를 끊는 고통을 알기에 자기합리화를 시도하는 것이다.

*회사를 끊임없이 욕하면서도 자신은 끝까지 회사에 다닌다.

*이 나라가 싫다고 욕하면서도 이민 갈 생각은 하지 않는다.

*가난하다며 사업은 꿈도 꾸지 않고 낭비하는 소비습관은 그대

로다.

*누군가 해결책을 제시해도 고통스럽게 현실에 안주하는 편이 더 낫다고 생각한다.

②긍정적인 사람

긍정적인 사람은 도전정신을 가지고, 문제를 해결하려고 노력한다. 예를 들어 긍정적인 사람들은 월급이 적다면 회사 욕을 하는 대신 회사를 옮기거나 차린다. 내 나라가 마음에 들지 않으면 이민을 준비하고 실제로 떠난다. 마음에 맞지 않는 친구와는 만나지 않는다. 가난하다면 열심히 일하거나 사업이나 재테크로 돈 벌 생각을 한다.

긍정적인 사람은 불평을 개선하려고 하지 불평, 불만을 하며 그 대상에게 욕을 하지는 않는다. 만약 자신의 상황을 도저히 바꿀 수 없다면 아예 입 밖으로 꺼내지 않는다. 어차피 불평, 불만을 한다고 해서 상황이 바뀌지 않는다는 사실을 잘 알기 때문이다. 또한 입 밖으로 꺼내는 순간, 그 문제를 개선해야 한다는 사실을 알고 있다.

사람을 만날 때 제일 먼저 해야 할 일이 있다. 부정적인 사람인지 긍정적인 사람인지 먼저 파악하는 것이다. 부정적인 사람에게는 조언을 피하자. 어차피 그렇게 살다 죽을 사람이다. 내 입만 아프다. 그러나 긍정적인 사람이 내가 아는 문제 때문에 고민하고 있다면 적당한 해결책을 제시해 주자. 그는 충분히 스스로 문제를 해결해 나갈 것이다.

결론

내 시간을 아끼는 방법이 있다. 부정적인 사람을 멀리하고 긍정적인 사람을 가까이하자. 딱 봐서 부정적인 사람이면 아예 상종을 하지 말고 굳이 함께 있어야 한다면 되도록 멀리하자. 직장동료, 친구뿐 아니라 배우자, 부모, 자식 등 가족에게도 모두 통하는 원칙이다.

52장

욕망과 밈(Meme)이
충돌할 때

부처(『마음을 깨닫는 자가 곧 부처다』)에 관한 책을 읽다가 신박한 논리를 발견했다. 매트릭스라는 영화를 보았는가? 인공지능에게 지배당한 인간의 몸이 배터리로 사용되는 세상에 관한 이야기다. 인간은 매트릭스에 빠져 코마 상태이지만 몸이 겪고 있는 세상이 실제 세상이고 인간의 정신세상은 매트릭스라는 가상의 공간이다.

그런데 불교에서는 이와 반대라고 말한다. 우리가 살고 있는 몸의 세상은 가상의 세상이고 정신 즉 마음의 세상이 진짜 세상이라는 것이다.

불교는 세상을 왜 이렇게 바라봤을까? 사람의 몸은 생로병사를 겪는다. 늙고 병들고 반드시 죽는다. 죽지 않는 생명체는 단 하나도 없다. 그러면 사람은 죽음을 끝이라 생각하고 죽음을 두려워하게 된다. 그럴수록 더욱 삶에 집착하는 것이 사람이다.

집착은 곧 욕망이다. 인간은 본능적으로 돈, 명예, 권력, 사랑 등에 집착한다. 삶이 유한하다고 생각하니 더더욱 집착하고 욕망하는 것이다. 나이든 노인이 젊은 날을 그리워하는 이유는, 젊음은 한번 가면 다시 돌아오지 않기 때문이다. 죽기 전까지 거울을 볼 때마다 꽃다운 청춘을 떠올리며 아쉬워한다. 우리가 삶에 집착하는 이유는 우리가 살고 있는 몸이 유한하기 때문이다.

그러나 불교식으로 생각을 바꿔보자. 몸은 유한하고 마음은 무한하다고 대부분 생각할 것이다. 그러나 우리가 살고 있는 몸의 세계는 가짜 세상이고 마음의 세상이 진짜 세상이라고 생각해 보면 어떨까?

누구나 죽음을 두려워하지 않게 된다. 사람은 누구나 태어나 늙고 병들고 죽는다. 죽음은 유한한 몸의 세상에서는 마지막이지만 무한한 마음의 세상으로 본다면 또 다른 세상의 시작일 뿐이다. 죽고 나서 윤회가 되었건 극락이 되었건 연옥이 되었건 새로운 시작이라고 생각해 보자.

죽음은 현생에서는 출구이지만 또 다른 세상으로의 입구일 뿐이다. 그러니 죽음이 두렵지 않고 죽음을 당연한 것으로 받아들이게 된다. 죽음은 오히려 늙고 병든 몸을 버리고 새로운 생명을 얻는다는 기대를 갖게 한다. 그러니 마음이 진짜 세상이라 믿으면 늙었다고 젊음을 그리워할 필요도 없다. 오히려 빨리 죽어야 병든 몸을 버리고 새로운 생명을 얻을 수 있다. 이때 죽음은 기쁨이다.

이렇게 마음가짐만 바꿔도 죽음에 대한 패러다임이 바뀐다. 그래서 원효대사는 세상 모든 것은 자신의 마음에 있다고 하지 않았던가.

마음만 바꿔도 집착에서 벗어날 수 있다. 몸의 세상이 유한하니 돈, 명예, 권력, 사랑 등에 집착한다. 그러나 어차피 이러한 욕망은 한여름 밤의 꿈처럼 허무한 것이다. 죽을 때는 누구나 빈손으로 돌아간다. 집착이 없으면 욕망이 없고 욕망이 없으면 마음에 평안이 깃든다.

불교에서 말하는 깨달음이란 바로 이것이다. 몸의 세상이 가짜 세상이며 마음의 세상이 곧 진짜 세상이다. 마음의 세상이 진짜라고 깨닫는 자가 바로 부처가 된다는 이론이다. 아주 긴 내용이지만 짧게 요약하자면 이렇다.

리처드 도킨스의 저서 『이기적 유전자』의 주제를 짧게 요약하면 이렇다.

'진화의 주체는 인간이 아니라 유전자라는 밈Meme이다. 인간은 유전자 보존을 위해 맹목적으로 프로그램된 기계에 불과하다.'

우리는 왜 돈에 집착하는가? 돈을 좋아해서가 아니라 자본주의

사회에서 돈이 없으면 굶어죽기 때문이다. 돈이 없다면 유전자를 후세에 물려주지 못하고 죽기 때문에 유전자 입장에서는 반드시 돈이 있어야 한다. 따라서 우리는 돈에 집착할 수밖에 없다. 그러나 우리가 돈에 집착하는 이유는 내가 아닌 유전자가 시키는 일이다.

우리가 왜 학벌에 집착하는가? 학벌이 좋아야 좋은 직장을 얻을 수 있고 좋은 직장이 있어야 먹고살 수 있으며 결혼도 할 수 있다. 그래야 유전자를 후세에 물려줄 수 있다. 즉, 우리가 집착하는 돈, 명예, 권력, 사랑 등 모든 욕망은 내가 원해서가 아니라 유전자가 후세에 유전자를 전달하기 위한 명령이다.

평범한 우리는 현재 어떻게 살아가고 있을까? 나는 리처드 도킨스의 유전자의 세상과 부처의 마음의 세상이 충돌하며 살아가고 있다고 생각한다.

만약 내가 부처의 마음의 세상처럼 살아간다고 해보자. 그렇다면 나는 돈, 명예, 권력, 사랑 등을 하찮게 여기고 이 세상의 패배자로 살아가게 될 것이다. 아마도 나는 최소한의 돈을 벌고 스스로 만족하면서 욕심을 부리지 않고 평생을 명상이나 하며 깨달음을 얻기 위해 살 것이다. 그렇다면 부처가 말한 윤회를 하지 않고 스스로 없어져 우주의 먼지가 되는 길을 가게 된다. 나는 결혼을 하지 않으니 유전자를 남기지 못할 것이고 후손 없이 쓸쓸히 죽게 될 것이다.

반대로 내가 유전자의 삶을 충실하게 산다고 해보자. 나는 돈을 벌고 명예를 얻기 위해 치열한 삶을 살아갈 것이다. 나는 욕심이 많으니 갖지 못하면 불행하다고 생각하며 삶에 집착하나 결국은 죽을 것이다. 다만 나는 유전자는 남기겠지만 치열한 경쟁, 욕망에 대한 집착으로 마음의 평안은 얻기 힘들다. 나는 죽을 때까지 돈, 명예, 권력, 사랑에 집착하다, 죽기 전에야 살아 있는 동안 잡을 수 없는 것을 좇았다는 사실을 깨달을 것이다.

결론

나는 이 둘을 적절하게 엮어서 살아가야 한다고 생각한다. 자본주의를 즐길 수 있을 정도로 돈이 있고 유전자를 후세에 남겼다면 반드시 이후에는 부처의 말을 기억해야 한다. 그래야 삶의 평안을 얻고 마음이 진짜 세상이라는 깨달음을 얻을 것이다. 그리고 늙음을 슬퍼하지 않고 죽음을 두려워하지 않을 것이다.

의미 있는 삶을
사는 법

나이가 들수록 시간의 속도는 더욱 빨라진다. 정말 시간이 살같이 지나간다. 어느새 돌아보면 한 해가 가고 새로운 한 해가 시작된다. 우리는 하루를 매일 반복하며 살아간다. 우리의 삶을 분자 단위로 쪼개보면 식사, 잠, 오락, 일, 출퇴근, 운동 등이다.

삶을 영위하는 데 쓰는 시간은 반드시 필요하다. 첫째 일하는 데 가장 많은 시간을 쓴다. 일하지 않으면 먹고살 수 없기 때문이다. 물론 일하는 시간에는 출퇴근 시간도 포함이다. 따라서 일하는 시간을 빼 놓을 수 없다.

둘째 밥을 먹는 데 시간을 쓴다. 먹지 않으면 죽는다. 그러니 식사하는 시간을 뺄 수 없다.

셋째 잠을 자는 데 시간을 쓴다. 안 자면 죽기 때문이다. 사람이라면 반드시 자야 한다.

그러나 이렇게만 산다면 매일 반복되는 삶 이상이 떠오르지 않는다. 아침에 일어나 씻고 밥 먹고 출근하고 일하다 퇴근해서 자기. 이렇게 매일 하루를 보내면 나는 시간을 의미 있게 쓴 것인가? 먹고는 살 수 있지만 의미 있는 삶을 살았다고 말하기는 힘들다. 순전히 살기 위해 먹었고 일했고 잤기 때문이다.

반복되는 삶을 살아가다 보면 80년을 살아도 하루를 산 것과 같다. 아무리 오래 살아도 반복된 하루를 산 것이기에 우리의 인생은 하루다. 죽기 전에 살아왔던 나날을 반추해 봐도 반복된 하루만 있을 뿐이다.

현대인은 과거에 비해 평균 수명이 크게 늘어났다. 과거에는 60살만 살아도 오래 살았다고 잔치를 했는데 지금은 교통사고나 큰 병으로 죽지 않는 한 80까지는 무난하다. 우리는 수명 인플레이션 시대에 살고 있다.

농사가 풍년이라 시장에 쌀이 많이 풀리면 쌀값이 떨어진다. 무엇이든 풍부하면 값어치가 떨어진다는 얘기다. 따라서 평균 수명이 길어지면 시간의 값이 싸지는 것은 당연한 일이다. 그러니 오래 산다고 생각하면 나의 시간을 하루하루 의미 없이 물 쓰듯 쓰게 된다.

오늘 할 일을 내일로 미루고 나의 꿈은 저 먼 미래로 접어둔다. 나의 인생은 길다고 생각하는 착각 때문이다.

그러나 인생이 과연 길까? 80살 먹은 노인에게 물어보라. 당신은 정말 오래 산 것 같은가? 아마도 20대가 어제 같다며, 돌아보면 짧은 것이 인생이라 답할 것이다.

의미 있는 시간이란 무엇일까? 오래 산다고 의미 있는 삶을 사는 것은 아니다. 의미 없고 반복된 하루를 열거한다고 해서 저절로 이야기가 되지 않는다. 짧은 단편영화라도 고도의 이야기 구조를 갖췄다면 재미있다. 그러나 장황한 사건의 나열만 있는 장편영화는 재미가 없다.

결론

짧게 살아도 누군가에게 들려줄 이야기가 있다면 그 삶은 의미가 있다. 이야기가 될 만한 삶을 살기 위해 오늘부터 노력하자.

남들이 모르는
현대 사회의 비밀

남들과의 경쟁에서 이기려면 얼마나 더 잘해야 할까? 경쟁에서 이기려면 경쟁자보다 아주 조금만 더 잘하면 된다. 100m 경주에서 승자는 상대방보다 100분의 1초만 빠르면 된다. 선거에서 승자는 상대 후보보다 단 한 표만 많아도 된다. 최종 면접에서는 경쟁자보다 말을 조금만 더 잘하면 된다.

그래서 누군가는 대통령이 되고 누군가는 투자회사의 CEO가 되며 누군가는 세계적인 스포츠 스타가 된다. 이것이 바로 현대 사회의 특징인 승자 독식이다.

여기서 우리가 얻어야 할 교훈은 무엇인가? 남들보다 10배 20배 노력하는 것이 아니라 남들보다 조금만 더 열심히 하면 된다는 사실이다. 그 조금의 노력이 쌓이고 쌓여 차이를 만들고, 그 차이가 승자와 패자를 가른다.

앞서 소개한 고승덕 변호사의 10회독 합격 비결을 다시 떠올려 보자. 그가 읽은 합격수기에서 고시를 패스한 사람은 법전을 8번 보았다. 그래서 그는 10번이면 충분하리라 생각했고 그의 생각대로 되었다. 행정, 외무고시도 같은 방식으로 패스했다. 경쟁자보다 2번을 더 본 것이다.

신입사원이 최종 면접에 합격하고 싶다면 면접관의 최종 질문에 '회사 문은 몇 시에 열고, 몇 시까지 일할 수 있는지?' 되물으면서, 자신을 입사시켜 주면 누구보다 가장 일찍 출근해 가장 늦게 퇴근하겠다고 선언하면 된다. 물론 합격 후에도 다짐대로 행동해야 한다. 회사 합격이 목표가 아니라 회사에서의 성공이 목표이기 때문이다.

결론

거의 인식할 수 없을 정도의 수준 차이가 승자와 패자를 가른다. 승자 독식 사회에서 승리하려면 남들보다 10배가 아닌 단 0.1%만 더 노력하면 된다.

자기 자신을 사랑하는 자만이
자유인이 된다

신분사회의 미덕은 겸손이었다. 계급이 태어날 때부터 정해져 있었기 때문이다. 노예가 자유를 원하면 죽음밖에 없다. 신하가 왕이 되기를 원하면 이 또한 죽음뿐이다. 죽음을 각오하지 않고 어찌 혁명을 꿈꿀 수 있겠는가.

그래서 신분사회 최고의 덕목은 겸손이다. 겸손이란 자신의 처지에 만족하는 삶이다. 신분사회에서는 꿈을 꿀 수도 꿔서도 안 되었다. 특히 동양은 그 정도가 더 심했다. 동양은 신분의 차별을 극복하기 매우 어려운 사회였다. 헤겔은 그래서 동양을 가장 저급한 사회라 했다. 역사 발전 순서에서 가장 하위에 있다고 본 것이다.

헤겔은 '동양-그리스 로마-중세-서양 근대'로 해석했다. 동양이 저급한 이유는 한 사람의 군주를 위해 모두가 희생해야 했기 때문이다. 그리스 로마는 공화정이었고, 중세는 종교적 가치가 있었으며, 서양 근대는 공화정과 종교적 가치가 공존한 사회라 생각했다. 종교적 가치는 기독교적 가치이고, '하나님 아래 모든 인간이 평등하다'는 인권사상을 포함하지 않았을까 생각한다.

그래서 헤겔은 중국을 '공간만 있고 시간은 없는 나라'라고 말했다. 중국은 역사만 오래되었지 공화정이나 인권이 없어 역사 발전이 없는 왕조의 나라였기 때문이다. 왕조의 나라가 나쁜 이유는 왕 하나만 자유인이기 때문이다.

그러나 현대는 다르다. 자본주의 세상이 왔다. 즉, 돈이 있다면 자신이 원하는 것을 모두 살 수 있는 세상이다. 아니 돈이 바로 권력이고 돈이 신분인 세상이다. 따라서 자본 축적이 많은 부자는 자신이 원하는 자유를 얻을 수 있게 되었다.

자본주의 사회는 꿈을 이룰 수 있는 사회다. 누구나 내 인생의 주인이 될 수 있다. 자본주의가 신분사회와 구별되는 특이점 중 하나다. 싫어하는 것을 없애다 보면 좋아하는 것만 남는다. 싫어하는 친구나 지인이 있다면 안 만나면 된다. 직장이 싫다면 그만두면 된다. 직장상사가 싫다면 그만두거나 옮기면 된다.

반면 좋아하는 취미가 있다면 그대로 하면 된다. 영화가 좋으면 영화를 보고 여행이 좋으면 여행을 다니면 된다.

이렇게 싫어하는 것을 없애고 좋아하는 것을 즐기다 보면 결국 즐거운 것만 남는다. 그리고 나는 내 인생의 주인이 된다. 그러나 대부분의 사람들은 싫어하는 직장을 그만두지 못한다. 이유는 아직 경제적 자유를 얻지 못했기 때문이다.

페르시아의 키루스 대왕이 리디아라는 나라와 싸울 때의 일이다. 리디아는 금이 많이 나와서 부유한 나라였다. 풍부한 자금력 때문에 군대도 막강했다. 그러나 당시 페르시아 군대는 매우 허약했다. 이 상황을 뒤집어야 전투에서 이긴다고 생각한 키루스 대왕은 페르시아 군사들에게 이렇게 말했다.

"승자는 좋은 것을 차지하고 고귀한 말을 듣게 되며, 자유인이 되고, 지배할 것이다. 그러나 패자는 그 반대의 결과를 얻게 될 것이다. 자기 자신을 사랑한다면 나와 같이 싸우자."

전투에서 승리해야 하는 이유는 무엇인가? 죽음을 피하기 위함도 아니고 전리품을 얻기 위함도 아니다. 자기 자신을 사랑하기 위해서다. 승자가 되어야 모든 것을 얻고 고귀한 말을 듣는 자유인이 되고 지배자가 된다. 그것이 바로 자신을 사랑하는 길이다.

반대로 패자는 모든 것을 잃고 모욕과 조롱을 듣고 노예로 전락한다. 그러니 승자가 되는 것만이 자신을 사랑하는 길임이 분명하다.

자본주의 사회에서 경제적 자유인이 되는 방법은 두 가지다. 하나는 사업, 다른 하나는 투자다. 경제적 자유 외에도 내 인생의 자유인이 되어야 하는 이유는 또 있다. 자유인이 원하는 것과 노예가 원하는 것이 다르기 때문이다.

자유인은 내가 하고 싶은 일을 하는 사람이고 노예는 타인이 원하는 일을 하는 사람이다. 노예는 아무리 많은 연봉을 받아도 노예일 뿐이다. 나의 꿈을 성취하려는 사람은 자유인이고, 남의 꿈의 성취를 위해 일하면 노예다.

자본주의는 우리에게 선택을 강요한다. 주인으로 살 것인가? 노예로 살 것인가? 대부분의 사람은 배부른 노예의 길을 택한다. 그러나 노예는 자신을 사랑하는 사람이 아니다.

결론

용기 있는 자만이 미인을 얻고 자기 자신을 사랑하는 자만이 자유인이 된다.

행복이란
자신을 속이는 것

법상스님은 "행복이란 아무 일도 일어나지 않는 것"이라고 말했다. 보통 행복은 도파민이 풀충전되는 일이라 생각하기 쉽다. 승진, 시험 합격, 사랑 등 말이다. 그러나 좋아하는 일은 금세 익숙해진다. 따라서 행복은 오래가지 못하고 인생은 길다.

명문대학에 합격한 학생이 있다. 합격 소식을 처음 접했을 때 얼마나 기쁘고 행복했겠는가. 그러나 1년 뒤에도 똑같은 마음일까? 아니다. 완전히 익숙해진 다음이다. 1년까지 갈 필요도 없다. 익숙해지는 데는 한 달이면 충분하다. 따라서 도파민 폭발을 행복으로 여긴다면 금세 익숙해지고 무덤덤해진다.

이는 인간의 본성이다. 원시인이 먹이를 잡았다고 해서 안심하고 마음을 푹 놓으면 다음 사냥을 하지 않게 된다. 그러다가 음식이 먹이가 떨어지면 죽음밖에는 길이 없다. 현실에 대한 낙관은 치명적인 결과를 낳는다.

지금까지 살아남은 현대인의 유전자는 도파민과 같은 행복은 빨리 익숙해져야 했고, 미래에 대한 불안이 엄습하는 유전자를 가진 사람만 살아남았다. 그래서 좋은 일은 빨리 잊고 평소에는 항상 불안한 것이다.

그렇다면 행복한 일을 찾아야 할까? 아니면 고통을 피해야 할까? 나는 고통을 피해야 한다고 생각한다. 행복은 시간이 지나면 금세 익숙해지지만, 고통은 시간이 지나도 익숙해지지 않기 때문이다. 아니 오히려 점점 더 심해진다. 그러니 행복하게 살기 위해서는 행복을 추구하기보다는 고통을 피하는 것이 낫다고 생각한다.

그래서 내가 만든 매뉴얼도, 핵심은 주식이 많이 오를 때 도파민을 폭발시키기 위함이 아니라, 주가가 떨어질 때 고통을 피하는 데에 중점을 두었다.

도파민 터지는 행복 추구는 위험하다. 행복의 지복점Bliss Point이 지속적으로 높아지기 때문이다. 지복점이란 경제학 용어로 소비가 주는 만족도의 최대치, 욕망이 충족된 상태를 뜻한다.

도파민이 풀충전된 상태가 행복이라고 생각한다면 이전보다 더

센 최대치의 욕망을 계속 추구하게 된다. 마치 마약 중독자와 같다. 마약 중독자는 시간이 지날수록 같은 쾌락을 느끼려면 점점 더 많은 양을 투여해야 한다. 동일한 투여량으로는 이전에 느꼈던 지복점에 다다를 수 없다. 마약은 잠깐의 행복 후에 찾아오는 지속적인 고통이다. 주식도 레버리지를 쓰는 사람은 절대 레버리지를 끊지 못한다.

아무 일도 일어나지 않으면 그것이 행복이다. 내가 아프지 않고 일도 잘하고 있으며 아무 일도 일어나지 않는 것이 행복이다. 사람은 항상 모든 것을 잃고 나서야 전에 있었던 것이 얼마나 소중한지 비로소 깨닫는다. 그러나 그 일이 일어나기 전, 아무 일도 일어나지 않는 상태가 얼마나 행복한지 생각하는 사람은 드물다.

결론

우리는 자기 자신을 속여야 한다. 아무 일도 일어나지 않는 것이 행복이라고 말이다. 자신을 속일 수 있다면 진정으로 행복한 사람이 된다. 불교의 깨달음에 다다르는 수행 중 하나가 행복하다고 자신을 속이는 일이 아닐까.

현실기반 뼈 때리는 팩폭,

돈의 인문학

1판 1쇄 인쇄 2026년 1월 20일
1판 1쇄 발행 2026년 2월 1일

지은이 조던 김장섭
펴낸이 박현

펴낸곳 트러스트북스
등록번호 제2014 - 000225호
등록일자 2013년 12월 3일
주소 서울시 마포구 성미산로1길 5 백옥빌딩 202호
전화 (02) 322 - 3409
팩스 (02) 6933 - 6505
이메일 trustbooks@naver.com

값 22,000원
ISBN 979-11-92218-89-2 03320